ISO 9001：2015
内审员实战通用教程

张智勇 编著

机械工业出版社

本书正文共分 3 个部分。第 1 部分对质量管理体系系列标准做了概括性论述，并对过程方法、七项质量管理原则，以及 ISO 9001：2015 的理解做了详细的讲解。第 2 部分讲述内部质量管理体系审核，通过对审核方案管理、审核实施的详细讲解，使读者掌握质量管理体系内部审核的全过程，同时对内审员应具备的知识、能力、技巧与方法做了详细说明。第 3 部分讲述管理评审，从管理评审计划的制订、管理评审的实施、管理评审报告的编写几个方面详细地介绍了管理评审的全过程。

本书所附的光盘中，附录 1、附录 2 对 ISO 9001：2015 新增要求——风险管理、知识管理，做了详细讲解。附录 3 对 ISO 9001：2015 的审核要点作了讲解，并配上审核案例分析。附录 4 为读者提供了 17 份审核检查表，包括部门审核检查表以及用过程方法编制的审核检查表。附录 5、附录 6 针对 ISO 9001：2015 的文件编写要求进行了讲解。附录 7、附录 8 是针对内审员的训练练习题。

本书在进行理论讲述的同时，辅以了大量实用性案例。

本书的读者对象为实施 ISO 9001：2015 的各类组织的管理人员、内审员及质量管理体系负责人。

图书在版编目（CIP）数据

ISO9001：2015 内审员实战通用教程/张智勇编著. —2 版. —北京：机械工业出版社，2016.8（2025.11 重印）

ISBN 978-7-111-54502-6

Ⅰ. ①I… Ⅱ. ①张… Ⅲ. ①质量管理体系—国际标准—教材 Ⅳ. ①F273.2-65

中国版本图书馆 CIP 数据核字（2016）第 183793 号

机械工业出版社（北京市百万庄大街22号　邮政编码 100037）
策划编辑：李万宇　　责任编辑：李万宇　杨明远
责任校对：孙丽萍　　封面设计：马精明
责任印制：邓　博
涿州市殷润文化传播有限公司印刷
2025 年 11 月第 2 版第 10 次印刷
169mm×239mm・18.75 印张・352 千字
标准书号：ISBN 978-7-111-54502-6
　　　　　　ISBN 978-7-89386-069-0（光盘）
定价：55.00 元（含 1CD）

凡购本书，如有缺页、倒页、脱页，由本社发行部调换

电话服务	网络服务
服务咨询热线：010-88361066	机 工 官 网：www.cmpbook.com
读者购书热线：010-68326294	机 工 官 博：weibo.com/cmp1952
010-88379203	金 书 网：www.golden-book.com
封面无防伪标均为盗版	教育服务网：www.cmpedu.com

前言
PREFACE

与ISO 9001：2008相比，ISO 9001：2015在结构、内容，尤其是理念上有了很大的变化。

ISO 9001：2015采用ISO/IEC导则—第1部分—ISO增刊附件SL规定的管理体系的通用结构，这一通用结构有利于对多个管理体系进行整合。ISO 9001：2015强调按照"过程方法+基于风险的思维+PDCA"的模式来运行，以便有效利用机遇并防止发生非预期结果，从而达到提高组织的有效性和效率，满足顾客要求、增强顾客满意的目的。ISO 9001：2015在内容上新增了"理解组织及其环境""理解相关方的需求和期望""应对风险和机遇的措施""实现质量目标的计划措施""组织的知识""外部供方财产的管理"等要求；强化了过程方法的应用、最高管理者的责任、更改控制、绩效评价等要求；删减了质量手册、管理者代表、预防措施等条款；整合了文件要求、文件控制、记录控制等要求。ISO 9001：2015的这些变化为质量管理体系的实施和审核提出了挑战。

内部审核作为质量管理体系运行的重要一环，是质量管理体系有效运行的保证。要确保内部审核有效实施，内审员的能力是关键。

为了帮助企业准确理解并实施ISO 9001：2015，为了帮助内审员不断提升自身能力，笔者编著了这本《ISO 9001：2015内审员实战通用教程》。

与其他同类的书籍相比，《ISO 9001：2015内审员实战通用教程》更注重实用性和可操作性。希望这本书能帮助企业内审员提高自己的能力与水平。

在ISO 9001认证日趋商业化的今天，笔者给企业领导人一点忠告：必须实实在在地推行ISO 9001质量管理体系标准！如果ISO 9001这些基本功都没有做扎实，就去赶形式搞零缺陷、六西格玛，只会让员工越来越糊涂，企业越来越劳民伤财。其实，踏踏实实地把ISO 9001这些基础的工作做好，企业的产品质量就会有很大的提高。

  在写作这本书的过程中，参考了一些书籍、论文以及网络上的文章，在此对这些作者表示感谢！

  希望这本书能为读者带来裨益。

  笔者新浪博客：http://blog.sina.com.cn/qiushiguanli。

  对本书中的不足之处，请读者不吝赐教！

张智勇

2016 年 4 月于深圳

目录

前言

第1部分　ISO 9001：2015 标准的理解

第1章　质量管理体系国际标准介绍 ·· 2
- 1.1 ISO 组织简介 ·· 2
  - 1.1.1 ISO/TC 176 质量管理和质量保证技术委员会 ······················· 2
  - 1.1.2 IEC 与 ISO 的关系 ··· 2
- 1.2 ISO 9000 族标准的历史沿革与构成 ··· 2
  - 1.2.1 ISO 9000 族标准的历史沿革 ·· 2
  - 1.2.2 ISO 9000 族标准的构成 ·· 3
- 1.3 ISO 9001：2015 标准修订情况 ·· 4
  - 1.3.1 质量管理原则的变化 ·· 4
  - 1.3.2 ISO 9001：2015 结构的变化 ·· 5
  - 1.3.3 ISO 9001：2015 术语与定义的变化 ································· 10
  - 1.3.4 ISO 9001：2015 质量管理体系要求的变化 ························ 10
  - 1.3.5 ISO 9001：2015 与其他管理体系标准的关系 ····················· 11
- 1.4 过程方法（流程管理） ··· 12
  - 1.4.1 什么是过程 ·· 13
  - 1.4.2 什么是过程方法 ·· 16
  - 1.4.3 PDCA 循环 ·· 18
  - 1.4.4 ISO 9001：2015 PDCA 过程模式图 ·································· 20
  - 1.4.5 过程方法应用指南 ··· 21
  - 1.4.6 单一过程分析图——乌龟图 ·· 23
  - 1.4.7 过程流程图 ·· 25
  - 1.4.8 过程绩效指标的建立 ·· 26
  - 1.4.9 过程及过程绩效指标案例 ·· 29
- 1.5 七项质量管理原则 ··· 38

　　　　1.5.1 以顾客为关注焦点 ··· 38
　　　　1.5.2 领导作用 ··· 39
　　　　1.5.3 全员积极参与 ··· 40
　　　　1.5.4 过程方法 ··· 40
　　　　1.5.5 改进 ·· 41
　　　　1.5.6 循证决策（基于证据的决策方法） ················ 42
　　　　1.5.7 关系管理 ··· 43
　　1.6 质量管理体系重要术语 ·· 44
　　　　1.6.1 关于 ISO 9001 标准中的术语的说明 ·············· 44
　　　　1.6.2 产品、服务 ··· 45
　　　　1.6.3 质量 ·· 46
　　　　1.6.4 质量方针 ··· 49
　　　　1.6.5 质量目标 ··· 49
　　　　1.6.6 质量管理 ··· 50
　　　　1.6.7 质量管理体系 ··· 51
　　　　1.6.8 监视、测量 ··· 52

第 2 章 ISO 9001:2015 标准的理解 ··· 54
　　2.1 引言（标准条款：0） ·· 54
　　　　2.1.1 总则（标准条款：0.1） ······························· 54
　　　　2.1.2 质量管理原则（标准条款：0.2） ··················· 57
　　　　2.1.3 过程方法——总则（标准条款：0.3——0.3.1） ···· 57
　　　　2.1.4 PDCA 循环（标准条款：0.3.2） ··················· 59
　　　　2.1.5 基于风险的思维（标准条款：0.3.3） ············ 60
　　　　2.1.6 与其他管理体系标准的关系（标准条款：0.4） ··· 62
　　2.2 范围、规范性引用文件、术语和定义（标准条款：1、2、3） ···· 62
　　2.3 组织环境（标准条款：4） ··· 64
　　　　2.3.1 理解组织及其环境（标准条款：4.1） ··········· 64
　　　　2.3.2 理解相关方的需求和期望（标准条款：4.2） ··· 65
　　　　2.3.3 确定质量管理体系的范围（标准条款：4.3） ··· 66
　　　　2.3.4 质量管理体系及其过程（标准条款：4.4） ····· 69
　　2.4 领导作用（标准条款：5） ··· 72
　　　　2.4.1 领导作用和承诺——总则（标准条款：5.1——5.1.1） ···· 72
　　　　2.4.2 以顾客为关注焦点（标准条款：5.1.2） ········ 73
　　　　2.4.3 质量方针（标准条款：5.2） ························ 74

	2.4.4 组织的岗位、职责和权限（标准条款：5.3）	76
2.5	**策划（标准条款：6）**	77
	2.5.1 应对风险和机遇的措施（标准条款：6.1）	77
	2.5.2 质量目标及其实现的策划（标准条款：6.2）	79
	2.5.3 变更的策划（标准条款：6.3）	86
2.6	**支持（标准条款：7）**	87
	2.6.1 资源——总则（标准条款：7.1——7.1.1）	87
	2.6.2 人员（标准条款：7.1.2）	87
	2.6.3 基础设施（标准条款：7.1.3）	88
	2.6.4 过程运行环境（标准条款：7.1.4）	89
	2.6.5 监视和测量资源（标准条款：7.1.5）	91
	2.6.6 组织的知识（标准条款：7.1.6）	94
	2.6.7 能力（标准条款：7.2）	95
	2.6.8 意识（标准条款：7.3）	97
	2.6.9 沟通（标准条款：7.4）	99
	2.6.10 成文信息（标准条款：7.5）	100
2.7	**运行（标准条款：8）**	107
	2.7.1 运行策划和控制（标准条款：8.1）	107
	2.7.2 产品和服务的要求（标准条款：8.2）	108
	2.7.3 产品和服务的设计和开发（标准条款：8.3）	112
	2.7.4 外部提供的过程、产品和服务的控制（标准条款：8.4）	122
	2.7.5 生产和服务提供——生产和服务提供的控制（标准条款：8.5——8.5.1）	128
	2.7.6 标识和可追溯性（标准条款：8.5.2）	131
	2.7.7 顾客或外部供方的财产（标准条款：8.5.3）	133
	2.7.8 防护（标准条款：8.5.4）	135
	2.7.9 交付后活动（标准条款：8.5.5）	138
	2.7.10 更改控制（标准条款：8.5.6）	139
	2.7.11 产品和服务的放行（标准条款：8.6）	140
	2.7.12 不合格输出的控制（标准条款：8.7）	142
2.8	**绩效评价（标准条款：9）**	145
	2.8.1 监视、测量、分析和评价——总则（标准条款：9.1——9.1.1）	145
	2.8.2 顾客满意（标准条款：9.1.2）	146
	2.8.3 分析与评价（标准条款：9.1.3）	148
	2.8.4 内部审核（标准条款：9.2）	151

2.8.5 管理评审（标准条款：9.3） ··················· 153
2.9 改进（标准条款：10） ································ 154
 2.9.1 总则（标准条款：10.1） ······················ 154
 2.9.2 不合格和纠正措施（标准条款：10.2） ··········· 156
 2.9.3 持续改进（标准条款：10.3） ·················· 163

第2部分　内部质量管理体系审核

第3章 审核概论 ··· 166
3.1 与审核有关的术语与定义 ······························ 166
3.2 质量管理体系审核的目的 ······························ 171
3.3 各类质量管理体系审核的区别 ························· 173
3.4 质量管理体系审核的特点 ······························ 174
3.5 质量管理体系审核原则 ································· 174
3.6 内部质量管理体系审核的组织管理 ···················· 176

第4章 内部审核员 ··· 178
4.1 内审员的条件 ·· 178
4.2 内审员的个人行为要求 ································· 178
4.3 内审员的作用 ·· 179
4.4 内审员的知识和技能 ···································· 179
 4.4.1 管理体系审核员的通用知识和技能 ·············· 179
 4.4.2 质量管理领域审核员的专业知识和技能 ········· 180
 4.4.3 审核组长的通用知识和技能 ····················· 181
4.5 内审员的工作方法和技巧 ······························ 182
 4.5.1 审核工作方法 ···································· 182
 4.5.2 审核技巧 ··· 183
4.6 现场审核活动的控制 ···································· 185
4.7 有利与有害的审核员特质 ······························ 186
4.8 内审员应克服的不良习惯 ······························ 187
4.9 成功审核的几个要点 ···································· 187
4.10 审核中可能见到的人物类型及对策 ·················· 187

第5章 审核方案管理 ······································· 190
5.1 审核方案管理概述 ······································· 190
 5.1.1 审核方案的内容 ································· 190
 5.1.2 审核方案管理概述 ······························· 191

5.2 确立审核方案的目标 ... 192
5.2.1 确定审核方案目标时考虑的因素 ... 192
5.2.2 审核方案目标示例 ... 193

5.3 建立审核方案 ... 193
5.3.1 审核方案管理人员的作用和职责 ... 193
5.3.2 审核方案管理人员的能力 ... 194
5.3.3 确定审核方案的范围和详略程度 ... 194
5.3.4 识别和评估审核方案风险 ... 197
5.3.5 建立审核方案的程序 ... 198
案例 5-1：年度审核方案 ... 198
5.3.6 识别审核方案资源 ... 199

5.4 实施审核方案 ... 200
5.4.1 规定每次审核的目标、范围和准则 ... 200
5.4.2 选择审核方法 ... 201
5.4.3 选择审核组成员 ... 201
5.4.4 为审核组长分配每次的审核职责 ... 202
5.4.5 管理审核方案结果 ... 203
5.4.6 管理和保持审核方案记录 ... 203

5.5 监视审核方案 ... 204
5.5.1 审核方案监视的内容 ... 204
5.5.2 审核方案的修改 ... 204

5.6 评审和改进审核方案 ... 204
案例 5-2：内部质量管理体系审核控制程序 ... 205

第 6 章 审核实施 ... 210
6.1 审核实施概述 ... 210
6.2 审核的启动 ... 211
6.2.1 与受审核方建立初步联系 ... 211
6.2.2 确定审核的可行性 ... 211
6.3 审核活动的准备 ... 212
6.3.1 审核准备阶段的文件评审 ... 212
6.3.2 编制审核计划 ... 212
案例 6-1：内部审核计划 ... 214
案例 6-2：职能分配矩阵表 ... 216
6.3.3 审核组工作分配 ... 218

    6.3.4 准备工作文件 ··· 218
    案例 6-3：各部门通用审核检查表 ··· 223
    案例 6-4：产品研发部审核检查表 ·· 229
    案例 6-5：质量部审核检查表 ··· 235
    案例 6-6："产品设计和开发过程"审核检查表 ······························ 242
  6.4 审核活动的实施 ··· 248
    6.4.1 举行首次会议 ··· 248
    案例 6-7：首次会议怎么开？ ··· 249
    6.4.2 审核实施阶段的文件评审 ·· 251
    6.4.3 审核中的沟通 ··· 252
    6.4.4 向导的作用和职责 ··· 253
    6.4.5 信息的收集和验证（现场审核） ······································· 254
    6.4.6 形成审核发现 ··· 258
    案例 6-8：不符合报告 ·· 261
    6.4.7 准备审核结论 ··· 262
    6.4.8 举行末次会议 ··· 263
    案例 6-9：末次会议怎样开？ ··· 265
  6.5 审核报告的编制和分发 ··· 265
    6.5.1 审核报告的编制 ·· 265
    6.5.2 审核报告的分发 ·· 267
    案例 6-10：审核报告 ·· 267
    案例 6-11：不符合项分布表 ·· 269
  6.6 审核的完成 ·· 271
  6.7 审核后续活动的实施 ·· 271
    6.7.1 纠正措施在内部审核中的重要性 ······································· 271
    6.7.2 纠正措施要求的提出 ··· 272
    6.7.3 纠正措施的批准 ·· 272
    6.7.4 纠正措施的实施 ·· 272
    6.7.5 纠正措施的跟踪和验证 ·· 273

第 3 部分 管 理 评 审

第 7 章 管理评审 ··· 276
  7.1 管理评审概述 ·· 276
  7.2 管理评审与质量管理体系审核的比较 ··· 279

7.3 管理评审的实施过程 279
7.4 管理评审案例 280
　　案例 7-1：管理评审计划 280
　　案例 7-2：管理评审会议议程 282
　　案例 7-3：管理评审报告 284
参考文献 286

附录——光盘部分

附录 1　风险管理
　附 1.1　概述
　附 1.2　明确环境信息
　附 1.3　风险识别
　附 1.4　风险分析
　附 1.5　风险评价
　附 1.6　风险应对
　附 1.7　风险监督、检查和改进

附录 2　知识管理
　附 2.1　概述
　附 2.2　知识管理的实施

附录 3　ISO 9001：2015 标准的审核要点与审核案例分析
　附 3.1　组织环境（标准条款：4）
　　附 3.1.1　理解组织及其环境（标准条款：4.1）
　　附 3.1.2　理解相关方的需求和期望（标准条款：4.2）
　　附 3.1.3　确定质量管理体系的范围（标准条款：4.3）
　　附 3.1.4　质量管理体系及其过程（标准条款：4.4）
　附 3.2　领导作用（标准条款：5）
　　附 3.2.1　领导作用和承诺——总则（标准条款：5.1——5.1.1）
　　附 3.2.2　以顾客为关注焦点（标准条款：5.1.2）
　　附 3.2.3　方针（标准条款：5.2）
　　附 3.2.4　组织岗位、职责和权限（标准条款：5.3）
　附 3.3　策划（标准条款：6）
　　附 3.3.1　应对风险和机遇的措施（标准条款：6.1）
　　附 3.3.2　质量目标及其实现的策划（标准条款：6.2）
　　附 3.3.3　变更的策划（标准条款：6.3）

附3.4 支持（标准条款：7）

- 附3.4.1 资源——总则（标准条款：7.1——7.1.1）
- 附3.4.2 人员（标准条款：7.1.2）
- 附3.4.3 基础设施（标准条款：7.1.3）
- 附3.4.4 过程运行环境（标准条款：7.1.4）
- 附3.4.5 监视和测量资源（标准条款：7.1.5）
- 附3.4.6 组织的知识（标准条款：7.1.6）
- 附3.4.7 能力（标准条款：7.2）
- 附3.4.8 意识（标准条款：7.3）
- 附3.4.9 沟通（标准条款：7.4）
- 附3.4.10 成文信息（标准条款：7.5）

附3.5 运行（标准条款：8）

- 附3.5.1 运行策划和控制（标准条款：8.1）
- 附3.5.2 产品和服务的要求（标准条款：8.2）
- 附3.5.3 产品和服务的设计和开发（标准条款：8.3）
- 附3.5.4 外部提供的过程、产品和服务的控制（标准条款：8.4）
- 附3.5.5 生产和服务的提供——生产和服务提供的控制（标准条款：8.5——8.5.1）
- 附3.5.6 标识和可追溯性（标准条款：8.5.2）
- 附3.5.7 顾客或外部供方的财产（标准条款：8.5.3）
- 附3.5.8 防护（标准条款：8.5.4）
- 附3.5.9 交付后活动（标准条款：8.5.5）
- 附3.5.10 更改控制（标准条款：8.5.6）
- 附3.5.11 产品和服务的放行（标准条款：8.6）
- 附3.5.12 不合格输出的控制（标准条款：8.7）

附3.6 绩效评价（标准条款：9）

- 附3.6.1 监视、测量、分析和评价——总则（标准条款：9.1——9.1.1）
- 附3.6.2 顾客满意（标准条款：9.1.2）
- 附3.6.3 分析与评价（标准条款：9.1.3）
- 附3.6.4 内部审核（标准条款：9.2）
- 附3.6.5 管理评审（标准条款：9.3）

附3.7 改进（标准条款：10）

- 附3.7.1 总则（标准条款：10.1）
- 附3.7.2 不合格和纠正措施（标准条款：10.2）
- 附3.7.3 持续改进（标准条款：10.3）

附录 4　审核检查表

　　案例附 4-1：采购部审核检查表

　　案例附 4-2：生产部审核检查表

　　案例附 4-3：设备管理部审核检查表

　　案例附 4-4：营销部审核检查表

　　案例附 4-5：仓库审核检查表

　　案例附 4-6：人力资源部审核检查表

　　案例附 4-7：企业管理部（含文控中心）审核检查表

　　案例附 4-8：公司高层审核检查表

　　案例附 4-9："供应商开发与管理过程"审核检查表

　　案例附 4-10："采购过程"审核检查表

　　案例附 4-11："监视和测量设备控制过程"审核检查表

　　案例附 4-12："培训过程"审核检查表

　　案例附 4-13："合同评审过程"审核检查表

　　案例附 4-14："设备管理过程"审核检查表

　　案例附 4-15："文件控制过程"审核检查表

　　案例附 4-16："顾客满意度调查过程"审核检查表

　　案例附 4-17："产品检验过程"审核检查表

附录 5　ISO 9001：2015 文件编写说明

　　案例附 5-1：产品设计和开发控制程序

附录 6　流程图绘制

附录 7　ISO 9001：2015 标准理解练习题

　　附 7.1　单项选择题

　　附 7.2　多项选择题

附录 8　质量管理体系审核知识练习题

　　附 8.1　单项选择题

　　附 8.2　多项选择题

　　附 8.3　案例分析题

第 1 部分

ISO 9001：2015 标准的理解

第 1 章
质量管理体系国际标准介绍

1.1 ISO 组织简介

国际标准化组织 ISO（International Organization for Standardization）的前身是国际标准化协会（ISA），成立于 1926 年，1942 年因第二次世界大战而解体。1946 年 10 月 14 日，中国、美国、英国、法国、苏联等 25 个国家的代表在伦敦召开会议，决定成立新的标准化机构——ISO。1947 年 2 月 23 日 ISO 正式成立。

ISO 下设技术委员会（TC）和分技术委员会（SC），负责制定国际标准。

ISO 的中央秘书处设在瑞士。

1.1.1 ISO/TC 176 质量管理和质量保证技术委员会

ISO/TC 176 是 ISO 组织中专门负责制定质量管理标准的。ISO/TC 176 成立于 1979 年，是在原 ISO/CERTICO 第二工作组"质量保证"的基础上成立的。

ISO/TC176 制定的一系列关于质量管理的正式国际标准、技术规范、技术报告、手册和网络文件，统称为 ISO 9000 族标准。

1.1.2 IEC 与 ISO 的关系

IEC 是国际电工委员会（International Electrotechnical Commission）的简称，成立于 1906 年。IEC 与 ISO 在法律上互相独立，在工作上密切配合。IEC 负责电气工程和电子工程领域的国际标准化工作，其他领域由 ISO 负责。

1.2 ISO 9000 族标准的历史沿革与构成

1.2.1 ISO 9000 族标准的历史沿革

自国际标准化组织（ISO）1987 年发布 1987 版 ISO 9000 族标准以来，ISO 9000 族标准经过了 4 次修订：

1）第一次修订是在 1987 版的基础上提出了 1994 版标准。

2）第二次修订是在 1994 版基础上提出了 2000 版标准。
3）第三次修订是在 2000 版基础上提出了 2008 版标准。
4）第四次修订是在 2008 版基础上提出了 2015 版标准。

ISO 9001：2015《质量管理体系　要求》是 ISO 9001 的第 5 版。

1.2.2　ISO 9000 族标准的构成

根据 ISO 指南 72《管理体系标准的论证和制定指南》中的规定，管理体系标准分为三类。

1）A 类——管理体系要求标准。向市场提供有关组织的管理体系的相关规范，以证明组织的管理体系是否符合内部和外部要求（例如通过内部和外部各方予以评定）的标准。例如管理体系要求标准（规范）、专业管理体系要求标准。

2）B 类——管理体系指导标准。通过对管理体系要求标准各要素提供附加指导或提供非同于管理体系要求标准的独立指导，以帮助组织实施和（或）完善管理体系的标准。例如关于使用管理体系要求标准的指导、关于建立管理体系的指导、关于改进和完善管理体系的指导、专业管理体系指导标准。

3）C 类——管理体系相关标准。就管理体系的特定部分提供详细信息或就管理体系的相关支持技术提供指导的标准。例如管理体系术语文件，评审、文件提供、培训、监督、测量绩效评价标准，标记和生命周期评定标准。

现行 ISO 9000 族标准构成见表 1-1。

表 1-1　ISO 9000 族标准的构成

类别	代号	名称	说明
A 类	★ISO 9001	质量管理体系　要求	ISO 9001 规定了质量管理体系的要求，可用于内部质量管理，也可作为认证的依据
	ISO 13485	医疗器械　质量管理体系　用于法规的要求	
B 类	★ISO 9004	追求组织的持续成功　质量管理方法	① ISO 9004 为超越 ISO 9001 的要求，提高组织总体绩效提供指南 ② ISO 9001 与 ISO 9004 可以一起使用也可单独使用，ISO 9004 提供了超出 ISO 9001 要求的指南和建议，但 ISO 9004 不是 ISO 9001 的实施指南
	ISO 10006	质量管理体系　项目质量管理指南	
	ISO 10012	测量管理体系　测量过程和测量设备的要求	

(续)

类别	代号	名称	说明
B类	ISO 10014	质量管理 实现财务和经济效益的指南	
	ISO 手册	ISO 9001在中小型组织中的应用指南	
C类	★ISO 9000	质量管理体系 基础和术语	ISO 9000标准描述了质量管理体系的基本原理,并规定了质量管理体系术语
	ISO 10001	质量管理 顾客满意 组织行为规范指南	
	ISO 10002	质量管理 顾客满意 组织处理投诉指南	
	ISO 10003	质量管理 顾客满意 组织外部争议解决指南	
	ISO 10004	质量管理 顾客满意 监视和测量指南	
	ISO 10005	质量管理体系 质量计划指南	
	ISO 10007	质量管理体系 技术状态管理指南	
	ISO 10008	质量管理 顾客满意 B2C 电子商务交易指南	
	ISO/TR 10013	质量管理体系文件指南	
	ISO 10015	质量管理 培训指南	
	ISO/TR 10017	统计技术指南	
	ISO 10018	质量管理 人员参与和能力指南	
	ISO 10019	质量管理体系咨询师的选择及其服务使用的指南	
	ISO 19011	管理体系审核指南	

注:带"★"号者是核心标准。

1.3 ISO 9001:2015 标准修订情况

1.3.1 质量管理原则的变化

ISO 9001:2015 标准将 ISO 9001:2008 标准中的八大质量管理原则减少到 7 个,将原来八大质量管理原则中的"3—全员参与(Involvement of people)"修改成"3—全员积极参与(Engagement of people)";"4—过程方法"和"5—管理的系统方法"合并成"4—过程方法";"6—持续改进"修改为"5—改进";"7

—基于事实的决策方法"修改为"6—循证决策（基于证据的决策方法）"；"8—与供方互利的关系"修改为"7—关系管理"。

将质量管理原则由 8 个减少到 7 个，不只是数量的减少，而是可行性、针对性和科学性的提高，以及表述通俗和易行方面的突破，具体的变化见表 1-2。

ISO 9001：2015 标准对每一项管理原则都从"概述""理论依据""主要益处""可开展的活动"四个方面进行了阐述（见本章 1.5 节）。

表 1-2　ISO 9001：2015 与 ISO 9001：2008 质量管理原则对比

ISO 9001：2015 质量管理原则	ISO 9001：2008 质量管理原则
1）以顾客为关注焦点	1）以顾客为关注焦点
2）领导作用	2）领导作用
3）全员积极参与	3）全员参与
4）过程方法	4）过程方法
	5）管理的系统方法
5）改进	6）持续改进
6）循证决策（基于证据的决策方法）	7）基于事实的决策方法
7）关系管理	8）与供方互利的关系

1.3.2　ISO 9001：2015 结构的变化

1. 管理体系国际标准的通用结构

ISO 9001：2008《质量管理体系　要求》、ISO 14001：2004《环境管理体系　要求及使用指南》等管理体系国际标准的结构都不一致，要对这些管理体系进行整合比较麻烦。国际标准化组织为了使各类管理体系国际标准的结构实现最大程度的一致和兼容，制定了一个指导文件，即 ISO/IEC 导则—第 1 部分—ISO 增刊附件 SL（以下简称《附件 SL》）。《附件 SL》规定了管理体系的通用结构，未来所有新出版的和修订的管理体系标准都要遵循这一通用结构。

按照《附件 SL》的要求，管理体系标准除了引言（Introduction）外，应该包括 10 章，即：

```
1  范围（Scope）
2  规范性引用文件（Normative references）
3  术语和定义（Terms and definitions）
4  组织环境（Context of the organization）
    4.1  理解组织及其环境
    4.2  理解相关方的需求和期望
    4.3  确定××管理体系的范围
```

4.4 ××管理体系

5 领导作用（Leadership）
    5.1 领导作用和承诺
    5.2 方针
    5.3 组织的岗位、职责和权限

6 策划（Planning）
    6.1 应对风险和机遇的措施
    6.2 ××目标及其实现的策划

7 支持（Support）
    7.1 资源
    7.2 能力
    7.3 意识
    7.4 沟通
    7.5 成文信息

8 运行（Operation）
    8.1 运行策划和控制

9 绩效评价（Performance evaluation）
    9.1 监视、测量、分析和评价
    9.2 内部审核
    9.3 管理评审

10 改进（Improvement）
    10.1 不合格和纠正措施
    10.2 持续改进

《附件 SL》中的管理体系标准通用结构加上各类管理体系要求，即成为相应类别的管理体系标准，如：

《附件 SL》通用结构+质量管理体系要求→→ISO 9001：2015；

《附件 SL》通用结构+环境管理体系要求→→ISO 14001：2015。

2. ISO 9001：2015 结构的变化

ISO 9001：2015 与 ISO 9001：2008 相比，章节结构发生了变化，见表1-3。

表1-3 ISO 9001：2015 与 ISO 9001：2008 结构的区别

ISO 9001：2015 结构	ISO 9001：2008 结构
1 范围	1 范围
2 规范性引用文件	2 规范性引用文件
3 术语和定义	3 术语和定义
4 组织环境	4 质量管理体系

(续)

ISO 9001：2015 结构	ISO 9001：2008 结构
5 领导作用	5 管理职责
6 策划	6 资源管理
7 支持	7 产品实现
8 运行	8 测量、分析和改进
9 绩效评价	
10 改进	

3. ISO 9001：2015 与 ISO 9001：2008 的对应情况

ISO 9001：2015 与 ISO 9001：2008 的对应情况见表 1-4。

表 1-4 ISO 9001：2015 与 ISO 9001：2008 的对应情况

ISO 9001：2015 结构	ISO 9001：2008 结构	备注
0 引言	0 引言	
0.1 总则	0.1 总则	
0.2 质量管理原则		新增
0.3 过程方法	0.2 过程方法	
0.3.1 总则		
0.3.2 PDCA 循环		
0.3.3 基于风险的思维		新增
0.4 与其他管理体系标准的关系	0.3 与 ISO 9004 的关系 0.4 与其他管理体系标准的相容性	
1 范围	1 范围 1.1 总则	
2 规范性引用文件	2 规范性引用文件	
3 术语和定义	3 术语和定义	
4 组织环境		新增
4.1 理解组织及其环境		新增
4.2 理解相关方的需求和期望		新增
4.3 确定质量管理体系的范围	1.2 应用	
4.4 质量管理体系及其过程	4 质量管理体系 4.1 总要求	
5 领导作用	5 管理职责	
5.1 领导作用和承诺		新增
5.1.1 总则	5.1 管理承诺	
5.1.2 以顾客为关注焦点	5.2 以顾客为关注焦点	
5.2 方针	5.3 质量方针	
5.2.1 建立质量方针		

（续）

ISO 9001：2015 结构	ISO 9001：2008 结构	备注
5.2.2 沟通质量方针		
5.3 组织的岗位、职责和权限	5.5 职责、权限与沟通 5.5.1 职责和权限 5.5.2 管理者代表	
6 策划	5.4.2 质量管理体系策划	
6.1 应对风险和机遇的措施		新增
6.2 质量目标及其实现的策划	5.4.1 质量目标	
6.3 变更的策划		新增
7 支持		新增
7.1 资源	6 资源管理	
7.1.1 总则	6.1 资源提供	
7.1.2 人员	6.2 人力资源 6.2.1 总则	
7.1.3 基础设施	6.3 基础设施	
7.1.4 过程运行环境	6.4 工作环境	
7.1.5 监视和测量资源	7.6 监视和测量设备的控制	
7.1.6 组织的知识		新增
7.2 能力	6.2.2 能力、培训和意识	
7.3 意识	6.2.2 能力、培训和意识	
7.4 沟通	5.5.3 内部沟通	
7.5 成文信息	4.2 文件要求	
7.5.1 总则	4.2.1 总则	
7.5.2 创建和更新		
7.5.3 成文信息的控制	4.2.3 文件控制 4.2.4 记录控制	
8 运行	7 产品实现	
8.1 运行策划和控制	7.1 产品实现的策划	
8.2 产品和服务的要求	7.2 与顾客有关的过程	
8.2.1 顾客沟通	7.2.3 顾客沟通	
8.2.2 产品和服务要求的确定	7.2.1 与产品有关的要求的确定	
8.2.3 产品和服务要求的评审	7.2.2 与产品有关的要求的评审	
8.2.4 产品和服务要求的更改	7.2.2 与产品有关的要求的评审	
8.3 产品和服务的设计和开发	7.3 设计和开发	
8.3.1 总则		新增
8.3.2 设计和开发策划	7.3.1 设计和开发策划	
8.3.3 设计和开发输入	7.3.2 设计和开发输入	
8.3.4 设计和开发控制	7.3.4 设计和开发评审 7.3.5 设计和开发验证 7.3.6 设计和开发确认	

(续)

ISO 9001：2015 结构	ISO 9001：2008 结构	备注
8.3.5 设计和开发输出	7.3.3 设计和开发输出	
8.3.6 设计和开发更改	7.3.7 设计和开发更改的控制	
8.4 外部提供的过程、产品和服务的控制	7.4 采购	
8.4.1 总则	7.4.1 采购过程	
8.4.2 控制类型和程度	7.4.3 采购产品的验证	
8.4.3 提供给外部供方的信息	7.4.2 采购信息	
8.5 生产和服务提供	7.5 生产和服务提供	
8.5.1 生产和服务提供的控制	7.5.1 生产和服务提供的控制 7.5.2 生产和服务提供过程的确认	
8.5.2 标识和可追溯性	7.5.3 标识和可追溯性	
8.5.3 顾客或外部供方的财产	7.5.4 顾客财产	
8.5.4 防护	7.5.5 产品防护	
8.5.5 交付后活动		新增
8.5.6 更改控制		新增
8.6 产品和服务的放行	8.2.4 产品的监视和测量	
8.7 不合格输出的控制	8.3 不合格品控制	
9 绩效评价		新增
9.1 监视、测量、分析和评价	8 测量、分析和改进	
9.1.1 总则	8.1 总则	
9.1.2 顾客满意	8.2.1 顾客满意	
9.1.3 分析与评价	8.4 数据分析	
9.2 内部审核	8.2.2 内部审核	
9.3 管理评审	5.6 管理评审	
9.3.1 总则	5.6.1 总则	
9.3.2 管理评审输入	5.6.2 评审输入	
9.3.3 管理评审输出	5.6.3 评审输出	
10 改进	8.5 改进	
10.1 总则		新增
10.2 不合格和纠正措施	8.5.2 纠正措施	
10.3 持续改进	8.5.1 持续改进	
附录 A（资料性附录）新结构、术语和概念 说明	附录 A（资料性附录）ISO 9001：2008 与 ISO 14001：2004 之间的对照	
附录 B（资料性附录）ISO/TC 176 质量管理和质量保证技术委员会制定的其他质量管理和质量管理体系国际标准	附录 B（资料性附录）ISO 9001：2000 与 ISO 9001：2008 之间的变化	
参考文献	参考文献	

注：新版标准 ISO 9001：2015 中没有 ISO 9001：2008 的 4.2.2 质量手册、8.2.3 过程的监视和测量和 8.5.3 预防措施这三个条款的对应条款或表述。

1.3.3　ISO 9001：2015 术语与定义的变化

ISO 9001：2015 采用 ISO 9000：2015《质量管理体系　基础和术语》中的术语。

ISO 9001：2008 使用术语"产品"来包含所有输出的类别。ISO 9001：2015 使用"产品和服务"。术语"产品和服务"包含了所有的输出类别（硬件、服务、软件和流程性材料）。

专门加入了"服务"这一术语是为了强调在应用一些要求时，产品和服务之间所存在的差异。服务的特点是至少其部分输出是在与顾客的接触面上实现的，这意味着在服务交付之前不一定能够证明其是否满足要求。

大多数情况下，术语"产品"和"服务"会通常在一起使用。组织提供给顾客或由外部供方提供给组织的大部分输出往往同时包含产品和服务。例如，一个有形产品往往伴随着一些无形的服务，或一项无形的服务往往伴随着一些有形的产品。

ISO 9001：2015 与 ISO 9001：2008 主要术语差异见表 1-5。

表 1-5　ISO 9001：2015 与 ISO 9001：2008 之间的主要术语差异

ISO 9001：2008	ISO 9001：2015
产品	产品和服务
删减	未使用（不再使用"删减"的提法） 说明：当 ISO 9001 的某个要求不适合组织时，只能说不适用，而不能说删减某个要求。
管理者代表	未使用（分派类似的职责和权限，但不要求委任一名管理者代表）
文件、质量手册、形成文件的程序、记录	成文信息
工作环境	过程运行环境
监视和测量设备	监视和测量资源
采购产品	外部提供的产品和服务
供方	外部供方

1.3.4　ISO 9001：2015 质量管理体系要求的变化

ISO 9001：2015 质量管理体系要求的主要变化可以概括为"一合、三减、十加"，见图 1-1。

第1章 质量管理体系国际标准介绍

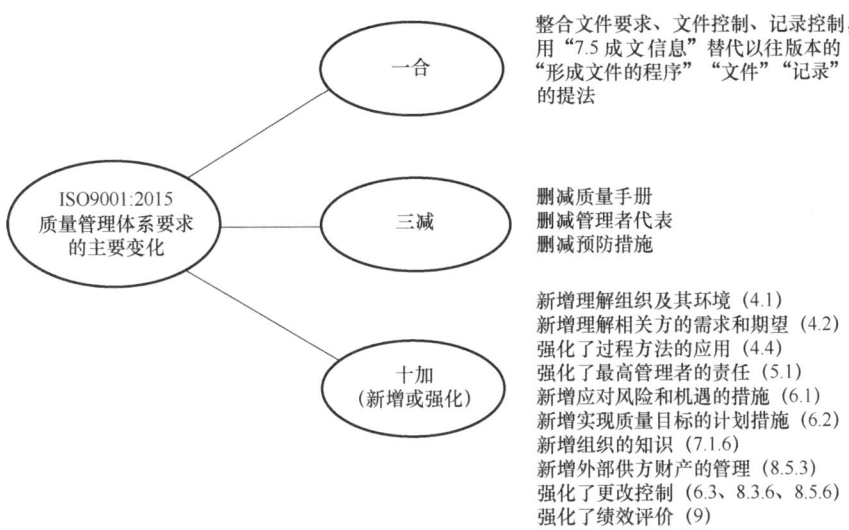

图 1-1 ISO 9001：2015 质量管理体系要求的主要变化

1.3.5 ISO 9001：2015 与其他管理体系标准的关系

ISO 9001：2015 采用了 ISO/IEC 导则—第 1 部分—ISO 增刊附件 SL 规定的管理体系的通用结构，这样就提高了 ISO 9001：2015 与其他管理体系标准（如 ISO 14001 环境管理体系标准）的兼容性。

ISO 9001：2015 使组织能够使用过程方法，并结合 PDCA 循环（策划—实施—检查—处置）和基于风险的思维方式，将其质量管理体系要求与其他管理体系标准要求（如 ISO 14001：2015）进行协调或整合。

ISO 9001：2015 是 ISO 9000 族的 3 个核心标准（ISO 9000、ISO 9001、ISO 9004）之一，它与 ISO 9000、ISO 9004 存在如下关系：

1）ISO 9001 为质量管理体系规定了要求。

2）ISO 9000《质量管理体系 基础和术语》为正确理解和实施 ISO 9001 提供必要的基础。在制定 ISO 9001 过程中考虑到了 ISO 9000 详细描述的质量管理原则。这些原则本身并不等同于要求，但构成了 ISO 9001 所规定要求的基础。ISO 9000 还定义了应用于 ISO 9001 的术语、定义和概念。

3）ISO 9004《追求组织的持续成功 质量管理方法》为组织选择超出 ISO 9001 要求的质量管理方法提供指南，关注能够改进组织整体绩效的更加广泛的议题。

ISO 9001 条款与其他 ISO 质量管理和质量管理体系标准之间的关系见表 1-6。

表 1-6　ISO 9001 条款与其他 ISO 质量管理和质量管理体系标准之间的关系

其他国际标准	ISO 9001 条款						
	4	5	6	7	8	9	10
ISO 9000	全部内容	全部内容	全部内容	全部内容	全部内容	全部内容	全部内容
ISO 9004	全部内容	全部内容	全部内容	全部内容	全部内容	全部内容	全部内容
ISO 10001					8.2.2 8.5.1	9.1.2	
ISO 10002					8.2.1	9.1.2	10.2.1
ISO 10003						9.1.2	
ISO 10004						9.1.2 9.1.3	
ISO 10005		5.3	6.1 6.2	全部内容	全部内容	9.1	10.2
ISO 10006	全部内容	全部内容	全部内容	全部内容	全部内容	全部内容	全部内容
ISO 10007					8.5.2		
ISO 10008	全部内容	全部内容	全部内容	全部内容	全部内容	全部内容	全部内容
ISO 10012				7.1.5			
ISO/TR 10013				7.5			
ISO 10014	全部内容	全部内容	全部内容	全部内容	全部内容	全部内容	全部内容
ISO 10015				7.2			
ISO/TR 10017			6.1	7.1.5		9.1	
ISO 10018	全部内容	全部内容	全部内容	全部内容	全部内容	全部内容	全部内容
ISO 10019					8.4		
ISO 19011						9.2	

注：1. "全部内容"表示 ISO 9001 该条款的全部内容与其他的相应标准相关。

2. 其他 ISO 质量管理和质量管理体系标准的名称见本章表 1-1。

在 ISO 9001 的基础上，已经制定了若干行业特定要求的质量管理体系标准，如 IATF 16949《质量管理体系　汽车生产件及相关维修零件组织应用 ISO 9001 的特别要求》。其中的某些标准规定了质量管理体系的附加要求，而另一些标准则仅限于提供在特定行业应用 ISO 9001 的指南。

1.4　过程方法（流程管理）

ISO 9001：2015 倡导组织在建立、实施质量管理体系以及提高其有效性时采用过程方法，目的是通过满足顾客要求增强顾客满意。

任何将所接受的输入转化为输出的活动都可以视为过程。过程方法是将相关的资源和活动作为过程,并将质量管理体系看成过程和过程网络(相互关联的过程),通过采用 PDCA 循环以及基于风险的思维,对过程和体系进行整体管理,从而有效利用机遇并防止发生非预期的结果,进而达到与组织的质量方针和战略方向一致的预期结果。

"过程方法"就是我们通常讲的"流程管理"。在质量管理体系标准中,"process"表示"过程",而不是"流程","流程"只是我们口头或习惯上的说法。相对而言,流程的含义要窄得多。

1.4.1 什么是过程

1. "过程"的定义

ISO 9000:2015 对过程的定义如下:

> **过程 process**
> 利用输入实现预期结果的相互关联或相互作用的一组活动。
> 注1:过程的"预期结果"称为输出,还是称为产品或服务,随相关语境而定。
> 注2:一个过程的输入通常是其他过程的输出,而一个过程的输出又通常是其他过程的输入。
> 注3:两个或两个以上相互关联和相互作用的连续过程也可作为一个过程。
> 注4:组织通常对过程进行策划,并使其在受控条件下运行,以增加价值。
> 注5:不易或不能经济地确认其输出是否合格的过程,通常称之为"特殊过程"。

2. "过程"定义的理解

1)从过程的定义看,过程应包含三个要素:输入、预期结果和活动。组织为了增值,通常对过程进行策划,并使其在受控条件下运行。组织在对每一个过程进行策划时,要确定过程的输入(包括输入的来源)、输出(包括输出的接收者)和为了达到预期结果所需开展的活动,也要确定监视和测量过程绩效的控制和检查点。每一过程的监视和测量检查点会因过程的风险不同而不同。图 1-2 所示为过程要素示意图。

此处的单一过程要素分析示意图,采用的是 SIAOR 图或 SIPOC 图(宏观流程分析图,六西格玛中常用),见图 1-3 和图 1-4。SIAOR 图和 SIPOC 图是一回事。

SIAOR,来自于输入源、输入、活动、输出和输出接收方的第一个英文字母的缩写;SIPOC,名字来自于供方、输入、过程、输出和顾客的第一个英文字母的缩写。其中:

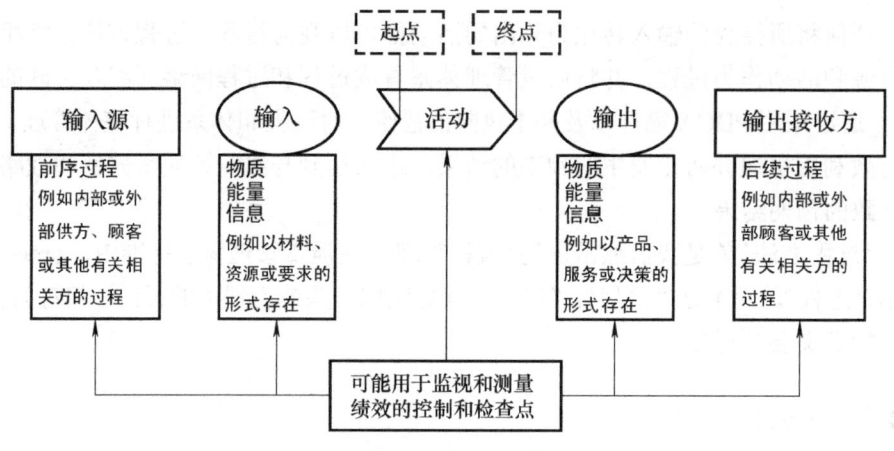

图 1-2　单一过程要素示意图

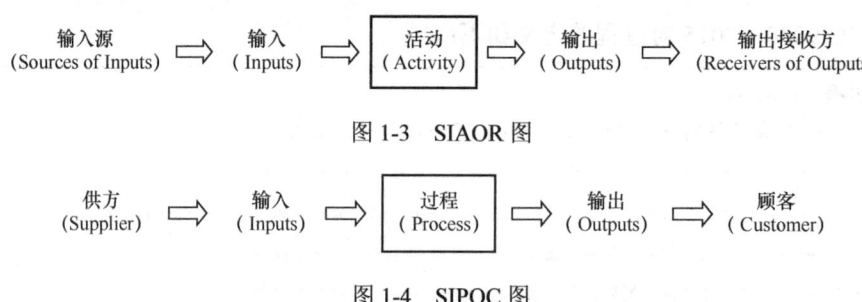

图 1-3　SIAOR 图

图 1-4　SIPOC 图

① S（Sources of Inputs）/输入源：前序过程，如内部或外部供方、顾客或其他相关方的过程。我们也可以理解 S 是指供方、供应者（Supplier），即提供输入的组织和个人。

② I（Inputs）/输入：物质、能量、信息，例如以人员、机器、材料、方法、环境或要求的形式。

③ A（Activity）/活动：将输入转化为输出的活动，也就是过程（Process）。过程是使输入发生改变的一组步骤，理论上，这个过程（由这些步骤组成的过程）将增加输入的价值。要设立对过程绩效进行监视和测量的监控点（风险点），确保过程的活动得到管理和控制。

④ O（Outputs）/输出：物质、能量、信息，例如以产品和服务或决策的形式。

⑤ R（Receivers of Outputs）/输出接收方：后续过程，如内部或外部顾客或其他相关方的过程。我们也可以理解为 C 是指（Customer）顾客，即接受输出的人、组织或过程。

表 1-7 所示为一设备租赁过程的 SIPOC 工作表。

表 1-7 SIPOC 工作表（示例）

供方 S	输入 I	过程 P	输出 O	顾客 C
申请人	租赁申请	顾客信用调查；	批准的申请表	申请人
	资质证明	设备确认与准备；	出租的设备	
	信用证明	随机文件的准备；	随机文件	
信用调查部门	信用报告	收取押金； 交付	服务信息	

2）过程与过程之间存在一定的关系。一个过程的输出通常是其他过程的输入，这种关系往往不是一个简单的按顺序排列的结构，而是一个比较复杂的网络结构：一个过程的输出可能成为多个过程的输入，而几个过程的输出也可能成为一个过程的输入；或者也可以说，一个过程与多个部门的职能有关，一个部门的职能与多个过程有关。图 1-5 描述了过程之间的相互作用；图 1-6 所示为过程网络图。

图 1-5 过程之间的相互作用

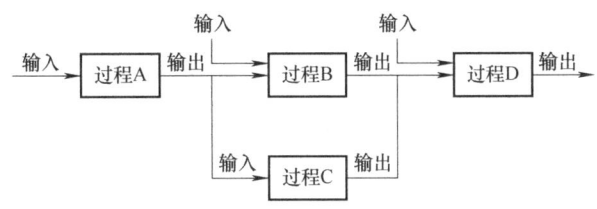

图 1-6 过程网络图（示意图）

3）组织在建立质量管理体系时，必须确定为增值所需的直接过程和支持过程，以及相互之间的关联关系（包括接口、职责和权限），这种关系通常可用流程图来表示。对所确定的过程进行策划和管理，通过对过程的控制和改进，确保质量管理体系的有效性。

4）关键过程，即过程链、过程网中起主导作用的过程。特殊过程，即过程的输出不易或不能经济地进行确认的过程。

5）过程方法旨在提高组织实现既定目标方面的有效性和效率（见图 1-7）。在 ISO 9001：2015 的要求中，这是指通过满足顾客需要来增强顾客满意度。

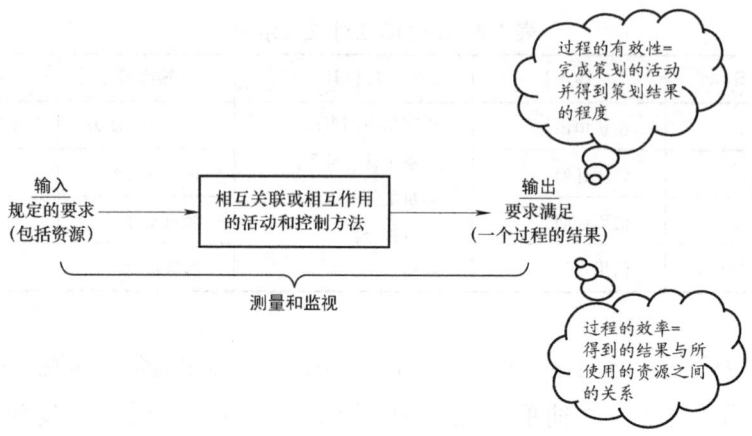

图 1-7 过程的有效性和效率

3. 过程的分类

根据 ISO 9001：2015，组织的质量管理体系包括了领导、策划、支持、运行、绩效评价、改进六个大过程。每一个大过程中又包含若干个子过程。

1）领导过程：包括战略策划过程、方针制定过程、组织设计过程等。

2）策划过程：包括风险识别与控制过程、目标建立过程、变更策划过程等。

3）支持过程：包括资源提供过程、培训过程、沟通过程、成文信息的控制过程等。

4）运行过程：为组织提供期望输出的所有过程。包括合同签订过程、设计和开发过程、采购过程、生产过程、产品检验过程、防护和交付过程、服务提供过程、不合格输出的控制过程等。

5）绩效评价过程：包括顾客满意度调查与分析过程、数据分析过程、内部审核过程、管理评审过程等。

6）改进过程：包括纠正措施控制过程、持续改进控制过程等。

1.4.2 什么是过程方法

1. 什么是过程方法

任何活动都可以看成是由输入转化为输出的过程，质量管理体系中的各项活动也是由过程和过程网络组成的。为了有效地运行质量管理体系，应系统地识别这些过程和过程网络，并通过采用 PDCA 循环以及基于风险的思维，对这些过程和过程网络进行整体管理，这就是过程方法。

2. 过程方法带来的益处

从表面上看，企业是以业务和职能部门来划分的，但实际上起作用的是流程

（过程）。

流程管理（过程方法）的最大好处在于，它是从一个事情发生的过程角度强调执行，而不是通过职责进行管理。流程管理跟职能管理不一样的地方在于，职能管理往往强调职能的完成程度，做这个事情的本身就是目的，至于这个事情对整个过程的影响往往考虑很少，但是流程管理的目的是为了最后的结果。

有这样一个故事，有个人去某地旅游。一天，在当地的一条马路边上，他看到了一个奇怪的现象：一个工人拿着铲子在路边挖坑，每3米挖一个。他干得很认真，坑也挖得很工整。另一个工人却跟在他的后面，把他刚挖好的坑立刻回填起来。

这个人觉得奇怪，便问那一位挖坑的工人："为什么你们一个挖坑，另一个马上便把坑给填起来呢？"

那个挖坑的工人回答道："我们是在绿化道路。根据规定，我负责挖坑，第二个人负责种树，第三个人负责填土。不过，今天第二个人请假没来。"

这是一个幽默的故事。这个幽默的故事可以给我们这样的启示：过分地强调岗位的责任，其后果是没有人对事情的最终结果负责。

在现实的工作、生活中，这样的情况并非绝无仅有。

中国的食品老出问题，是监管不严吗？实际上，食品安全有农业、卫生、工商、质检、交通运输等十多个部门来管理。那为什么这么多部门管不住一个食品安全呢？一个重要的原因就是各部门只负责自己的一亩三分地，而对整个食品链的安全缺少综合的监管机制，导致没有部门对食品安全的最终结果负责。

因此，要想工作有结果，仅仅强调职能管理，明确岗位责任是不够的，必须进行流程管理（过程方法），明确各岗位的流程责任。

过程方法的特点是能够对过程系统内单个过程之间的联系、过程的组合和相互作用以及过程的风险实施连续的控制。在质量管理体系中运用过程方法可以带来以下好处：

1）理解并持续满足要求。过程方法对组织过程的协调一致和整合，使预期结果得以达成，专注于过程的有效性和效率的能力，向顾客和其他相关方提供有关组织连续一致绩效的信任。

2）从增值的角度考虑过程。过程方法通过有效使用资源、降低费用、缩短周期，可以改进一致的和可预期的结果。组织可将其过程当作一个"系统"进行管理，此系统包括过程网络和过程间的相互作用，便于组织对增值有更好的理解。

3）获得有效的过程绩效。过程方法引入水平管理，跨越不同职能部门之间的壁垒并把他们的关注焦点集中到组织的主要目标上，从而为受关注的和需优先安排的改进活动提供机会。组织采用过程方法可提升其绩效。

4）在评价数据和信息的基础上改进过程。组织通过过程方法系统进行收集数据、分析数据，以提供有关过程业绩的信息，并确定纠正措施或改进的需求。所有过程都应与组织的目标、规模和复杂程度相一致，要规定所有过程都增值。过程的有效性和效率可通过内部和外部评审过程来进行评审。

1.4.3 PDCA 循环

1. PDCA 循环说明

PDCA（策划 Plan——实施 Do——检查 Check——处置 Act）循环又称戴明环，是美国质量管理专家戴明博士提出的，反映了质量改进和其他管理工作必须经过的 4 个阶段。这 4 个阶段不断循环下去，故称之为 PDCA 循环（见图 1-8）。

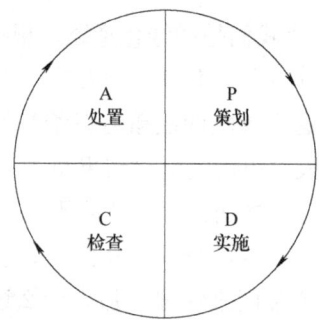

图 1-8 PDCA 循环示意图

2. 作为质量改进方法的 PDCA 循环

PDCA 循环可分为 4 个阶段 8 个步骤（见图 1-9）。4 个阶段反映了人们的认识过程，是必须遵循的；8 个步骤则是具体的工作程序，不应强求任何一次循环都要有 8 个步骤。具体工作程序可增可减，视所要解决问题的具体情况而定。

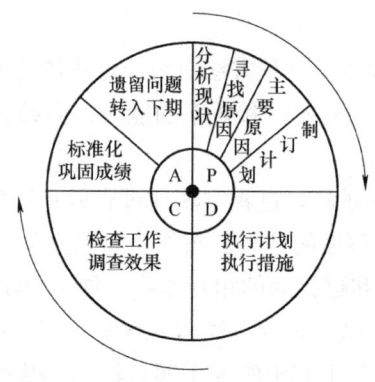

图 1-9 PDCA 的 4 个阶段 8 个步骤

(1) P（Plan）阶段——策划阶段

以提高质量、降低消耗为目的，通过分析诊断，制订改进的目标，确定达到这些目标的具体措施和方法。这就是策划阶段。

这个阶段的工作内容包括4个步骤：

第1步：分析现状，找出存在的质量问题。

第2步：分析产生质量问题的各种影响因素。

第3步：找出影响质量的主要因素（称为主因或要因）。

第4步：针对影响质量的主要因素，制订对策和计划。计划和对策的拟定过程必须明确以下几个问题：

1）Why（为什么），说明为什么要制订这些计划和措施。

2）What（干到什么程度），预计要达到的目标。

3）Where（哪里干），在什么地点执行这些计划和措施。

4）Who（谁来干），由哪个部门、哪个人来执行。

5）When（什么时候干），说明工作的进度，何时开始，何时完成。

6）How（怎样干），说明如何完成此项任务，即对策措施的内容。

以上六点，称为"5W1H"技术。

(2) D（Do）阶段——实施阶段

按照已制订的计划内容，克服各种阻力，扎扎实实地去做，以实现质量改进的目标，这就是执行阶段。

这个阶段只有1个步骤：

第5步：实施计划，即按照计划和对策，认真地去执行。

(3) C（Check）阶段——检查阶段

对照计划要求，检查、验证执行的效果，及时发现计划过程中的经验和问题。这就是检查阶段。

这个阶段只有1个步骤：

第6步：检查效果，即根据计划的要求，检查实际执行的结果，看是否达到预期的目的。

(4) A（Act）阶段——处置（总结）阶段

把成功的经验加以肯定，定成标准、规程、制度（把失败的教训也变为标准），巩固成绩，克服缺点。这就是总结阶段。

这个阶段包括2个步骤：

第7步：总结经验，巩固成绩。根据检查的结果进行总结，把成功的经验和失败的教训纳入有关的标准、规定和制度之中，巩固已经取得的成绩，同时防止重蹈覆辙。

第 8 步：遗留问题，转入下个循环。这一循环尚未解决的问题，转入下一次循环去解决。

3. ISO 9001：2015 中的 PDCA 循环

PDCA 循环适用于所有的过程，比如产品设计过程、采购过程，也适用于作为一个整体的质量管理体系。

P（Plan）——策划：根据顾客的要求和组织的方针，建立体系的目标及其过程，确定实现结果所需的资源，并识别和应对风险和机遇。

D（Do）——实施：实施所做的策划。

C（Check）——检查：根据方针、目标、要求和经策划的活动，对过程以及形成的产品和服务进行监视和测量（适用时），并报告结果。

A（Act）——处置：必要时，采取措施提高绩效。

1.4.4　ISO 9001：2015 PDCA 过程模式图

1. ISO 9001：2015 PDCA 过程模式图

ISO 9001：2015 的基本结构遵循 PDCA 循环，如图 1-10 所示。

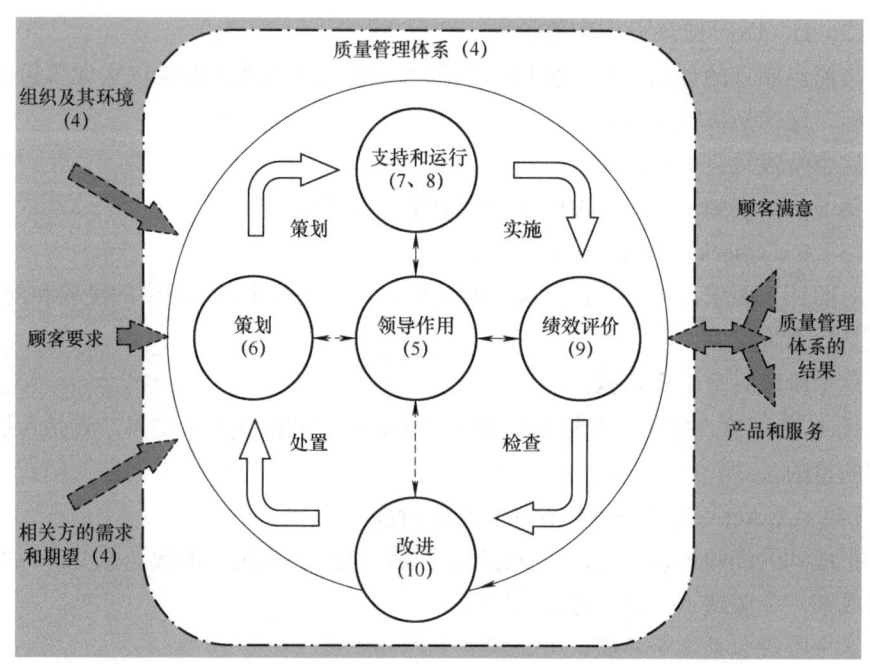

注：括号中的数字表示 ISO 9001：2015 标准的相应章节。

图 1-10　ISO 9001：2015 PDCA 过程模式图

2. ISO 9001：2015 PDCA 过程模式图的理解

1）该模式图简单展示了 ISO 9001 标准第 4~10 章所提出的过程联系，说明它们可以依照 PDCA 进行组合。大圆圈边界及中间的 5 个小圆圈"领导作用""策划""支持和运行""绩效评价""改进"分别代表标准中的第 5、6、7、8、9、10 章。说明组织的质量管理体系由领导、策划、支持、运行、绩效评价、改进六个大过程组成。

2）大圆圈左边的三个单向箭头，说明组织在建立质量管理体系，确定输入要求时，首先要考虑顾客要求，同时也要考虑组织所处的环境以及组织利益相关方的需求和期望。

3）大圆圈的右边是质量管理体系的输出，说明通过质量管理体系的运行，将实现质量管理体系策划的结果、产品和服务以及达到顾客满意。质量管理体系与质量管理体系的输出之间有一个双向箭头，表明它们之间存在双向信息流。

4）中心的小圆圈"领导作用"与四周的小圆圈之间是双向箭头，表明它们之间存在双向信息流，也表明过程的运行离不开领导的参与和支持。

5）上下左右 4 个小圆圈之间的 4 个箭头表明了这些过程的内在逻辑顺序，形成了封闭的 PDCA 循环（"策划 P""支持和运行 D""绩效评价 C""改进 A"），表明这些过程会不断循环下去。每循环一次，质量管理水平都会上一个台阶。

6）小圆圈"改进"处于大圆圈的边界上，大圆圈的箭头表明质量管理体系的改进是一个循环过程，没有止境。

1.4.5　过程方法应用指南

这里提供一个过程方法应用指南（见表 1-8），供读者参考。

表 1-8　过程方法应用指南

步骤		要点
1.策划	1.1 识别质量管理体系所需的过程	我们的 QMS 需要些什么过程？ 这些过程有否外包？ 每个过程的输入和输出是什么？输入来自哪里？输出到哪里去？ 过程的顾客是谁？ 这些顾客的要求是什么？ 过程的"所有者"是谁？
	1.2 确定这些过程的顺序和相互作用	我们的过程的总体流程是什么？ 我们怎样描述这一流程？（过程流程图或流程表？） 过程间的接口是什么？ 我们需要什么文件？

(续)

步骤		要点
1.策划	1.3 确定过程有效运行和控制所需的准则、方法、测量以及绩效指标	过程的预期和非预期结果的特征是什么？ 过程绩效指标是什么？ 是否需要形成文件？ 如何进行监视、测量和分析？监视的频率是多少？ 怎样报告监视的结果？如何利用监视的结果？ 经济事宜（成本、时间、废物等）是什么？ 什么方法适宜于收集资料？
	1.4 确定过程运行中的职责和权限	过程的主导者是谁？ 每一活动是否都有人负责？ 职责和权限是否在文件中明确？
	1.5 确保获得所需的资源并确保资源的可用性	每个过程所需的资源（人力、资金、设施设备、工作环境、信息等）是什么？ 资源可用吗？ 沟通渠道是什么？ 我们怎样提供有关过程的外部和内部信息？ 我们怎样获得反馈信息？ 我们需要收集什么资料？ 我们需要保存什么记录？
	1.6 确定过程中的风险及其控制措施	是否识别了过程中的风险？ 是否对风险进行了评价？ 是否有风险控制措施？
2.实施	2.1 按照策划的结果实施过程	工作人员是否已经培训，是否满足要求？ 工作人员是否熟悉本岗位的作业文件并能掌握其要求？ 人员的临时顶岗如何处理？ 设施设备是否已准备到位并能满足工作要求？ 是否按规定要求对设施设备进行维护保养？ 计量器具是否按工艺要求配备齐全，是否得到校准？ 原材料、辅料、外购外协件、毛坯、半成品是否准备到位？是不是合格品？ 生产车间有无防止混料、混批的控制措施？ 是否按要求进行作业？操作方法是否安全？前、后工序的衔接是否良好？ 工作环境是否适宜，能否避免污染、损伤、混批、混料或发生差错？ 风险是否得到控制？ 是否按要求做好运行中的记录？

(续)

步骤		要点
3.检查	3.1 测量、监视和分析评价这些过程	我们怎样监视过程业绩（过程绩效、过程能力、顾客满意、风险）？ 必要的测量是什么？ 我们怎样才能分析收集到的信息（统计技术）？ 是否将评价结果与过程目标进行了比较？ 分析结果告诉我们什么？ 在哪里保持监视记录？
4.处置	4.1 实施必要的措施，以实现对这些过程所策划的结果和对这些过程的持续改进	我们怎样才能改进过程以及质量管理体系？ 需要些什么改进措施？风险应对措施需要更新吗？ 这些改进措施得到实施了吗？ 这些措施有效吗？

1.4.6 单一过程分析图——乌龟图

一般使用乌龟图（示意图）（见图 1-11）进行单一过程的分析。图 1-12 所示为一个产品设计和开发过程乌龟图；图 1-13 所示为一个采购过程乌龟图。

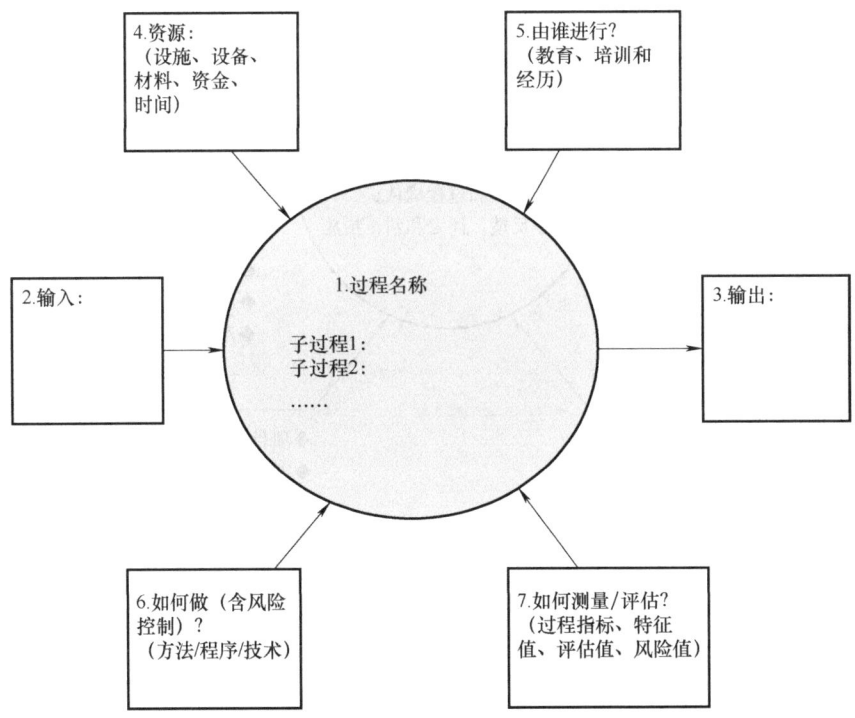

图 1-11 乌龟图（示意图）

说明:

编号	内容
1	过程名称及主要活动（或子过程）
2	详细的实际输入，如文件、要求、报告、信息、计划等
3	详细的实际输出，如产品、文件、计划、报告、信息等
4	设备、计算机系统（硬件和软件）、材料、工具等（填上重要的即可）
5	责任部门/人的职责，要考虑与之匹配的教育、培训和经历要求
6	相关的过程控制（含子过程的控制、风险控制）文件、程序、规定
7	反映过程有效性的过程绩效指标、特征值、风险值等

图 1-11　乌龟图（示意图）（续）

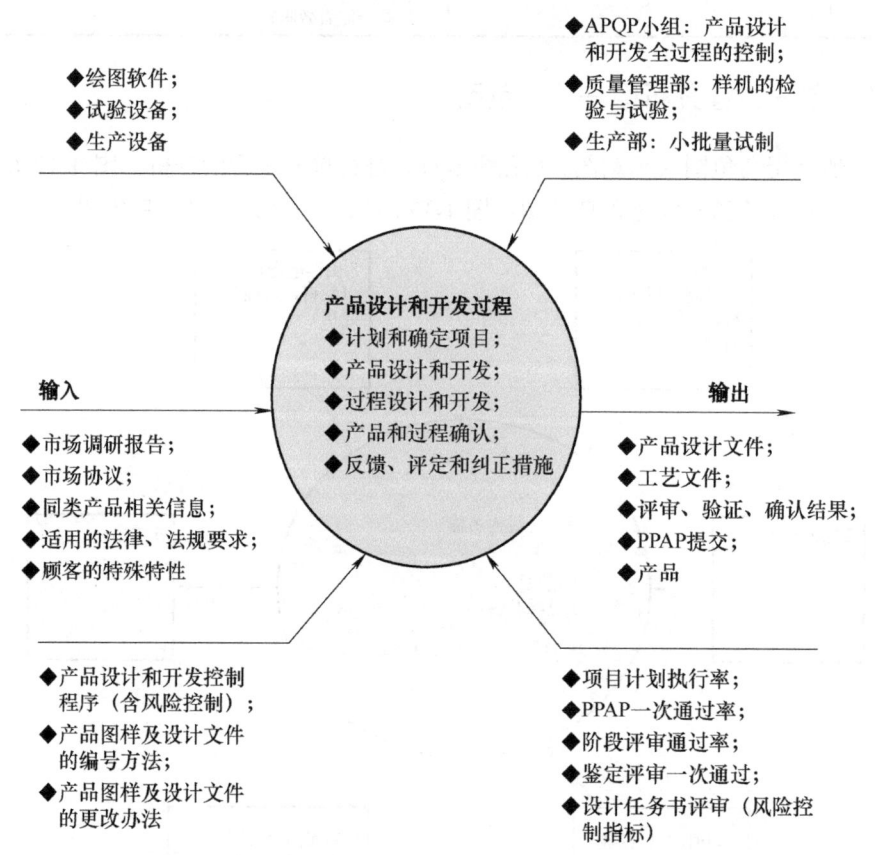

图 1-12　产品设计和开发过程乌龟图

第1章 质量管理体系国际标准介绍

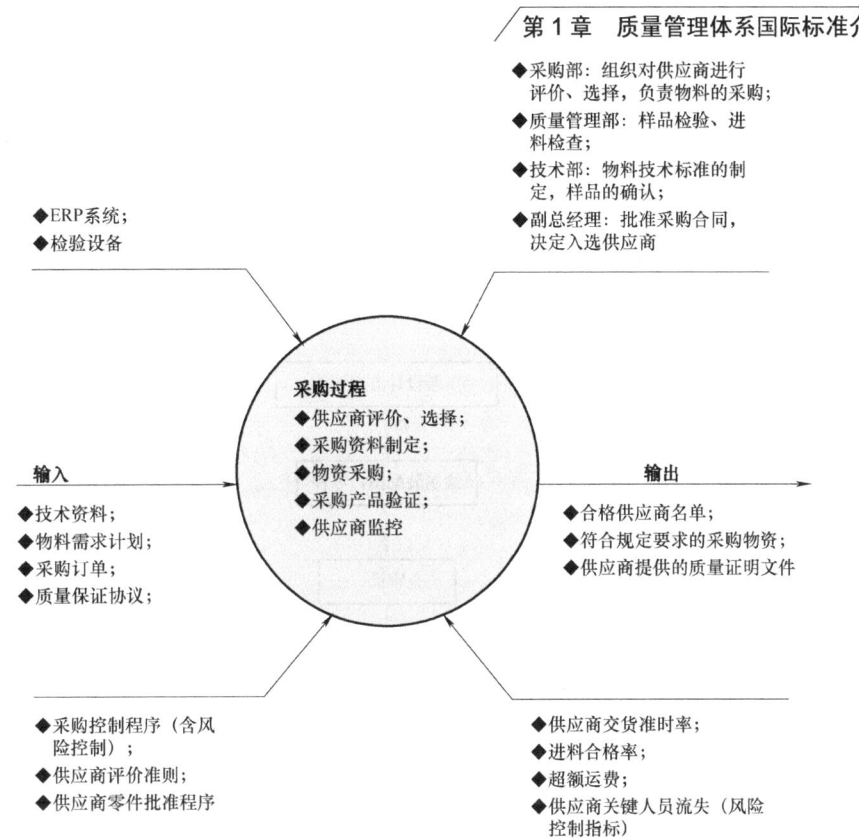

图 1-13 采购过程乌龟图

1.4.7 过程流程图

流程图就是将一个过程的步骤用图的形式表示出来的一种图示技术。

流程图的标识符号,企业可以自行规定,表 1-9 中的流程图符号仅供参考。

图 1-14 所示为一个工装设计流程图。

表 1-9 流程图符号

(仅供参考)

图　形	说　明	图　形	说　明
	流程的开始或结束		根据判定条件自动选择下一个分支流向
	具体任务或工作,例如,步骤说明、流入条件、责任人、消耗项等		连接线,箭头表示流向
	设置等待时间和流入条件后由系统自动启动		两个并行节点之间的所有分支必须全部完成才能跳出继续
	备注		信息来源
	过程中涉及的文档信息		两个节点之间有一个分支完成就能跳出继续

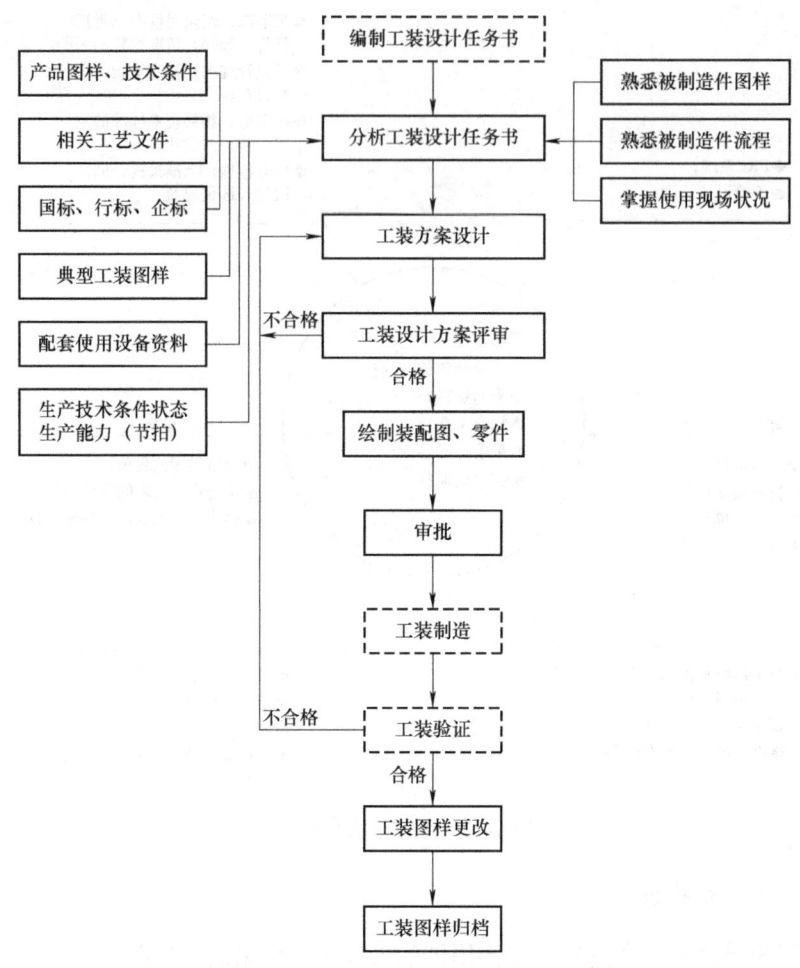

图 1-14　工装设计流程图

注：虚框图表示不属于工装设计工作，虚线箭头表示可酌情选用。

1.4.8　过程绩效指标的建立

绩效（结果）是通过过程实现的，过程绩效指标包含过程结果指标和过程运行指标。

仅有过程结果指标是不够的，比如为产品巡检过程设置了结果指标——产品入库检验合格率，产品入库检验合格率高，说明巡检过程的工作质量高。但可能有这样一种情况，装配车间本身在某个阶段加强了质量控制，此时即使巡检员睡大觉，产品入库检验合格率也很高，所以说仅为产品巡检过程设置一个结果指标——产品入库检验合格率是不够的，还需为产品巡检过程设置过程运行指标，比如巡检员每天要巡检多少回。

1. 过程绩效指标的分类

应从哪几个方面设立绩效指标呢？怎样才能保证绩效指标的完整性呢？采用双坐标设置法建立绩效指标可以解决这些问题。双坐标即类别系—结果系（见图 1-15）。

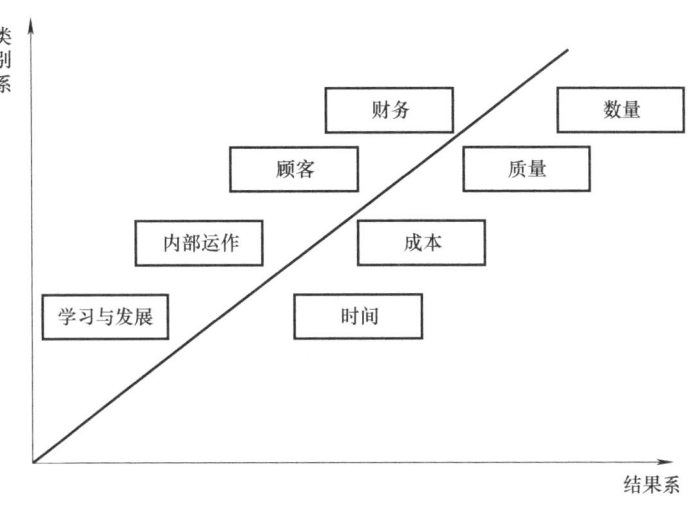

图 1-15　绩效指标系统

类别系主要是从组织的长远发展出发，在财务、顾客、内部运作、学习与发展四个方面建立绩效指标，这就是通常所说的平衡计分卡 BSC（Balanced Score Card）的四个维度（见图 1-16）。表 1-10 所示为按类别系建立的绩效指标。

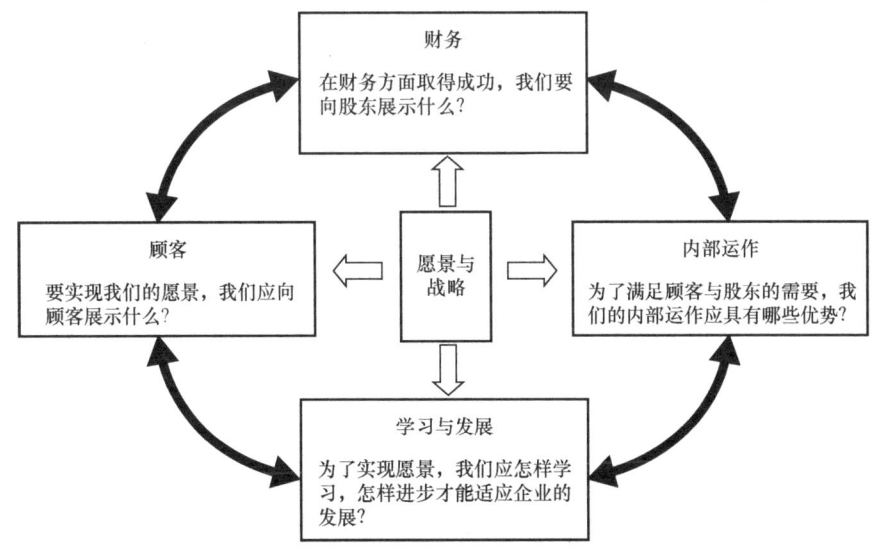

图 1-16　平衡计分卡的四个维度

表 1-10　用平衡计分卡四个维度建立的绩效指标

财务类指标：	顾客类指标（外部顾客）：
利润总额，净销售收入，资产回报率，毛利率，现金流量，成本费用预算达成率，总资产周转率，应收账款周转率，呆账比率，坏账比率，在制品周转率，材料周转率	市场占有率，新客户增加数，重要客户满意度，公共关系活动的次数、准时交付比例、客户投诉数量
内部运作类指标：	学习与发展类指标：
产品工时定额普及率，产品市场调查及时完成率，新产品上市周期，研发样品交验及时率，研发样品一次交验合格率，采购及时到货率，来料合格率，订单需求满足率，生产计划完成率，产品一次交验合格率，平均送货时间，客户投诉妥善处理率，周转期	任职资格达标率，培训计划的及时性，培训合格比率，员工流失率，员工满意度

结果系主要是从工作的效益和效果出发，在数量、质量、成本、时间四个方面建立绩效指标。表 1-11 所示为按结果系建立的绩效指标。

表 1-11　按结果系建立的绩效指标

数量类指标：	质量类指标：
产量、销售额、利润率、客户保持率、每年推出的新产品数量等	准确性、满意度、通过率、达标率、投诉率等
成本类指标：	时间类指标：
成本节约率、回报率、折旧率、费用控制率、劣质成本等	期限、天数、及时性、推出新产品周期、计划达成率等

一个指标，既属于类别系，又属于结果系，只是从不同的角度来区分而已。就像一个中年男人，从性别看，他是男人；从年龄看，他是中年人。建立指标时，既要从类别系考虑，又要从结果系考虑。

一个企业为了长远的发展，必须从财务、顾客、内部运作、学习与发展四个方面建立绩效指标，但一个部门、一个过程（或岗位）可能就没必要从财务、顾客、内部运作、学习与发展四个方面建立绩效指标。比如说，内部搞卫生的过程，其绩效指标中就不存在顾客类的指标。一个部门、一个过程（或岗位）应包括哪些类别的指标，应根据实际情况而定。

2. 过程绩效指标的构成要素

1）定量指标。构成的要素包括指标项目、指标值、期限三要素。例如：到 2016 年产品一次交验合格率要达到 99%，其中，产品一次交验合格率是指标项目，99% 是指标值，2016 年是期限。

2）定性指标。构成的要素包括指标项目、期限二要素。例如：按产品设计和开发计划规定的时间完成产品定型鉴定。

需注意的是，在很多情况下，"目标"与"指标"这两个术语的含义是兼容等效的，只是在不同的场合使用不同的术语而已。比如在目标管理中，我们使用"目标"这个术语，而在过程管理中，我们更多地使用"指标"这个术语。

3. 绩效指标的建立原则

指标建立时，要遵循 SMART 原则。

1）Specific：明确具体。也就是说，你制定的指标一定要明确具体，而不要模棱两可。比如"员工要热情对待顾客"这样的指标就不具体。什么叫"热情"呢？含含糊糊。沃尔玛对此有明确的要求：三米之内，露出你的上八颗牙微笑。

2）Measurable：可衡量的。表示指标是可以衡量的。如果指标不能衡量，就意味着将来没法考核。

3）Attainable：可实现的。表示指标在付出努力的情况下是可以实现的。要求我们避免设立过高或过低的指标。

4）Relevant：相关性。建立的指标必须与工作岗位紧密相关。比如一个前台，你让她学点英语以便接电话的时候用得上，就很好；你让她去学习六西格玛，就比较搞笑了。

5）Time-based：时限性。指标的时限性就是讲指标的实现是有时间限制的。

4. 过程关键绩效指标 KPI

绩效指标并不是越多越好，因为任何管理都是有成本的，指标越多，企业投入管理的成本也越高，所以必须选择关键性绩效指标 KPI（Key Performance Index）。

KPI 的设定要遵循 20/80 原则。"20/80"原则揭示：对事物总体结果起决定性影响的只是少量的关键因素，过程 KPI 能反映被考核过程 80%以上的工作成果就可以了。所以，过程 KPI 必须要有数量限制，一般一个过程的 KPI 约 3~6 个。记住一句话：处处是重点，就等于没有重点。

1.4.9 过程及过程绩效指标案例

表 1-12 列出了常见的过程及过程绩效指标。

表 1-12　常见的过程及过程绩效指标

过程名称	过程活动（子过程）	输入	输出	控制方法	过程指标
市场策划	制定市场目标；制定市场调研计划；开展市场调研，进行统计分析；确定市场开发计划；评审和实施计划；定期评估效果	顾客信息；市场信息；业务计划；管理决策	市场调研报告；市场开发报告；阶段性效果；评估报告	市场策划程序	市场开发成功率；开发计划执行率
合同评审	接收顾客信息；可行性评估；报价；承诺	订单需求；开发协议；潜在需求；法律、法规要求	合同评审结果；销售计划（试制计划）	合同评审程序；记录控制程序	评审及时率；评审准确率
顾客反馈与沟通	收集顾客信息；信息分类；传递；处置；跟踪处理；有效沟通	顾客反馈信息（包括产品信息、问询、合同及订单的处理）及其修改；顾客抱怨；业绩报告	沟通结果；信息反馈单；处理结果单；电子数据交换结果；预防和纠正措施；持续改进项目	顾客沟通控制程序	第一时间反馈及时率；问题解决率
设计和开发	计划和确定项目；产品设计和开发；过程设计和开发；产品和过程确认；反馈、评定和纠正措施	市场调研报告；市场协议；同类产品相关信息；适用的法律、法规要求；顾客的特殊特性	开发计划；产品图样；工艺文件；评审结果；PPAP 提交；产品	产品设计和开发程序；产品图样及设计文件编号方法	项目计划执行率；鉴定评审一次通过率
交付	制定发货计划；跟踪产品制造过程；确定运输方式；发货	可交付的产品；周销售计划	交付产品；发货确认单	交付管理程序；内部财务管理制度	交货准时率；交付产品完成率；额外运费（或次数）；交付周期
服务管理	及时了解外部发生的不合格；建立与制造、工程和设计部门的沟通渠道；在服务协议条件下实施服务；专用工具和设备的提供；服务人员的培训	顾客反馈的信息（包括顾客投诉）	服务记录；信息反馈系统报告	服务控制程序	服务人员合格率；一次修复率；顾客满意度；备件的可得性；速度反应时间

第1章 质量管理体系国际标准介绍

（续）

过程名称	过程活动（子过程）	输入	输出	控制方法	过程指标
文件控制（规范性文件控制）	提出文件要求；编制与审核；编写与批准；发放与回收；保存与处置	文件编写要求；更改的要求	批准并发放的文件；发放登记记录；文件更改记录；所有文件得到有效控制	文件控制程序；文件编写说明；电子文件控制指导书	文件发放准确率；现场不存在作废文件；外来文件评估的及时率
记录控制（证据性文件控制）	编制记录清单；明确控制范围；填写记录；保存与查阅；处置	记录要求；数据分析	所有记录得到有效控制	记录控制程序	记录填写合格率；记录的真实有效性
业务计划管理	收集顾客需求和期望；进行分类分级；开展竞争分析；确定战略目标；编制项目计划；预算与批准；执行与跟踪	顾客需求和期望；市场调研报告；竞争对手分析；以往业务计划完成情况；新的决策思路	业务计划；战略目标与分目标；项目节点进度表	业务计划控制程序	目标完成率；项目节点完成率；计划调整数
内部沟通	收集信息；分类整理；传递发布；处理反馈	过程状况；目标实现趋势；顾客要求；法律、法规要求；特殊特性	沟通过的信息	内部沟通程序	员工知晓度；内部投诉处理率
管理评审	制定年度管理评审计划；收集相关信息；实施评审；改进措施的执行与跟踪	评审输入要求；过程业绩表现；业务目标实施情况	管理评审报告；改进措施计划	管理评审程序	改进措施按时完成率；系统运行的有效性
人力资源配置	各类人员岗位描述；岗位符合情况；人员变动要求及评估；内外部招聘/调配；试用期考核与评估	岗位空缺要求；组织机构调整；业务流程调整；人才储备	劳动合同；调令；录用协议书	人力资源配置程序；员工招聘录用制度	岗位配置完成率；员工流动率

（续）

过程名称	过程活动（子过程）	输入	输出	控制方法	过程指标
培训	确定培训需求；培训计划的制定；培训实施；培训考核与资格认可；培训效果评价；培训记录建立	各类人员培训需求；各类人员岗位描述；现有人员素质状况；内外部师资力量；临时需求	培训计划；培训效果评价报告；培训记录	培训管理程序	培训计划完成率；人员素质达标率；人均培训课时
员工激励	岗位等级评定；员工绩效考核；编制考核报告；实施正负激励	各部门月度评价；绩效指标完成情况；员工表现情况	岗位等级评定报告；绩效考核报告；人事考核报告	员工激励程序；薪酬管理制度；人事考核制度	员工满意度；合理化建议数
应急准备和响应过程	应急情况分类；应急准备；应急响应；问题解决；通知顾客；完善应急准备与响应	偶发性事故；公共供给中断；关键设备故障；劳动力短缺	应急方案	应急计划程序；紧急停电处理方案；火灾事故紧急处理办法；	事故导致的停机时间；由于事故导致的延期交付次数
工厂、设施、设备策划	现行运作有效性的评价；工厂、设施、设备策划	定期策划需要；公司发展规划；新设施、设备和工装的需求；设备、作业方法出现重大变更；生产能力出现大幅下滑	车间平面布置图；新增或改进的设施、设备和工装的制造、采购计划；新增或改进的量具/试验设备的制造、采购计划	工厂、设施、设备策划管理程序	设备制造能力Cmk；设备到位率
设备/设施管理	设备的配置；设备的验收；设备的使用管理；设备的维护保养；设备的维修；设备的转移；设备的外借；设备的报废；设备的盘点；设备事故的处理	新产品开发需求；老产品改进需求；更新需求；现有仪器使用状况；Cmk值普查记录	设备采购计划；维护、保养计划；备件计划；应急计划；设备操作指导书；维护、保养记录	设备管理程序；设备采购管理方法；备件管理制度；计算机网络管理	OEE（设备总利用率）；MTBF（可靠性）；MTTR（可维护性）；平均故障率；备件可得率

（续）

过程名称	过程活动（子过程）	输入	输出	控制方法	过程指标
工装管理	编制工装设计任务书；工装设计/验证；采购/安装调试/验收/建档；制定维护、保养、更改、应急计划；实施维护、保养、维修、报废处置	新产品开发需求；老产品改进需求；生产和更换需求；现有工装状况	工装设计验收资料；工装采购计划；工装档案；维护、保养、更换、应急计划；工装操作指导书；维护、保养、处置记录	工装管理程序；工装设计/验证管理方法	MTBF（可靠性）；MTFR（可维护性）；平均故障率；工装可得率
工作环境管理	收集法律法规信息；制定安全、环境、5S目标；确定公司安全、环境、5S职责表；识别安全、环境隐患及可能的职业伤害；确定控制方法；确定劳动保护、环境保护要求；开展安全、消防、环境、5S意识教育；开展安全、消防、环境、5S检查；现场环境维持	员工要求；政府、法律法规要求；客户社会责任守则；产品、工艺要求	现场清洁；员工安全；5S检查报告	工作环境管理程序	轻伤伤害事故次数；无死亡事故；无火灾事故；5S得分合格率
质量计划管理	计划的制定；计划的发布；计划的实施；计划的更改	特定产品、项目或合同的要求	质量计划	质量计划控制程序	质量计划按时完成率；质量计划验收满意情况
供方选择	供方情况调查、收集；初选及现场评审；试制及样件确认；试生产确认/PPAP认可；列入合格供方名册	新产品开发需求；老产品改进需求；供方现状	供方调查报告；供方能力评审报告；样件认可报告；PPAP认可报告及资料；技术/质量协议；合格供方名册	采购管理程序；供方能力评审标准	供方PPAP一次通过率

（续）

过程名称	过程活动（子过程）	输入	输出	控制方法	过程指标
供方评审及改进	制定评审及改进计划；实施现场评审；提出纠正措施、要求；跟踪并验证	供方交付表现；顾客反馈信息；供方 QMS 状况	供方评审/改进计划；评审报告及整改要求；纠正措施及验证记录；供方月度/年度评价结果	供方能力评审标准；供方月度/年度评价标准	A级供方比例；ISO 9001（或 ISO/TS 16949）通过率；顾客中断和退货次数
采购	编制采购计划；下达订单或调整；到货/报检/进货验证；入库/支付	生产计划；采购计划	符合要求的采购产品	采购管理程序	采购产品批次合格率；交付准点率；交货延误造成的生产中断次数/月；退货率；供应商支付的超额费用
生产计划确定	接收销售计划；编制生产计划；分解生产计划；计划执行与检查	销售计划；增补计划；新产品试制计划；安全库存要求；现有生产能力状况	总成装配计划；自制件加工计划；外协件加工计划	生产计划管理程序	计划执行率；计划差错率
制造过程	从原材料到成品的产品实现	生产计划	按计划生产的产品	标准化作业指导书；安全操作规程	生产计划完成率；废品率；工艺符合率；产品直通率；安全事故率
标识和可追溯管理过程	标识和可追溯分类；标识和可追溯方法；标识和可追溯性实施；标识和可追溯性不符合处理	顾客要求；产品标识要求；产品检验状态要求；追溯性要求	标识方法；产品标识；产品检验状态标识；可追溯性方法	标识和可追溯性管理程序	标识的符合率；按要求可追溯
顾客财产管理	顾客财产的入厂验收；顾客财产的贮存与保管；顾客财产的使用；顾客财产出现异常时的处理	顾客提供的物料；设备工装、量检具；技术资料等	验收记录；顾客财产保存完好；按指定用途使用；顾客财产异常记录表	顾客财产管理程序	标识合格率；未挪作他用

（续）

过程名称	过程活动（子过程）	输入	输出	控制方法	过程指标
物流管理	接受货物入库； 标识/分类存放/建卡与账； 搬运、储存； 配料、发料； 定期检查	生产计划； 试制计划； 采购计划	物资台账； 库存 MRP Ⅱ系统； 防护好的产品	物流管理程序； 仓库管理程序； 搬运、储存规定	库存周转次数； 库存资金占用额； 零件混料率、错发率； 物料仓损率
测量仪器管理	提出仪器要求； 评审要求； 造型/招标/采购； 安装/调试/验收/建档； 制定操作指导书并培训； 制定维护、保养、校准、应急计划； 进行 MSA 的需要	新产品开发需求； 老产品改进需求； 更新需求； 现有仪器状况	仪器采购计划； 仪器管理台账； 维护保养计划； 应急计划； 操作指导书； 校准计划及记录； 测量系统分析 MSA 报告	测量仪器管理程序	校准计划执行率； %GRR≤10% 的量具数（或比例）； 仪器可得率
实验室管理	接受试验要求； 建立试验室程序； 培训实验人员； 实施实验； 编制实验报告； 提交实验报告	新产品开发需求； 老产品开发需求； 顾客样件及实验要求； 供方样件及实验要求； 产品试验要求	实验报告； 实验结果/记录	实验室管理程序； 试验作业指导书	实验及时性； 实验报告正确率； 不确定已知的测量系统百分率；
顾客满意度评价	确定顾客满意度评价的范围； 确定调查计划和建立收集渠道； 实施调查与收集； 进行统计分析； 提交评价报告	顾客沟通与抱怨； 退货信息； 交付表现	顾客满意度调查报告； 建议的措施	顾客满意度评价程序	顾客满意度； 问卷回收率
员工满意度评价	确定员工满意度评价的方面； 确定调查计划和建立收集渠道； 实施调查与收集； 进行统计分析； 提交测评报告	员工信息反馈； 定期、定向收集信息	员工满意度调查报告； 趋势分析图	员工满意度评价程序	员工满意度； 员工流失率

（续）

过程名称	过程活动（子过程）	输入	输出	控制方法	过程指标
内部管理体系审核	编制年度审核方案；审核准备；实施审核；编制审核报告；制定并实行纠正措施；跟踪、验证/关闭	顾客抱怨；年度审核安排；变更情况；重大质量事故	审核报告；不符合项报告	内部管理体系审核程序	审核计划执行率；不符合项的关闭率
过程审核	编制年度审核方案；审核准备；实施审核；编制审核报告；制定并实行纠正措施；跟踪、验证/关闭	年度审核安排；产品审核时发现产品质量连续下降；一月内出现两次顾客索赔；发生重大质量事故；生产流程、工艺更改；生产地点变更；关键材料供应商更换；顾客或法规新增特殊要求；新产品小批量试生产或批量生产；大幅度降低成本；公司内部机构提出要求；	过程审核报告；纠正和预防措施要求单	过程审核管理程序	审核计划执行率；不符合项按时关闭率
产品审核	编制年度审核方案；审核准备；实施审核；编制审核报告；制定并实行纠正措施；跟踪、验证/关闭	年度审核安排；入仓检验发现产品质量连续下降；一月内出现两次顾客索赔；发生重大质量事故；生产流程、工艺更改；生产地点变更；产品长期停产；当恢复生产时；关键材料供应商更换；顾客或法规新增特殊要求时；新产品批量生产时	产品审核报告；纠正和预防措施要求单	产品审核管理程序	审核计划执行率；纠正和预防措施的关闭率

（续）

过程名称	过程活动（子过程）	输入	输出	控制方法	过程指标
进货检验	供应商交货；进货检验；检验不合格处理；合格入库	送货单；控制计划；检验指导书；顾客要求	入库；检验状态；验收记录	进货检验控制程序	原材料PPM；原辅材料导致的生产线批次质量事故数
过程检验	首件检验；自主检验；巡回检验；检验工序控制；检验标识；过程检验中质量问题的处理及过程转序	过程中半成品；控制计划；顾客要求；检验指导书；工艺技术文件；生产通知单	过程检验记录；检验状态	过程检验控制程序	检验失误率
成品检验	成品检验分类；检验的实施；不合格品处理；合格品放行	顾客要求；成品；控制计划	成品检验记录；检验状态	成品检验控制程序	顾客退货率；成品检验合格批率
不合格品控制	标识/隔离；记录不合格品；评审不合格品；处置（让步、返工、报废）	顾客退货；过程不合格品；可疑产品	不合格品报告；评审报告；纠正措施需求表	不合格品控制程序	不合格品处置的及时性
数据分析	收集信息与资料；进行统计分析；提出建议措施；提交管理评审	质量目标及实现情况；过程指标及实现情况	分析报告；趋势图	数据分析程序	采用趋势图展示的指标数；具有竞争性的指标数
持续改进	持续改进策划；持续改进项目的识别；改进项目的组织和实施；改进效果的评价	目标和指标的调整和优化要求；顾客提高要求的期望；生产工艺的优化；产品的技术革新；过程的改进和生产效率的提高	改进项目计划；改进项目的实施及验证报告	持续改进控制程序	项目改进成功率
纠正措施	8D——解决问题方法的8个步骤	顾客抱怨；内、外审结果；管理评审结果；质量事故	8D报告（纠正措施报告单）	纠正措施控制程序	纠正措施按时关闭率；问题重复发生次数

1.5 七项质量管理原则

七项质量管理原则是质量管理的理论基础,是建立、实施、保持和改进组织质量管理体系必须遵循的原则。

七项质量管理原则:
1)以顾客为关注焦点。
2)领导作用。
3)全员积极参与。
4)过程方法。
5)改进。
6)循证决策(基于证据的决策方法)。
7)关系管理。

1.5.1 以顾客为关注焦点

1. 概述

质量管理的主要关注点是满足顾客要求并且努力超越顾客期望。

2. 理论依据

组织只有赢得和保持顾客和其他相关方的信任才能获得持续成功。与顾客相互作用的每个方面,都提供了为顾客创造更多价值的机会。理解顾客和其他相关方当前和未来的需求,有助于组织的持续成功。

3. 组织的获益之处

可能的获益:
1)增加顾客价值。
2)增强顾客满意。
3)增进顾客忠诚。
4)增加重复性业务。
5)提高组织的声誉。
6)扩展顾客群。
7)增加收入和市场份额。

4. 可开展的活动

可开展的活动包括:

1）辨识从组织获得价值的直接和间接的顾客。
2）理解顾客当前和未来的需求和期望。
3）将组织的目标与顾客的需求和期望联系起来。
4）在整个组织内沟通顾客的需求和期望。
5）为满足顾客的需求和期望，对产品和服务进行策划、设计、开发、生产、交付和支持。
6）测量和监视顾客满意情况，并采取适当的措施。
7）在有可能影响到顾客满意的相关方的需求和适宜的期望方面，确定并采取措施。
8）积极管理与顾客的关系，以实现持续成功。

1.5.2 领导作用

1. 概述

各级领导建立统一的宗旨和方向，并且创造全员积极参与的条件，以实现组织的质量目标。

2. 理论依据

统一的宗旨和方向的建立，以及全员的积极参与，能够使组织将战略、方针、过程和资源保持一致，以实现其目标。

3. 组织的获益之处

可能的获益：

1）提高实现组织质量目标的有效性和效率。
2）组织的过程更加协调。
3）改善组织各层级、各职能间的沟通。
4）开发和提高组织及其人员的能力，以获得期望的结果。

4. 可开展的活动

可开展的活动包括：

1）在整个组织内，就其使命、愿景、战略、方针和过程进行沟通。
2）在组织的所有层级创建并保持共同的价值观，公平和道德的行为模式。
3）培育诚信和正直的文化。
4）鼓励在整个组织范围内履行对质量的承诺。
5）确保各级领导者成为组织人员中的楷模。
6）为人员提供履行职责所需的资源、培训和权限。

7）激发、鼓励和表彰人员的贡献。

1.5.3 全员积极参与

1. 概述

在整个组织内各级人员的胜任、被授权和积极参与，是提高组织创造和提供价值能力的必要条件。

2. 理论依据

为了有效和高效地管理组织，各级人员得到尊重并参与其中是极其重要的。通过表彰、授权和提高能力，促进在实现组织的质量目标过程中的全员积极参与。

3. 组织的获益之处

可能的获益：

1）通过组织内人员对质量目标的深入理解和内在动力的激发，以实现其目标。

2）在改进活动中，提高人员的参与程度。

3）促进个人发展、主动性和创造力。

4）提高人员的满意程度。

5）增强整个组织内的相互信任和协作。

6）促进整个组织对共同价值观和文化的关注。

4. 可开展的活动

可开展的活动包括：

1）与员工沟通，以增进他们对个人贡献重要性的认识。

2）促进整个组织内部的协作。

3）提倡公开讨论，分享知识和经验。

4）授权人员确定工作中的制约因素并积极主动参与。

5）赞赏和表彰员工的贡献、钻研精神和进步。

6）针对个人目标进行绩效的自我评价。

7）进行调查，以评估人员的满意程度和沟通结果，并采取适当的措施。

1.5.4 过程方法

1. 概述

将活动作为相互关联、功能连贯的过程系统来理解和管理时，可更加有效和高效地得到一致的、可预知的结果。

2. 理论依据

质量管理体系是由相互关联的过程所组成的。理解体系是如何产生结果的，能够使组织尽可能地完善其体系和绩效。

3. 组织的获益之处

可能的获益：

1）提高关注关键过程和改进机会的能力。

2）通过协调一致的过程体系，始终得到预期的结果。

3）通过过程的有效管理，资源的高效利用及职能壁垒的减少，尽可能提升其绩效。

4）使组织能够向相关方提供关于其一致性、有效性和效率方面的信任。

4. 可开展的活动

可开展的活动包括：

1）确定体系的目标和实现这些目标所需的过程。

2）为管理过程确定职责、权限和义务。

3）了解组织的能力，预先确定资源约束条件。

4）确定过程相互依赖的关系，分析个别过程的变更对整个体系的影响。

5）对体系的过程及其相互关系进行管理，有效和高效地实现组织的质量目标。

6）确保可获得过程运行和改进的必要信息，并监视、分析和评价整个体系的绩效。

7）管理能影响过程输出和质量管理体系整个结果的风险。

1.5.5 改进

1. 概述

成功的组织持续关注改进。

2. 理论依据

改进对于组织保持当前的绩效水平，对其内、外部条件的变化做出反应并创造新的机会都是非常必要的。

3. 组织的获益之处

可能的获益：

1）改进过程绩效、组织能力和顾客满意。

2）增强对调查和确定根本原因及后续的预防和纠正措施的关注。

3）提高对内外部的风险和机会的预测和反应的能力。

4）增加对渐进性和突破性改进的考虑。

5）通过加强学习实现改进。

6）增强创新的动力。

4. 可开展的活动

可开展的活动包括：

1）促进在组织的所有层级建立改进目标。

2）对各层级员工进行培训，使其懂得如何应用基本工具和方法实现改进目标。

3）确保员工有能力成功地制定和完成改进项目。

4）开发和展开过程，以在整个组织内实施改进项目。

5）跟踪、评审和审核改进项目的计划、实施、完成和结果。

6）将新产品开发或产品、服务和过程的变更都纳入改进中予以考虑。

7）赞赏和表彰改进。

1.5.6 循证决策（基于证据的决策方法）

1. 概述

基于数据和信息的分析和评价的决策，更有可能产生期望的结果。

2. 理论依据

决策是一个复杂的过程，并且总是包含一些不确定因素。它经常涉及多种类型和来源的输入及其解释，而这些解释可能是主观的。重要的是理解因果关系和潜在的非预期后果。对事实、证据和数据的分析可导致决策更加客观、可信。

3. 组织的获益之处

可能的获益：

1）改进决策过程。

2）改进对过程绩效和实现目标的能力的评估。

3）改进运行的有效性和效率。

4）提高评审、挑战和改变观点与决策的能力。

5）提高证实以往决策有效性的能力。

4. 可开展的活动

可开展的活动包括：

1）确定、测量和监视证实组织绩效的关键指标。

2）使相关人员能够获得所需的全部数据。

3）确保数据和信息足够准确、可靠和安全。

4）使用适宜的方法对数据和信息进行分析和评价。

5）确保人员有能力分析和评价所需的数据。

6）依据证据，权衡经验和直觉进行决策并采取措施。

1.5.7 关系管理

1. 概述

为了持续成功，组织需要管理与有关的相关方（如：供方）的关系。

2. 理论依据

有关的相关方影响组织的绩效。当组织管理与所有相关方的关系，以尽可能地发挥其在组织绩效方面的作用时，持续成功更有可能实现。对供方及合作伙伴的关系网的管理是尤为重要的。

3. 组织的获益之处

可能的获益：

1）通过对每一个与相关方有关的机会和限制的响应，提高组织及其相关方的绩效。

2）对目标和价值观，与相关方有共同的理解。

3）通过共享资源和能力，以及管理与质量有关的风险，增加为相关方创造价值的能力。

4）具有管理良好、可稳定提供产品和服务的供应链。

4. 可开展的活动

可开展的活动包括：

1）确定有关的相关方（如供方、合作伙伴、顾客、投资者、雇员或整个社会）及其与组织的关系。

2）确定和排序需要管理的相关方的关系。

3）考虑权衡短期利益与长远利益的关系。

4）收集并与有关的相关方共享信息、专业知识和资源。

5）适当时，测量绩效并向相关方报告，以增加改进的主动性。

6）与供方、合作伙伴及其他相关方共同开展开发和改进活动。

7）鼓励和表彰供方与合作伙伴的改进和成绩。

1.6 质量管理体系重要术语

1.6.1 关于 ISO 9001 标准中的术语的说明

ISO 9001：2015 的术语与定义采用 ISO 9000：2015 中所确立的术语和定义。

ISO 9000：2015《质量管理体系 基础和术语》标准共给出了 138 个术语（其中包括了 ISO/IEC 导则—第 1 部分—ISO 增刊附件 SL 的基本术语和 ISO 9000 族其他标准的术语等），根据内容逻辑关系分为 13 类，其构成情况见表 1-13。

下面 1.6.2～1.6.8 节对几个重要术语进行讲解。

表 1-13 ISO 9000 标准术语构成

类别	类别名称	术语数	术语名称
1	有关人员的术语	6	最高管理者、质量管理体系咨询师、参与、积极参与、管理机构、争议解决者
2	有关组织的术语	9	组织、组织环境、相关方、顾客、供方、外部供方、争议解决过程提供方、协会、计量职能
3	有关活动的术语	13	改进、持续改进、管理、质量管理、质量策划、质量保证、质量控制、质量改进、技术状态管理、<技术状态管理>更改控制、<项目管理>活动、项目管理、技术状态项
4	有关过程的术语	8	过程、项目、质量管理体系实现、能力获得、程序、外包、合同、设计和开发
5	有关体系的术语	12	体系（系统）、基础设施、管理体系、质量管理体系、工作环境、计量确认、测量管理体系、方针、质量方针、愿景、使命、战略
6	有关要求的术语	15	客体、质量、等级、要求、质量要求、法律要求、法规要求、产品技术状态信息、不合格（不符合）、缺陷、合格（符合）、能力 capability、可追溯性、可靠性、创新
7	有关结果的术语	11	目标、质量目标、成功、持续成功、输出、产品、服务、绩效、风险、效率、有效性
8	有关数据、信息和文件的术语	15	数据、信息、客观证据、信息系统、文件、成文信息、规范、质量手册、质量计划、记录、项目管理计划、验证、确认、技术状态纪实、特定情况
9	有关顾客的术语	6	反馈、顾客满意、投诉、顾客服务、顾客满意行为规范、争议
10	有关特性的术语	7	特性、质量特性、人为因素、能力 competence、计量特性、技术状态、技术状态基线
11	有关确定的术语	9	确定、评审、监视、测量、测量过程、测量设备、检验、试验、<项目管理>进展评价

(续)

类 别	类别名称	术语数	术语名称
12	有关措施的术语	10	预防措施、纠正措施、纠正、降级、让步、偏离许可、放行、返工、返修、报废
13	有关审核的术语	17	审核、多体系审核、联合审核、审核方案、审核范围、审核计划、审核准则、审核证据、审核发现、审核结论、审核委托方、受审核方、向导、审核组、审核员、技术专家、观察员

1.6.2 产品、服务

1. 定义

（1）产品

在组织和顾客之间未发生任何交易的情况下，组织能够产生的输出。

注1：在供方和顾客之间未发生任何必要交易的情况下，可以实现产品的生产。但是，当产品交付给顾客时，通常包含服务因素。

注2：通常，产品的主要要素是有形的。

注3：硬件是有形的，其量具有计数的特性（如轮胎）。流程性材料是有形的，其量具有连续的特性（如燃料和软饮料）。硬件和流程性材料经常被称为货物。软件由信息组成，无论采用何种介质传递（如计算机程序、移动电话应用程序、操作手册、字典、音乐作品版权、驾驶执照）。

（2）服务

至少有一项活动必需在组织和顾客之间进行的组织的输出。

注1：通常，服务的主要要素是无形的。

注2：通常，服务包含与顾客在接触面的活动，除了确定顾客的要求以提供服务外，可能还包括与顾客建立持续的关系，如：银行、会计师事务所，或公共组织（如学校或医院）等。

注3：服务的提供可能涉及，例如：

——在顾客提供的有形产品（如需要维修的汽车）上所完成的活动。

——在顾客提供的无形产品（如为准备纳税申报单所需的损益表）上所完成的活动。

——无形产品的交付（如知识传授方面的信息提供）。

——为顾客创造氛围（如在宾馆和饭店）。

注4：通常，服务由顾客体验。

2. 理解要点

1）2008版ISO 9001中，产品的定义中包括服务，2015版ISO 9001中，产品和服务是分开的，定义不一样。产品和服务都是输出的一种形式，二者的区别主要在于"是否与顾客接触"。产品是指在组织和顾客之间未发生接触的情况下，组织生产的输出。而服务是指至少有一项活动必须在组织和顾客之间的接触面上进行的输出。需说明的是，当产品交付给顾客时，通常包含服务因素。

2）输出是指"过程的结果"。各行业组织的输出通常都包含有产品和服务内容，但是因行业的特点不同，产品和服务的占比不同。组织的输出是归属产品还是服务，要取决于其主要特性。例如：画廊卖一幅画是产品，而委托绘画则是服务；在零售店买汉堡包是产品，而在饭店订一份汉堡包则是服务。

3）产品通常有三种类别，即硬件、流程性材料和软件。软件由信息组成，通常是无形产品并可以方法、论文或程序的形式存在。硬件通常是有形产品，其量具有可计数的特性。流程性材料通常是有形产品，如液体、气体等，其量具有可连续计量的特性。硬件和流程性材料经常被称为货物。

4）服务是无形的输出。有些服务活动的过程和活动的结果是同时发生和同步运行的。有形产品的提供和使用可能成为服务的一部分，但有形产品在这里仅仅被视为服务的手段或外壳。服务具有同时性、无形性、非重复性、异质性、易逝性、非储存性、非运输性等特性。

5）有些服务组织除了提供服务外，可能还包括建立与顾客间持续的关系，例如：银行、会计师事务所或学校、医院等组织需要与顾客建立一个较长期、持续的关系。

6）服务的提供可能涉及以下活动：
① 在顾客提供的有形产品（如维修的汽车）上所完成的活动。
② 在顾客提供的无形产品（如为准备纳税申报单所需的损益表）上所完成的活动。
③ 无形产品的交付（如知识传授方面的信息提供）。
④ 为顾客创造氛围（如在宾馆和饭店）。
⑤ 服务通常由顾客体验。

7）通常，服务是需要由顾客体验的，在接触过程中，组织和顾客可能由人员或物体来代表。

1.6.3 质量

1. 定义

客体的一组固有特性满足要求的程度。

注1：术语"质量"可使用形容词来修饰，例如：差、好或优秀。

注2："固有的"（其对应的是"赋予"）是指存在于客体中。

2. 理解要点

（1）客体

客体是指"可感知或可想象到的任何事物"。

客体可以是产品、服务、过程、体系、人、组织、体系、资源等。

客体可以是物质的（如一台发动机、一张纸、一颗钻石），也可以是非物质的（如转换率、一个项目计划）或想象的（如组织未来的状态）。

质量管理的对象是客体，各项活动的对象也是客体。管理始于客体、终于客体。

（2）特性

特性是指"可区分的特征"。特性可以有各种类别的特性，如物理的特性（如机械的、电的、化学的或生物学的特性）；感官的特性（如嗅觉、触觉、味觉、视觉、听觉）；行为的特性（如礼貌、诚实、正直）；时间的特性（如准时性、可靠性、可用性、连续性）；人因工效的特性（如生理的特性或有关人身安全的特性）和功能的特性（如飞机的最高速度）。

1）"特性"可以分为"固有特性"和"赋予特性"两大类。

"固有特性"是指某事物中本来就有的特性，尤其是那种永久的特性，如螺栓的直径、机器的生产率或接通电话的时间等技术特性。有的产品只具有一种类别的固有特性，有的产品可能具有多种类别的固有特性。例如：化学试剂只具有一类固有特性，即化学性能；而对彩色电视机来说，则具有多类固有特性，如物理特性中的电性能、环境适应性能、安全性等，感官特性中的听觉（音质）和视觉（色彩），时间特性中的可靠性等。

"赋予特性"不是固有特性，不是某事或某物中本来就有的，而是完成产品后因不同的要求而对产品所增加的特性，如产品的价格、硬件产品的供货时间和运输要求（如运输方式）、售后服务要求（如保修时间）等特性。

2）不同产品的固有特性与赋予特性是不尽相同的。某些产品的赋予特性可能是另一些产品的固有特性，例如：供货时间及运输方式对硬件产品而言属于赋予特性，但对运输服务而言就属于固有特性。

3）特性可以是定性的或定量的。

（3）要求

要求是指"明示的、通常隐含的或必须履行的需求或期望"。

1）从以上定义中可知，要求可分为"明示的要求""通常隐含的要求"和"必须履行的要求"三大类。无论是明示、隐含还是必须履行的要求，对于提高顾客满意度，满足顾客期望都是必要的。

①"明示的要求"可以理解为规定的要求。如在文件、合同中阐明的要求或顾客明确提出的要求。明示的要求可以是以书面方式规定的要求，也可以是以口头方式规定的要求。

②"通常隐含的要求"是指组织、顾客和其他相关方的惯例或一般做法，所

考虑的需求或期望是不言而喻的。例如：餐饮行业顾客吃饭等待时间要尽量短，化妆品对顾客皮肤的保护性的要求。一般情况下，顾客或相关的文件（如标准）中不会对这类要求给出明确的规定，组织应根据其自身产品的用途和特性进行识别，并做出规定。

③"必须履行的要求"是指法律法规的要求和强制性标准的要求。如我国对与人身、财产的安全有关的产品，发布了相应的法律法规和强制性的行政规章或制定了代号为"GB"的强制性标准，如食品卫生安全法、GB 9744—2015《载重汽车轮胎》等，组织必须执行这类文件和标准。

2）"要求"可以由组织、组织的顾客、其他相关方提出。组织的不同相关方对同一产品的要求可能是不相同的，例如：对汽车来说，顾客要求美观、舒适、轻便、省油、安全，但社会要求不对环境产生污染。组织在确定与产品有关要求时，应充分考虑并兼顾各方面的要求。

3）"要求"可以涉及很多不同的方面，当需要特指时，可以采用修饰词表示，如产品要求、质量管理体系要求、顾客要求、法律法规要求等。

4）质量要求是在质量方面明示的、通常隐含的或必须履行的需求或期望，如产品质量要求、服务质量要求。

（4）程度

程度是特性满足的一种度量。质量对于同一品种来说有不同档次，度量必须在同一等级上进行。等级是指对功能用途相同，但质量要求不同的产品所作的分类。

在进行质量的比较时，应注意在同一"等级"的基础上比较。等级高并不意味着质量一定好，等级低也并不意味着质量一定差。

（5）对"质量"的理解

1）"质量"表述的是客体的若干固有特性满足要求的程度，其定义本身没有"好"或"不好"的含义。如果其固有特性满足要求的程度越高，其"质量"则越好，反之则"质量"越差。因此，"质量"可使用形容词来修饰质量，以表明固有特性满足要求的程度。

2）组织的产品和服务质量取决于满足顾客的能力，以及对相关方有意和无意的影响。

3）产品和服务的质量不仅包括其预期的功能和性能，而且还涉及顾客对其价值和利益的感知。

4）人为赋予的特性不属于"质量"所关注的范畴，如价格、所有者。

5）"质量"具有广义性、时效性和相对性的特点。

① 质量的广义性：质量不仅指产品质量，还包括服务、过程、体系的质量。

质量是针对客体的质量，即质量是包括针对产品、服务、过程、个人、组织、体系、资源等以及非物质形态在内的客体的固有特性满足要求的程度。

② 质量的时效性：由于组织的顾客和其他相关方对组织的产品、过程和体系的需求和期望是不断变化的，例如，原先被顾客认为质量好的产品会因为顾客要求的提高而不再受到顾客的欢迎。因此，组织应当不断地调整对质量的要求。

③ 质量的相对性：由于顾客及相关方的需求日趋多元化、个性化，即使是对同一产品的同一功能也可能提出不同的需求。尽管需求因"人"而异，但只要产品满足需求就应该是质量好的，没有绝对的评价标准。

1.6.4 质量方针

1. 定义

关于质量的方针。

注1：通常，质量方针与组织的总方针相一致，可以与组织的愿景和使命相一致，并为制定质量目标提供框架。

注2：ISO 9000 标准中提出的质量管理原则可以作为制定质量方针的基础。

2. 理解要点

1）方针是指"由最高管理者正式发布的组织的宗旨和方向"。质量方针是最高管理者在质量方面正式发布的组织的宗旨和方向。

2）质量方针应与组织的总方针相一致，并符合组织的愿景和使命。组织的总方针除质量外还会涉及环境、安全、发展战略等方面，组织的质量方针应与总方针相适应。

愿景是指"由最高管理者发布的对组织的未来展望"。使命是指"由最高管理者发布的组织存在的目的"。

3）质量管理原则是制定质量方针的基础。

4）质量方针是宏观的，但不能空洞无内容。质量方针为建立和评审质量目标提供了框架，质量目标在质量方针的框架下建立并为实现方针提供具体途径，两者保持一致，相辅相成。

质量方针制定与实施上的要求详见 2.4.3 节。

1.6.5 质量目标

1. 定义

关于质量的目标。

注1：质量目标通常依据组织的质量方针制定。

注2：通常，对组织内的相关职能、层级和过程分别制定质量目标。

2. 理解要点

（1）对"目标"的理解

1）目标是指"要实现的结果"。

2）目标可以是战略目标、战术目标或是运行目标。

3）目标可涉及不同领域（如财务、健康与安全、环境目标），并可应用于不同层面（如战略的、组织整体的、项目的、产品和过程的）。

4）目标可用多种方式表述，例如：采用预期的结果、活动的目的或操作规程作为质量目标，或使用其他有类似含意的词（如目的、终点或指标）。

5）在质量管理体系环境下，组织依据质量方针制定质量目标以实现特定的结果。

（2）对"质量目标"的理解

1）质量目标的内容应符合质量方针所规定的框架。

2）质量目标应是可以测量的。

3）通常，应对组织内的相关职能、层次和过程分别规定质量目标。

质量目标制定与实施上的要求详见第 2 章 2.5.2 节。

1.6.6 质量管理

1. 定义

关于质量的管理。

注：质量管理可包括制定质量方针和质量目标，以及通过质量策划、质量保证、质量控制和质量改进实现这些质量目标的过程。

2. 理解要点

（1）管理

1）管理是指"指挥和控制组织的协调的活动"。

2）管理包括制定方针和目标以及实现这些目标的过程。

（2）对"质量管理"的理解

1）质量管理是指在质量方面指挥和控制组织的协调的活动。通常包括制定质量方针和质量目标以及质量策划、质量控制、质量保证和质量改进。质量策划、质量控制、质量保证和质量改进都是质量管理的一部分，它们与质量管理构成从属关系。

2）质量控制是"质量管理的一部分，致力于满足质量要求"。质量保证是"质量管理的一部分，致力于提供质量要求会得到满足的信任"。

质量控制是通过相关的作业技术和活动，根据质量标准，监视质量环上各个环节的工作，使其在受控状态下运行，从而及时排除和解决所产生的问题，保证满足质量要求。质量控制职能的核心在于预防，关键是使所有过程和活动始终处于完全受控状态。质量控制的方式有统计质量控制、技术控制等。

质量保证是企业对顾客所做的一种质量担保，使顾客确信企业产品或服务的质量满足其规定的要求。其核心是提供充分的信任。证实质量保证的方法可包括组织的自我的合格声明、提供体系或产品的合格证据、外部的审核合格结论以及国家质量认证机构提供的认证证书等。

质量控制着眼于过程受控，是具体的作业技术和活动。而质量保证则着眼于整个组织的体系，是系统地提供证据从而取得信任的活动。

组织必须有效地实施质量控制，在此基础上才能提供质量保证。质量保证也可以反过来促进更有效的质量控制。

3）质量策划是"质量管理的一部分，致力于制定质量目标并规定必要的运行过程和相关资源以实现质量目标"。由于质量包括产品和服务、过程和体系的质量，因而质量策划也涉及对产品和服务、过程及体系的质量策划。编制质量计划可以是质量策划的一部分。需注意的是：质量策划是活动，质量计划是文件。

质量计划是"对特定的客体，规定由谁及何时应用所确定的程序和相关资源的规范"。现有的质量管理体系文件是针对现有的产品编制的，当某一特定的合同、产品或项目的特定要求与现有产品不同时，就需要编制质量计划，将这些特定的合同、产品或项目的特定要求与现有的质量管理体系文件联系起来。

4）质量改进是"质量管理的一部分，致力于增强满足质量要求的能力"。质量要求可以是有关任何方面的，如有效性、效率或可追溯性。质量改进可通过循环活动或单个活动来实现。

1.6.7　质量管理体系

1. 定义

管理体系中关于质量的部分。

2. 理解要点

（1）体系、管理体系和质量管理体系

体系、管理体系和质量管理体系构成了三个层次上的属种关系。

1）体系是指"相互关联或相互作用的一组要素"。就质量管理体系而言，要素也就是构成质量管理体系的过程。

2）管理体系是指"组织建立方针和目标以及实现这些目标的过程的相互关联或相互作用的一组要素"。管理体系的建立首先应针对管理体系的内容建立相应的方针和目标，然后为实现该方针和目标设计一组相互关联或相互作用的要素（过程）。管理体系可按照管理的对象不同分为不同的管理体系，如质量管理体系、环境管理体系等。

管理体系要素规定了组织的结构、作用和责任、策划、运行、方针、惯例、规则、理念、目标以及实现这些目标的过程。

3）质量管理体系是在质量方面能帮助组织提供持续满足要求的产品，增进顾客和相关方的满意。

（2）对"质量管理体系"的理解

1）质量管理体系是建立质量方针和质量目标，并为实现这些目标的一组相互关联的或相互作用的要素（过程）的集合。

2）质量管理体系把影响质量的技术、管理、人员和资源等因素都综合在一起，形成一个有机的整体。

3）构成质量管理体系的各个过程以及每一过程所必须开展的活动都可以看作组成质量管理体系的要素。

1.6.8 监视、测量

1. 定义

（1）监视

确定体系、过程、产品、服务或活动的状态。

注1：确定状态可能需要检查、监督或密切观察。

注2：通常，监视是在不同的阶段或不同的时间，对客体状态的确定。

（2）测量

确定数值的过程。

注：确定的数值通常是量值。

2. 理解要点

1）确定是指"查明一个或多个特性及特性值的活动"；监视是"确定体系、过程、产品、服务或活动的状态"；测量是"确定数值的过程"。

2）检验是监视手段的一种，检验是指"对符合规定要求的确定"。产品检验是对产品质量特性是否符合规定要求所做的技术性检查活动，涉及观察、测量、试验等，在生产过程中必不可少。

3）质量管理体系、过程或活动都必须进行监视，但只在部分具有量值要求的地方进行测量；产品检验有时只需判断产品合格与否，并不需要具体的测量值。监视、检验、测量的内涵范围是："监视"＞"检验"＞"测量"。

4）在生产过程中，监视和检验是不可能相互替代的，两者的作用是相辅相成、互为补充的。比如有些产品在形成过程中，过程的结果不能通过其后的检验（或试验）来确认（如必须对样品破坏才能对产品内在质量进行检测；检测费用昂贵，不能作为常规检测手段），对这些过程，生产者往往通过必要的监视手段（如仪器、仪表）对作业有决定性影响的过程参数进行监视和必要时进行参数调整，确保过程稳定，实现保证产品质量符合规定要求的目的。

第 2 章

ISO 9001：2015 标准的理解

2.1 引言（标准条款：0）

2.1.1 总则（标准条款：0.1）

1. 标准条文

> 引言
>
> **0.1 总则**
>
> 采用质量管理体系是组织的一项战略决策，能够帮助其提高整体绩效，为推动可持续发展奠定良好基础。
>
> 组织根据本标准实施质量管理体系的潜在益处是：
>
> a）稳定提供满足顾客要求以及适用的法律法规要求的产品和服务的能力；
>
> b）促成增强顾客满意的机会；
>
> c）应对与组织环境和目标相关的风险和机遇；
>
> d）证实符合规定的质量管理体系要求的能力。
>
> 本标准可用于内部和外部各方。
>
> 实施本标准并非需要：
>
> ——统一不同质量管理体系的架构；
>
> ——形成与本标准条款结构相一致的文件；
>
> ——在组织内使用本标准的特定术语。
>
> 本标准规定的质量管理体系要求是对产品和服务要求的补充。
>
> 本标准采用过程方法，该方法结合了 PDCA（策划、实施、检查、处置）循环与基于风险的思维。
>
> 过程方法使组织能够策划过程及其相互作用。
>
> PDCA 循环使组织能够确保其过程得到充分的资源和管理，确定改进机会并采取行动。
>
> 基于风险的思维使组织能够确定可能导致其过程和质量管理体系偏离策划结果的各种因素，采取预防控制，最大限度地降低不利影响，并最大限度地利用出现的机遇（见附录 A.4）。
>
> 在日益复杂的动态环境中持续满足要求，并针对未来需求和期望采取适当行动，这无疑

是组织面临的一项挑战。为了实现这一目标，组织可能会发现，除了纠正和持续改进，还有必要采取各种形式的改进，如突破性变革、创新和重组。

在本标准中使用如下助动词：

"应（shall）"表示要求；

"宜（should）"表示建议；

"可（may）"表示允许；

"能（can）"表示可能或能够。

"注"的内容是理解和说明有关要求的指南。

2．理解要点

（1）采用质量管理体系是组织的一项战略决策

1）采用质量管理体系是组织的一项战略决策，可以帮助组织提高其整体绩效，并为组织的可持续发展提供良好的基础。

2）对一个组织来说，按 ISO 9001 标准建立、实施、保持和改进质量管理体系应是组织的一项战略性决策，是一项重大的、带全局性或决定全局的策划，涉及与体系所覆盖产品相关的所有部门和所有过程，最高管理者应给予充分理解和高度重视。

（2）实施 ISO 9001 带来的潜在益处

1）使企业具有稳定提供满足顾客要求以及适用的法律法规要求的产品和服务的能力。法律法规要求包括法律要求和法规要求。法律要求是指"立法机构规定的强制性要求"；法规要求是指"立法机构授权的部门规定的要求"。法律法规要求可称作法定要求。

2）促成增强顾客满意的机会。质量管理体系的运行，通过分析顾客和利益相关方需求，以增加组织提升顾客和其他相关方满意的概率。

3）应对与其环境和目标有关的风险和机遇。通过理解组织的环境，分析影响预期目标的因素，规定相关的过程，并使其持续受控，实现预期结果。

4）证实组织符合规定的质量管理体系要求的能力。

（3）组织实施 ISO 9001 标准的注意事项

1）ISO 9001 的所有要求是最基本的通用要求，ISO 9001 并未规定如何满足这些要求的方法、途径和措施。组织需根据自身特点建立质量管理体系，以满足这些要求。

ISO 9001 标准可用于内部和外部，ISO 9001 标准是第一方、第二方、第三方审核的依据。

2）ISO 9001 标准特别强调了 3 个不要求统一的事项：

① 不要求所有组织有统一的质量管理体系结构。

② 不要求组织的文件与 ISO 9001 标准的条款结构一致。

③ 不要求组织使用的术语与标准特定术语一致。组织可选择使用适合其运行的特有术语，如使用"记录""文件""协议"等，而不必用本标准所讲的"成文信息"这一术语；或使用"供应商""伙伴""卖方"等术语，而不必用本标准所讲的"外部供方"这一术语。当然，为了便于交流，组织有必要建立特有术语与标准的特定术语的对应关系。

不同的组织，质量管理体系的结构、所需要的文件形式以及有关的术语可以不一样。

3）ISO 9001 标准所规定的质量管理体系要求是对产品和服务要求的补充，不能替代。质量管理体系要求与产品和服务要求是两类不同的要求；质量管理体系要求是通用的，适用于所有行业的任何组织，无论其提供何种类型的产品或服务；产品和服务要求是针对产品和服务特性的要求，是具体产品和服务特有的，不具有通用性。

4）ISO 9001 标准采用将 PDCA（策划、实施、检查、处置）循环与基于风险的思维方式相结合的过程方法。

过程方法能使组织策划其过程及其相互作用。PDCA 循环使组织能够确保其过程得到充足的资源和恰当的管理，并确定改进的机会和采取行动。

基于风险的思维能够使组织确定可能导致其过程和质量管理体系偏离所策划的结果的各种因素，采取预防控制，使不利影响最小化并在机遇出现时将机遇利用最大化。ISO 9001 标准要求组织理解其运行环境，并以确定风险作为策划的基础。这意味着将基于风险的思维应用于策划和实施质量管理体系过程，并借以确定组织质量管理体系文件的范围和程度。

5）为了在日益复杂的动态环境中持续满足要求和应对未来的需求和期望，组织不仅要对质量管理体系进行纠正和持续改进，还有必要采取各种形式的改进，比如变革突变、创新和重组。

6）ISO 9001 标准中，"应（shall）"表示要求，"宜（should）"表示建议，"可（may）"表示允许，"能（can）"表示可能或能够。"注"是理解和说明有关要求的指南，不是要求，不具有约束力，也不能作为审核评价的判据。

2.1.2 质量管理原则(标准条款:0.2)

1. 标准条文

> **0.2 质量管理原则**
>
> 本标准是在 ISO 9000 所述的质量管理原则基础上制定的。每项原则的介绍均包含概述、该原则对组织的重要性的依据、应用该原则的主要益处示例以及应用该原则提高组织绩效的典型措施示例。
>
> 质量管理原则是:
>
> ——以顾客为关注焦点;
>
> ——领导作用;
>
> ——全员积极参与;
>
> ——过程方法;
>
> ——改进;
>
> ——循证决策;
>
> ——关系管理。

2. 理解要点

这部分内容在 1.5 节有详细说明。

2.1.3 过程方法——总则(标准条款:0.3——0.3.1)

1. 标准条文

> **0.3 过程方法**
>
> **0.3.1 总则**
>
> 本标准倡导在建立、实施质量管理体系以及提高其有效性时采用过程方法,通过满足顾客要求增强顾客满意。采用过程方法所需考虑的具体要求见 4.4。
>
> 将相互关联的过程作为一个体系加以理解和管理,有助于组织有效和高效地实现其预期结果。这种方法使组织能够对其体系过程之间相互关联和相互依赖的关系进行有效控制,以提高组织整体绩效。
>
> 过程方法包括按照组织的质量方针和战略方向,对各过程及其相互作用进行系统的规定和管理,从而实现预期结果。可通过采用 PDCA 循环(见 0.3.2)以及始终基于风险的思维(见 0.3.3)对过程和整个体系进行管理,旨在有效利用机遇并防止发生不良结果。
>
> 在质量管理体系中应用过程方法能够:
>
> a)理解并持续满足要求;
>
> b)从增值的角度考虑过程;

c）获得有效的过程绩效；

d）在评价数据和信息的基础上改进过程。

过程的各要素及其相互作用如图1所示。每一过程均有特定的监视和测量检查点以用于控制，这些检查点根据相关的风险有所不同。

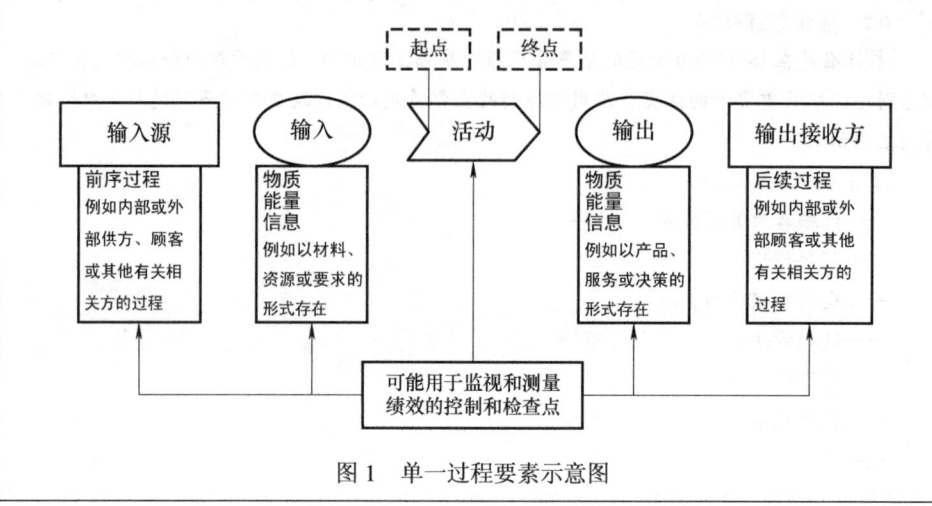

图1 单一过程要素示意图

2. 理解要点

（1）过程方法说明

1）采用过程方法不是强制性的要求。但ISO 9001：2015倡导组织在建立、实施质量管理体系以及提高有效性时采用过程方法，以满足顾客要求，使顾客满意。

2）ISO 9001：2015的4.4条款包含了采用过程方法所需满足的具体要求。

3）将相互关联的过程作为一个体系加以理解和管理，有助于组织有效和高效地实现其预期结果。这种方法使组织能够对体系过程之间相互关联和相互依赖的关系进行有效控制，以增强组织整体绩效。

4）过程方法包括按照组织的质量方针和战略方向，对各过程及其相互作用系统地进行规定和管理，从而实现预期结果。可通过采用PDCA循环以及基于风险的思维对过程和体系进行整体管理，从而有效地利用机遇并防止发生非预期结果。

（2）过程方法带来的益处

1）理解并持续满足要求。

2）从增值的角度考虑过程。

3）获得有效的过程绩效。

4）在评价数据和信息的基础上改进过程。

这部分内容在1.4节有详细说明。

2.1.4 PDCA 循环（标准条款：0.3.2）

1. 标准条文

0.3.2 PDCA 循环

PDCA 循环能够应用于所有过程以及整个质量管理体系。图 2 表明了本标准第 4～10 章如何构成 PDCA 循环的。

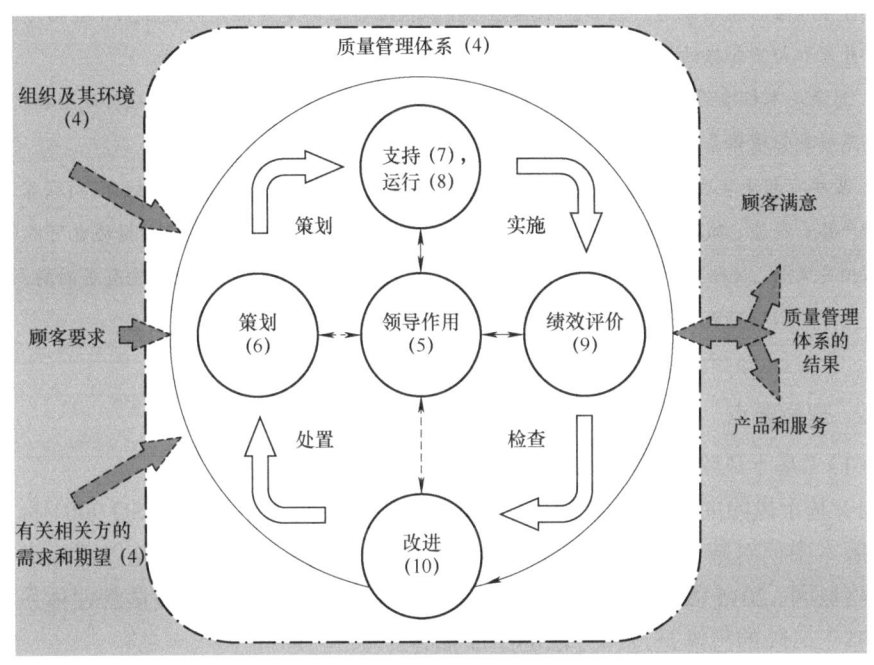

注：括号中的数字表示本标准的相应章。

图 2 本标准的结构在 PDCA 循环中的展示

PDCA 循环可以简要描述如下：

——策划（Plan）：根据顾客的要求和组织的方针，建立体系的目标及其过程，确定实现结果所需的资源，并识别和应对风险和机遇；

——实施（Do）：执行所做的策划；

——检查（Check）：根据方针、目标、要求和所策划的活动，对过程以及形成的产品和服务进行监视和测量（适用时），并报告结果；

——处置（Act）：必要时，采取措施提高绩效。

2. 理解要点

这部分内容在 1.4.3～1.4.4 节有详细说明。

2.1.5 基于风险的思维（标准条款：0.3.3）

1. 标准条文

> **0.3.3 基于风险的思维**
>
> 基于风险的思维（见A.4）是实现质量管理体系有效性的基础。本标准以前的版本已经隐含基于风险思维的概念，例如：采取预防措施消除潜在的不合格，对发生的不合格进行分析，并采取与不合格的影响相适应的措施，防止其再发生。
>
> 为满足本标准的要求，组织需策划和实施应对风险和利用机遇的措施。应对风险和机遇，为提高质量管理体系有效性、获得改进结果以及防止不利影响奠定基础。
>
> 某些有利于实现预期结果的情况可能导致机遇的出现，例如：有利于组织吸引顾客、开发新产品和服务、减少浪费或提高生产率的一系列情形。利用机遇所采取的措施也可能包括考虑相关风险。风险是不确定性的影响，不确定性可能有正面的影响，也可能有负面的影响。风险的正面影响可能提供机遇，但并非所有的正面影响均可提供机遇。

2. 理解要点

（1）"基于风险的思维"说明

1）基于风险的思维对质量管理体系有效运行是至关重要的。ISO 9001 标准以往的版本中已对基于风险的思维有过隐含的表达，如实施预防措施以消除潜在的不合格原因。2015 版 ISO 9001 标准将基于风险的思维直接融入质量管理体系标准中，基于风险的思维是过程方法的组成部分。

2）ISO 9001：2015 要求组织理解其运行环境，并以确定风险作为策划的基础。这意味着将基于风险的思维应用于策划和实施质量管理体系过程，并借以确定形成文件信息的范围和程度。

3）质量管理体系的主要用途之一是作为预防工具。因此，ISO 9001：2015 不再就"预防措施"安排单独章节，而是通过在规定质量管理体系要求的过程中运用基于风险的思维表达预防措施概念。

4）由于在 ISO 9001：2015 中使用基于风险的概念，因而一定程度上减少了规定性要求，而以基于绩效的要求替代。也就是说，只要能够很容易、低风险地得到结果，就没必要为过程建立作业指导书之类的文件。在过程、形成文件的信息和组织职责方面的要求比 ISO 9001：2008 具有更大的灵活性。

5）组织应策划、实施应对风险和利用机遇的措施（见 ISO 9001：2015 的 6.1 条款），但 ISO 9001：2015 并不要求组织运用一个正式的风险管理方法或文件化的风险管理过程。当然组织也可以采用比本标准要求更广泛的风险管理方法，比如可参照 ISO 31000《风险管理——原则与实施指南》进行风险管理。

必须注意的是，在组织实现其目标的能力方面，质量管理体系的全部过程并非表现出相同的风险等级，其不确定性影响对于各组织不尽相同。

6）应对风险和利用机遇可为提高质量管理体系有效性、实现改进结果以及防止不利影响奠定基础。组织应保留必要的应对风险和利用机遇的形成文件的信息。

7）风险意味着机遇。风险越大，获益的机遇可能越大；风险越小，获益的机遇就可能越小。风险带来的机遇可能有利于实现预期的结果，例如：开发新产品有风险，但新产品一旦成功，就会为组织带来丰厚的利润。不过，需记住的是，抓住机遇的同时，一定要考虑相关联的风险，因此利用机遇的措施中一般也会包括相关风险的应对。

8）风险是不确定性的影响，这类的不确定性可以有正面的和负面的影响。风险的正面影响可能提供改进机遇，但并不是所有的正面影响都会提供改进机遇。而风险的负面影响，却一定有发生损失的可能。

（2）"基于风险的思维"实施上的要求

1）ISO 9001：2015 标准自始至终贯穿基于风险的思维，风险管理不只是 ISO 9001 的一个条款——"6.1 应对风险和机遇的措施"，在标准中多个条款提出了与风险管理有关的要求，包括 4.4.1f）、5.1.1d）、5.1.2b）、6.1、9.1.3e）、9.3.2e）。所以要将基于风险的思维融入质量管理体系的建立、实施、维护和持续改进之中。

2）基于风险的思维体现在 ISO 9001 相关条款（章节）的要求中，并用 PDCA 的思路进行风险管理。

① ISO 9001 之条款 4 "组织环境"：组织需要解决其质量管理体系过程相关的风险和机遇。

② ISO 9001 之条款 5 "领导作用"：要求最高管理者承诺确保实施条款 4 的内容。

③ ISO 9001 之条款 6 "策划"：组织必须识别影响质量管理体系绩效的风险和机遇。

④ ISO 9001 之条款 7 "支持"：组织应确定并提供应对风险和利用机遇的必要资源。

⑤ ISO 9001 之条款 8 "运行"：组织需要关注实施过程中的风险和机遇。

⑥ ISO 9001 之条款 9 "绩效评价"：组织需要监视、测量、分析和评价所采取的应对风险和机遇措施的有效性。

⑦ ISO 9001 之条款 10 "改进"：组织应响应风险中的变化和改进，以避免或减少不良影响，提高质量管理体系的绩效。

风险管理的内容在附录1中有详细说明。

2.1.6 与其他管理体系标准的关系（标准条款：0.4）

1. 标准条文

> **0.4 与其他管理体系标准的关系**
>
> 本标准采用 ISO 制定的管理体系标准框架，以提高与其他管理体系标准的协调一致性（见 A.1）。
>
> 本标准使组织能够使用过程方法，并结合 PDCA 循环和基于风险的思维，将其质量管理体系要求与其他管理体系标准要求进行协调或一体化。
>
> 本标准与 ISO 9000 和 ISO 9004 存在如下关系：
>
> ISO 9000《质量管理体系　基础和术语》为正确理解和实施本标准提供必要基础；
>
> ISO 9004《追求组织的持续成功　质量管理方法》为选择超出本标准要求的组织提供指南。
>
> 附录 B 给出了 ISO/TC176 质量管理和质量保证技术委员会制定的其他质量管理和质量管理体系标准的详细信息。
>
> 本标准不包括针对环境管理、职业健康和安全管理或财务管理等其他管理体系的特定要求。
>
> 在本标准的基础上，已经制定了若干行业特定要求的质量管理体系标准。其中的某些标准规定了质量管理体系的附加要求，而另一些标准则仅限于提供在特定行业应用本标准的指南。
>
> 本标准的章节内容与之前版本（ISO 9001：2008）章节内容之间的对应关系见 ISO/TC176/SC2（国际标准化组织／质量管理和质量保证技术委员会／质量体系分委员会）的公开网站：www.iso.org/tcl76/sc02/public。

2. 理解要点

这部分内容在 1.3.2、1.3.5 节有详细说明。

ISO 9001：2015 可使组织使用过程方法，结合 PDCA 循环以及基于风险的思维，将其质量管理体系的要求与其他管理体系标准实现协调或整合。

2.2 范围、规范性引用文件、术语和定义（标准条款：1、2、3）

1. 标准条文

> **1 范围**
>
> 本标准为下列组织规定了质量管理体系要求：
>
> a）需要证实其具有稳定提供满足顾客要求和适用法律法规要求的产品和服务的能力；

b）通过体系的有效应用，包括体系改进的过程，以及保证符合顾客和适用的法律法规要求，旨在增强顾客满意。

本标准规定的所有要求是通用的，旨在适用于各种类型、不同规模和提供不同产品和服务的组织。

注1：本标准中的术语"产品"或"服务"仅适用于预期提供给顾客或顾客所要求的产品和服务。

注2：法律法规要求可称作法定要求。

2 规范性引用文件

下列文件对于本文件的应用是必不可少的。凡是注日期的引用文件，仅注日期的版本适用于本文件。凡是不注日期的引用文件，其最新版本（包括所有的修改单）适用于本文件。

ISO 9000：2015 质量管理体系 基础和术语

3 术语和定义

ISO 9000：2015 界定的术语和定义适用于本文件。

2. 理解要点

（1）ISO 9001 标准的适用范围

1）如果组织需要证实其具有持续提供满足顾客要求和适用法律法规要求的产品和服务的能力，则可以采用 ISO 9001 标准。

2）如果组织需要通过体系的有效应用，保证符合顾客和适用的法律法规要求，增强顾客满意，则可以采用 ISO 9001 标准。

标准是通用的，适用于各种类型、不同规模和提供不同产品和服务的组织。

ISO 9001 标准中的"产品和服务"仅适用于预期提供给顾客或顾客所要求的产品和服务，以及提供过程中预期得到的产品和服务，而不包括在产品和服务形成过程中不期望得到的结果（非预期结果），如对环境产生影响的污染、废料和对工作场所中人的安全健康产生影响的不良结果。这些非预期结果是环境管理体系和职业健康与安全等管理体系要控制的。

法律法规要求可称为法定要求。法律法规要求对于质量管理是重要的，满足适用于产品的法律法规要求是必需的，是质量管理必须要达到的目标。

（2）ISO 9001 标准的用途

1）用于组织内部质量管理。

2）用于第二方的评价、认定或注册。

3）用于第三方质量管理体系认证或注册。

4）在订货合同中引用，规定对供方质量管理体系的要求。

5）为法律法规所引用，作为强制性要求。

6）用于建立行业的质量管理体系要求的基础。

（3）规范性引用文件

ISO 9000：2015 为 ISO 9001：2015 的规范性引用文件。ISO 9000：2015 解释了质量管理原则，定义了 ISO 9001 中所使用的术语。

（4）术语和定义

ISO 9000：2015 界定的术语和定义适用于 ISO 9001：2015。这部分的内容在 1.6 节有详细说明。

2.3 组织环境（标准条款：4）

2.3.1 理解组织及其环境（标准条款：4.1）

1. 标准条文

> 4 组织环境
>
> **4.1 理解组织及其环境**
>
> 组织应确定与其宗旨和战略方向相关并影响其实现质量管理体系预期结果的能力的各种外部和内部因素。
>
> 组织应对这些内部和外部因素的相关信息进行监视和评审。
>
> 注 1：这些因素可能包括需要考虑的正面和负面要素或条件。
>
> 注 2：考虑来自于国际、国内、地区和当地的各种法律法规、技术、竞争、市场、文化、社会和经济环境的因素，有助于理解外部环境。
>
> 注 3：考虑与组织的价值观、文化、知识和绩效等有关的因素，有助于理解内部环境。

2. 理解要点

（1）组织环境

组织环境是指"对组织建立和实现目标的方法有影响的内部和外部因素的组合"。组织的目标可能涉及其产品和服务、投资和对其相关方的行为。组织环境的概念，除了适用于营利性组织，还同样适用于非营利或公共服务组织。在英语中，组织环境可用商业环境或组织生态系统来表述。了解基础设施对确定组织的环境会有帮助。

组织环境相关的内外部因素有正面和负面的，包括但不限于表 2-1 中的例子。

表 2-1 组织环境相关的内外部因素举例

内部因素	外部因素
——组织总体表现，包括财务因素； ——资源因素，包括基础设施、过程运行环境、组织的知识； ——人力因素，如价值观、知识、人员能力、组织文化，工会谈判和协议； ——运营因素，如过程、生产或交付能力、质量管理体系绩效、顾客评价； ——组织治理相关因素，如决策的规则和程序及组织架构	——宏观经济学因素，如货币兑换汇率预测、国家经济走向、通货膨胀预测、信贷可得性； ——社会因素，如本地失业率、安全感、教育水平、公共假日及工作时间； ——文化因素，如宗教信仰、饮食习惯、职业道德； ——政治因素，如政治稳定性、公共投入、本地基础设施、国际贸易协议； ——技术因素，如新领域科技、材料及设备、专利有效期； ——竞争力，包括组织市场占有率、相似或可替代产品及服务、市场领先者趋势、顾客增长趋势、市场稳定性； ——影响工作环境的因素，如法律法规要求、社会责任准则

（2）组织环境的管理

组织环境可能会影响到质量管理体系达成期望结果的能力，因此组织必须确定并管理与其目标和战略方向相关并影响其实现质量管理体系预期结果的各种外部和内部环境因素。为此，应做到：

1）在建立质量管理体系时，要确定组织所处的内部和外部环境因素，要保证所建立的质量管理体系与这些环境因素相适宜。

2）在质量管理体系运行过程中，对这些环境因素相关的信息进行监视和评审，看看有无引起质量管理体系变化的内部和外部环境因素。如有可能引起质量管理体系变化的内部和外部环境因素，则组织需改进质量管理体系以适应这些变化。一般在管理评审中，会对组织的内部和外部环境因素进行评审，以判断是否需改进质量管理体系。

2.3.2 理解相关方的需求和期望（标准条款：4.2）

1. 标准条文

4.2 理解相关方的需求和期望

由于相关方对组织稳定提供符合顾客要求及适用法律法规要求的产品和服务的能力具有影响或潜在影响，因此，组织应确定：

a）与质量管理体系有关的相关方；

b）与质量管理体系有关的相关方的要求。

组织应监视和评审这些相关方的信息及其相关要求。

2. 理解要点

（1）相关方

相关方是指"可影响决策或活动，被决策或活动所影响，或自认为被决策或活动影响的个人或组织"。

相关方可以是组织内部的，也可以是组织外部的。典型的相关方包括顾客、所有者、组织内的员工、供方、银行、监管者、工会、合作伙伴以及可包括竞争对手或反压力集团的社会群体。

（2）相关方的管理

由于相关方对组织持续提供符合顾客要求和适用法律法规要求的产品和服务的能力产生影响或潜在影响，为此，组织应做到：

1）在建立质量管理体系时，要识别、确定与质量管理体系有关的利益相关方及其要求，要把这些要求落实到质量管理体系中去。

2）在质量管理体系运行过程中，对这些利益相关方及其要求的相关信息进行监视和评审，以判断是否需改进质量管理体系以满足相关方变化的需求。

2.3.3 确定质量管理体系的范围（标准条款：4.3）

1. 标准条文

> **4.3 确定质量管理体系的范围**
>
> 组织应确定质量管理体系的边界和适用性，以确定其范围。
>
> 在确定范围时，组织应考虑：
>
> a）内部和外部因素，见4.1；
>
> b）相关方的要求，见4.2；
>
> c）组织的产品和服务。
>
> 如果本标准的全部要求适用于组织确定的质量管理体系范围，组织应遵循本标准的全部要求。
>
> 组织的质量管理体系范围应作为成文信息，可获得并得到保持。该范围应描述所覆盖的产品和服务类型，如果组织确定本标准的某些要求不适用于其质量管理体系范围，应说明理由。
>
> 只有当所确定的不适用的要求不影响组织确保其产品和服务合格的能力或责任，对增强顾客满意也不会产生影响时，方可声称符合本标准的要求。

2. 理解要点

ISO 9001标准是通用的，某些要求对某个组织并不适用，因此组织在应用ISO 9001标准时，应确定ISO 9001标准条款的适用性，进而确定本组织的质量管理体系范围。

（1）ISO 9001 标准适用性选择时应考虑的要素

1）组织的内部和外部环境因素（见 ISO 9001 的 4.1 条款）。

2）组织的利益相关方的要求（见 ISO 9001 的 4.2 条款）。

3）组织的产品和服务。

（2）ISO 9001 标准适用性选择时的注意事项

1）当组织认为 ISO 9001 标准的某些要求不适用时，要满足下面两个条件：

① 不影响组织提供合格的产品和服务。

② 不影响组织增加顾客满意的能力或责任。

只有满足以上两个条件，才能认为 ISO 9001 标准的某些要求不适用。

2）根据特定产品的实际情况，组织的质量管理活动确实不存在某个过程，则与这个过程相应的 ISO 9001 标准的要求不适用。

例如：A 公司由顾客负责产品设计，顾客提供制造规范及零件的规格，顾客也负责向 A 公司通报设计变更及提供适当的更改信息。A 公司按客户提供的产品图样、加工规范生产，负责采购所有配件并承担加工制造活动，不存在产品的设计和开发，也无权进行设计和开发的更改，则 ISO 9001 标准中"8.3 产品和服务的设计和开发"要求对 A 公司不适用。

3）如果组织的质量管理活动不涉及某项事物，则与这个事物相应的 ISO 9001 标准的要求不适用。

如制造业工厂的各项活动均未涉及顾客或外部供方的财产，则 ISO 9001 标准中"8.5.3 顾客或外部供方的财产"要求对这些工厂可不适用。

4）标准在许多条款的要求中有"适当时""适用时""必要时""当……"的情况。在这些选择性条件下，组织应根据具体情况对这些条款子项中的要求做出准确的取舍。对于舍去的部分不需要进行正式的声明，因为标准的这些要求本来就是可以选择的。

5）组织存在的外包过程，虽然不是自己实施，但这些过程影响到组织交付给顾客的产品的质量，涉及组织应承担的责任，此时，这些过程是适用的，必须采纳。例如：房地产开发公司的设计、施工、监理都是外包，甚至委托专业的销售公司代理销售，但公司对这些外包过程负有责任，应实施控制，所以相关的"8.3 产品和服务的设计和开发""8.5.1 产品和服务提供的控制"要求是适用的，组织必须采纳。

6）ISO 9001 标准 7.1.5 条款"监视和测量资源"的要求通常是适用的。按照 ISO 9001 标准 9.1 条款的要求，组织必须建立并实施监视和测量活动。只要存在监视和测量活动，就应该具备监视和测量资源。监视和测量资源的概念是很宽泛的，不仅仅指监视和测量的硬件设备，还应该包括用于监视和测量的软件、标准等。如服务业组织没有硬件类监视和测量资源，只有简单的测量设备，如尺子、水平仪、铅锤等。这种情况可能不存在与监测设备校准、检定有关的过程，但仍应该检测这些设备的准确度。即使连上述这些简单的检测设备都没有，服务类组织也应该有用于评价（即监视和测量）服务质量的诸如技能测试提纲、顾客满意度问卷、考试试卷等，这些提纲、问卷、试卷等也应该进行测试和确认。由此，不能轻易说"7.1.5 监视和测量资源"对服务业组织不适用。

（3）ISO 9001 不适用要求的范围

ISO 9001 不适用的要求不限定在具体的章节，不过一般仅限于 ISO 9001 标准"第 8 章　运行"，其他章节的要求一般都是适用的。

ISO 9001 标准中最有可能因其不适用而不被采纳的条款有：

1）"8.3 产品和服务的设计和开发"。当组织没有责任去设计和开发其所提供的产品时，或者组织的产品设计已定型，也不存在修改设计，也无顾客要求设计和开发新产品，也无证据表明有设计和开发，则该条款不适用，可以不采纳。但是在下述几种情形下，该条款是适用的：

——组织需要将顾客要求或法律法规要求转化为产品特性或产品规范时，此时，该条款是适用的。

——尽管组织对原设计和开发过程不负责任，但具有对产品规范或产品特性进行更改的职责和权限，此时，该条款的要求是适用的。

例如：A 企业，其产品的设计资料是购买的，但双方约定 A 企业可根据顾客的要求做适当的更改。因此，可能存在更改及更改后的评审验证和确认活动。在这种情况下，"8.3 产品和服务的设计和开发"要求对 A 企业是适用的。

——虽然产品设计已定型，但仍需修改或完善，此时，该条款适用。

——应用该条款于过程的设计和开发的控制，但由于过程开发与设计使产品特性发生了预期的改变，应视为进行了产品设计。此时，该条款适用。

2）"8.5.3 顾客或外部供方的财产"。当组织不保管或不使用顾客或外部供方的财产于其产品或运行过程时，本条款不适用。但应注意当顾客或外部供方提供产品的专利设计时，这可能构成知识产权，或者顾客或外部供方提供某些保密信息时，则该条款适用。必须包括在组织的质量管理体系中。

3）"8.5.5 交付后的活动"。对于"一锤子买卖"的组织，也就是没有售后服务活动的组织，本条款不适用。

（4）ISO 9001 标准要求不适用的声明和认可

1）不适用的要求及其理由，要在文件中说明。

2）有合同要求时，ISO 9001 中不适用的要求由双方商定并在合同中予以规定。

3）组织在申请质量管理体系认证时，ISO 9001 中不适用于组织的要求应得到认证机构的认可。

（5）ISO 9001 标准要求不适用举例

1）某工厂认为"8.3 产品和服务的设计和开发"的要求不适用，因为该工厂只按现行的国家或行业标准生产标准件产品；只按顾客提供的图样生产产品。

2）A 电子公司是一家手机生产分包商。该公司只有一个顾客，该顾客负责手机的设计。A 电子公司负责采购所有的部件并进行生产。顾客向 A 电子公司提供设计文件、图样和生产规范，并负责将所有设计变更通知 A 公司，并提供相关的变更资料。因此 A 电子公司对手机的设计没有任何责任和权力。A 公司在建立质量管理体系时，"8.3 产品和服务的设计和开发"要求不适用。

（6）ISO 9001 标准适用性选择后的要求

在 ISO 9001 标准适用性选择后，对那些适用于组织的 ISO 9001 标准要求，组织要认真去实施。

（7）文件信息中说明质量管理体系的范围

组织要在其文件信息中应说明质量管理体系的范围，包括：

1）质量管理体系覆盖的 ISO 9001 标准的要求。如果某些 ISO 9001 要求不适用，则要说明理由。

2）质量管理体系覆盖的产品和服务的类型。

3）质量管理体系覆盖的部门。后勤部门、会计部门可以不在质量管理体系的范围内。

2.3.4 质量管理体系及其过程（标准条款：4.4）

1. 标准条文

4.4 质量管理体系及其过程

4.4.1 组织应按照本标准的要求，建立、实施、保持和持续改进质量管理体系，包括所需过程及其相互作用。

组织应确定质量管理体系所需的过程及其在整个组织中的应用，且应：

a）确定这些过程所需的输入和期望的输出；

b）确定这些过程的顺序和相互作用；

c）确定和应用所需的准则和方法（包括监视、测量和相关绩效指标），以确保这些过程有效的运行和控制；

d）确定这些过程所需的资源并确保其可获得；

e）分配这些过程的职责和权限；

f）按照 6.1 的要求应对风险和机遇；

> g）评价这些过程，实施所需的变更，以确保实现这些过程的预期结果；
> h）改进过程和质量管理体系。
> 4.4.2 在必要的范围和程度上，组织应：
> a）保持成文信息以支持过程运行；
> b）保留成文信息以确信其过程按策划进行。

2. 理解要点

该条文是对组织建立、实施、保持和持续改进质量管理体系的总体性要求。标准其他条款涉及的过程是 ISO 9001 的 4.4 条款要求的具体展开和证实。

（1）运用过程方法建立、实施、保持和改进质量管理体系

1）过程的确定与策划。

① 识别和确定过程。

根据组织的内、外部环境，以及组织的利益相关方的需求和期望，就所供产品，识别、确定所需的过程。

过程可以指从识别顾客的需求，到顾客满意的评价的大过程，如领导、策划、支持、运行、绩效评价、改进六个大过程。也可以指每一具体的质量活动的子过程，如采购控制过程，设计开发过程，产品检测过程等。

制造业通常的主要过程及其大概流程如下：

市场需求调查→接受合同或订单→产品设计开发→采购→生产制造→测量与监控→交付→服务。

服务业通常的主要过程及其大概流程如下：

顾客需求调查与识别→服务策划→服务项目设计→服务提供→服务结果评价→服务业绩分析与改进。

如果质量管理体系的某些过程是由外部组织提供的，则组织也应识别、确定这些过程，并对这些过程进行控制。

对分包过程，按标准 8.4 条款和运行过程中其他与该分包过程有关的条款予以控制。

② 确定每个过程的输入和输出。

③ 确定过程的顺序和相互作用。

理清过程之间的顺序，就是要确定过程之间输入、输出的流程关系。一个过程的输入通常是其他过程的输出；确定过程的相互作用就是要确定过程之间的接口关系，明确过程之间的相互影响。

④ 确定为确保过程有效运行和控制的准则和方法（包括监视、测量和相关绩效指标）。

过程准则,即过程应符合的要求或过程标准,它明确了过程预期应达到的结果;过程方法,即如何控制过程的规定或程序;过程绩效指标衡量过程的有效性和效率。确定过程的准则、方法以及过程绩效指标的原则是要确保过程的有效运行。

组织应根据各个过程的需要制定相应的准则和方法,以及过程的绩效指标。

⑤ 确定所需的资源并确保其可获得性。

资源是过程运作不可缺少的条件。最高管理者应承诺提供资源,各管理层应保证得到适宜的资源。

⑥ 确定过程的责任和权限。

最高管理者应为每个过程分配职责和权限,确定组织内各岗位的职责和权限,确保每个过程及其相互作用的实施、保持和改进。

⑦ 确定风险和机遇的应对措施。

风险的识别、确定与控制,按 6.1 条款的要求执行。

⑧ 确定对过程进行监视、测量和评价的方法。

对过程进行监视、测量和评价,目的是为了确保过程实现预期的结果。

应对过程进行监视,适用时对过程进行测量,并对监视和测量的结果进行评价。测量能提供更多的过程绩效客观数据,是一种极其有效的管理和改进工具,应在过程特性适于测量时进行。

根据监视、测量和评价的结果,对这些过程实施必要的改进,以实现预期的结果。

⑨ 确定实施改进的机会和方法。

组织应确定实施纠正措施的方法,包括评审不合格、确定不合格的原因、纠正措施的确定与实施、纠正措施有效性的评价等。

组织应规定和实施改进的方法,包括识别改进的机会、确定改进的项目、现状分析和原因调查、改进措施的确定与实施、改进效果的评价、改进成果的保持等。

2)过程的实施。

组织应按策划的安排实施全部的过程。

3)过程的监视、测量和评价。

对过程进行监视、测量,并对监视和测量的结果进行评价,以确认过程的有效性、效率并识别过程改进的机会。

4)过程的改进。

根据对过程进行监视、测量和评价的结果,对这些过程实施必要的纠正措施和/或改进措施以实现预期的结果和达到持续改进。

(2)要建立文件化的质量管理体系并保留必要的证据

1）组织应根据其自身的特点，按照 ISO 9001 的要求建立、实施并保持文件化的质量管理体系。

2）要保留质量管理体系按策划的要求进行运作的必要证据（记录）。

成文信息的多少（程度）取决于：

1）成文信息足以支持过程的运行。

2）成文信息（记录）能为过程已按策划的要求实施提供信心。

2.4 领导作用（标准条款：5）

2.4.1 领导作用和承诺——总则（标准条款：5.1——5.1.1）

1. 标准条文

> **5.1 领导作用和承诺**
> **5.1.1 总则**
> 最高管理者应通过以下方面，证实其对质量管理体系的领导作用和承诺：
> a）对质量管理体系的有效性负责；
> b）确保制定质量管理体系的质量方针和质量目标，并与组织环境相适应，与战略方向相一致；
> c）确保质量管理体系要求融入组织的业务过程；
> d）促进使用过程方法和基于风险的思维；
> e）确保质量管理体系所需的资源是可获得的；
> f）沟通有效的质量管理和符合质量管理体系要求的重要性；
> g）确保质量管理体系实现其预期结果；
> h）促进人员积极参与，指导和支持他们为质量管理体系的有效性作出贡献；
> i）推动改进；
> j）支持其他相关管理者在其职责范围内发挥领导作用。
> 注：本标准使用的"业务"一词可广义地理解为涉及组织存在目的的核心活动，无论是公有、私有、营利或非营利组织。

2. 理解要点

"最高管理者"的定义是："在最高层指挥和控制组织的一个人或一组人"。最高管理者不仅限于组织最高权限的一位领导，可以是组织最高管理层的若干领导。管理职责可以大家共同承担，关键是职责要清楚，分工要明确。

组织最高管理者应承诺建立和实施质量管理体系并在其中发挥领导作用。这些领导作用和承诺至少通过以下 10 项活动予以证实：

1）对质量管理体系的有效性承担责任。

2）确保质量方针和质量目标得到建立，并与组织的战略方向和组织环境保持一致。

3）确保将质量管理体系要求融入组织的业务过程。有些组织，ISO 9001 文件是一套，实际运作是一套。为此，ISO 9001：2015 明确要求最高管理者承诺不要搞这种形式主义的东西，而应将质量管理体系要求与组织的业务过程相融合。

4）推动过程方法和基于风险思维的运用。

5）确保为质量管理体系提供充分的资源。

6）就有效的质量管理以及满足质量管理体系要求的重要性进行沟通。

7）确保实现质量管理体系的预期结果。

8）促使、指导和支持员工为质量管理体系的有效性做出贡献。

9）推动改进。

10）支持其他相关管理者在其职责范围内发挥领导作用。

2.4.2 以顾客为关注焦点（标准条款：5.1.2）

1. 标准条文

> **5.1.2 以顾客为关注焦点**
> 最高管理者应通过确保以下方面，证实其以顾客为关注焦点的领导作用和承诺：
> a）确定、理解并持续地满足顾客要求以及适用的法律法规要求；
> b）确定和应对风险和机遇，这些风险和机遇可能影响产品和服务合格以及增强顾客满意的能力；
> c）始终致力于增强顾客满意。

2. 理解要点

（1）强调"以顾客为关注焦点"的管理理念

5.1.2 条款强调了"以顾客为关注焦点"的质量管理体系的管理理念，明确了最高管理者努力的目标。

（2）最高管理者"以顾客为关注焦点"的具体表现

最高管理者应承诺"以顾客为关注焦点"并在这方面发挥领导作用，为此，应至少做到三点：

1）确定、理解并持续满足顾客要求以及适用的法律法规要求。

2）确定并应对影响产品、服务的符合性以及增强顾客满意能力的风险与机遇。

风险可能导致质量不合格，影响产品和服务的符合性，影响顾客满意，因此应按基于风险的思维识别、确定并控制质量管理体系中的风险。同时也应看到，风险也是机遇，意味着改善的机会。一般而言，风险越大，机遇越大，收益就可能越高。

3）始终致力于增强顾客满意。最高管理者应在组织中培育意识和环境、建立过程，使组织的各相关职能/岗位能够主动地关注、识别和理解顾客当前的需求以及未来的期望，及时了解政治、经济、社会、技术的发展趋势对顾客需求和期望的影响，及时了解顾客需求和期望的变化，并能够以敏捷、高效的方式及时对顾客需求和期望的变化做出响应。

（3）实施本条款的注意事项

1）在有关最高管理者的职责和权限的文件中，应就上述要求作出规定。

2）在质量管理体系的文件中，如《质量手册》中，应对识别、确定顾客要求以及适用的法律法规要求的方式，实现这些要求的基本运作以及如何确定、控制风险，如何确定顾客是否满意，做出相应的描述。

3）实现本条款的要求，要结合 ISO 9001 的其他条款。如按 ISO 9001 的 8.2.2 条款的要求，确定顾客对产品和服务的要求，等等。

2.4.3 质量方针（标准条款：5.2）

1. 标准条文

> **5.2 方针**
>
> **5.2.1 制定质量方针**
>
> 最高管理者应制定、实施和保持质量方针，质量方针应：
>
> a）适应组织的宗旨和环境并支持其战略方向；
>
> b）为建立质量目标提供框架；
>
> c）包括满足适用要求的承诺；
>
> d）包括持续改进质量管理体系的承诺。
>
> **5.2.2 沟通质量方针**
>
> 质量方针应：
>
> a）可获得并保持成文信息；
>
> b）在组织内得到沟通、理解和应用；
>
> c）适宜时，可为有关相关方所获取。

2. 理解要点

（1）质量方针的定义

有关质量的方针。

注1：通常，质量方针与组织的总方针相一致，可以与组织的愿景和使命相一致，并为制定质量目标提供框架。

注2：ISO 9000 标准中提出的质量管理原则可以作为制定质量方针的基础。

说明：方针是指"由最高管理者正式发布的组织的宗旨和方向"。质量方针是最高管理者在质量方面正式发布的组织的宗旨和方向。

（2）质量方针内容上的要求

七项质量管理原则是制定质量方针的基础。

最高管理者应制定质量方针，质量方针在内容上应做到"一个适应与支持，两个承诺，一个框架"：

1）适应组织的宗旨和环境并支持其战略方向（一个适应与支持）。

组织总的宗旨、方针是全面的、多方位的，通常有必要首先建立，包括经营利润、业务发展、营销或销售策略、财务策略、环境安全绩效、员工队伍建设等，可涉及组织各方面的管理，如经营管理、财务管理、质量管理、环境管理、职业健康安全管理和人力资源管理等。质量方针是为实现组织总方针服务的，应与以上其他方面的追求相辅相成、协调一致。在组织总方针的基础上建立质量方针是适宜的、容易的。

质量方针的制定离不开组织的环境、行业特点，一定要考虑组织的内、外部环境。一个十几人的五金厂，管理还停留在初级阶段，却把"世界一流"作为自己的质量方针，就比较搞笑了。

质量方针应具有挑战性，应支持组织的战略方向。战略是"实现长期或总目标的计划"。

这是一家制药公司的质量方针：全体员工参与，确保公司生产的药品满足国家、行业相关法律法规要求，持续改进质量管理体系，提高药品纯度，开发新药，不断满足顾客要求，造福患者。这家企业的质量方针充分体现了企业的宗旨与行业特点，并支持其战略方向。

2）对满足适用要求做出承诺；对持续改进质量管理体系做出承诺（两个承诺）。

① 质量方针中必须做出满足适用要求的承诺。要求至少包括顾客的要求和适用的法律法规的要求。要求可由不同的相关方提出，包括明显的、通常隐含的或必须履行的需求或期望。

② 质量方针中必须做出持续改进质量管理体系的承诺。

某造纸厂的质量方针：

以市场需求为中心，提供符合要求的产品；

以持续创新为动力，改进质量表现；

以相关方满意为宗旨，实现公司纸业再发展。

"以相关方满意为宗旨，实现公司纸业再发展"与企业的宗旨与环境相适应；"以市场需求为中心，提供符合要求的产品"体现了满足要求的承诺；"以持续创新为动力，改进质量表现"体现了持续改进的承诺。

3）提供制定质量目标的框架（一个框架）。

质量方针是宏观的，但不能空洞无内容。质量方针应能为质量目标的建立、评审提供方向、途径。

质量目标是质量方针展开的具体化，质量目标应与质量方针相对应，并依据质量方针逐层展开、分解。

如铁路旅客运输服务质量方针中的"安全、正点"可以通过具体量化的质量目标来落实：行车安全事故为0；火灾爆炸事故为0；旅客人身伤亡事故为0；不发生食物中毒、行包被盗事故；不发生旅客坠车跳车、挤砸烫伤事故；责任晚点事件为0，确保客车正点运行等。

"质量是生命，顾客是上帝""科学管理，世界一流""质量第一，顾客满意""科技、创造、发展"等放之四海而皆准的口号作为质量方针是不适宜的。

（3）质量方针实施上的要求

1）应将质量方针文件化。

2）质量方针是组织在较长的时期内经营活动和质量工作的指导原则，组织应依质量方针制定具体的质量目标。

3）最高管理者应采取措施（培训、会议、告示宣传等），确保质量方针在组织内进行沟通，并确保各级人员都能理解、应用质量方针。

4）适当时，在相关方有要求时，可向相关方提供质量方针。

2.4.4 组织的岗位、职责和权限 （标准条款：5.3）

1. 标准条文

> **5.3 组织的岗位、职责和权限**
> 最高管理者应确保组织相关岗位的职责、权限得到分配、沟通和理解。
> 最高管理者应分配职责和权限，以：
> a）确保质量管理体系符合本标准的要求；
> b）确保各过程获得其预期输出；
> c）报告质量管理体系的绩效及其改进机会（见10.1），特别是向最高管理者报告；
> d）确保在整个组织中推动以顾客为关注焦点；
> e）确保在策划和实施质量管理体系变更时保持其完整性。

2. 理解要点

（1）明确相关岗位、职责和权限

最高管理者应建立适宜于质量管理体系的组织结构、岗位，并以文件化的形式明确相关岗位的职责和权限。

最高管理者应分派职责和权限,以:

1)确保质量管理体系符合 ISO 9001 标准的要求。

2)确保各过程获得其预期输出。

3)报告质量管理体系的绩效及其改进机会,特别是向最高管理者报告。

4)确保在整个组织内推进以顾客为关注焦点。

5)确保在策划和实施质量管理体系变更时,质量管理体系的完整性得到保持。

上述 5 点是最高管理者分派职责和权限的目的。上述 5 点可由一人承担,也可由多人承担。

ISO 9001:2015 取消了设立"管理者代表"的要求,但并不是说企业就不可以设立"管理者代表"。实际上,只要企业觉得设立"管理者代表"有利于质量管理体系的运行,那么企业完全可以设立"管理者代表",其职责和权限可以是上面的 5 点。

在规定职责、权限时,应特别注意不同部门、不同岗位之间的职责、权限的接口关系,要清晰、顺畅、协调、统一。

(2)保证相关岗位的职责和权限得到有效沟通和理解

最高管理者要确保每一个人都知道他们要做的事情(责任)和他们可以做的事情(权力),并使他们明白这些责任和权力之间的相互关系。规定的职责、权限应向相关人员传达沟通,一方面让员工都知道并理解自己的质量职责与权限,以便主动、自觉地严格执行规定,履行职责;另一方面,让员工知道与他存在接口的其他岗位的职责、权限,以便各岗位互相配合、交流通畅,使体系各过程协调、有序、高效地运行。

2.5 策划(标准条款:6)

2.5.1 应对风险和机遇的措施(标准条款:6.1)

1. 标准条文

> **6 策划**
> **6.1 应对风险和机遇的措施**
> 6.1.1 在策划质量管理体系时,组织应考虑到 4.1 所提及的因素和 4.2 所提及的要求,并确定需要应对的风险和机遇,以:
> a)确保质量管理体系能够实现其预期结果;
> b)增强有利影响;

> c）预防或减少不利影响；
> d）实现改进。
> 6.1.2 组织应策划：
> a）应对这些风险和机遇的措施；
> b）如何：
> 1）在质量管理体系过程中整合并实施这些措施（见4.4）；
> 2）评价这些措施的有效性。
> 应对措施应与风险和机遇对产品和服务符合性的潜在影响相适应。
> 注1：应对风险可选择规避风险，为寻求机遇承担风险，消除风险源，改变风险的可能性或后果，分担风险，或通过信息充分的决策而保留风险。
> 注2：机遇可能导致采用新实践，推出新产品，开辟新市场，赢得新顾客，建立合作伙伴关系，利用新技术和其他可行之处，以应对组织或其顾客的需求。

2．理解要点

组织在策划质量管理体系时，不仅要考虑组织的内部和外部环境（ISO 9001之4.1条款）、组织的利益相关方的需求和期望（ISO 9001之4.2条款），还要确定过程中的风险和机遇及其应对措施。本条款讲的就是如何应对风险和机遇。

（1）质量管理体系中的"风险""机遇"的定义

"风险"是不确定性对预期结果的影响。影响可以是正面的或负面的。"风险"一词有时在有负面影响的可能性时使用，即"危机"；也可以在有正面影响的可能性时使用，即"机遇"。

就 ISO 9001：2015 而言，关注的重点是与质量管理体系过程有关的风险。"风险"可以理解为过程不符合要求发生的可能性及其产生的后果。"机遇"可以理解为改进的机会，"机遇"是正面的风险。

（2）风险和机遇管理的目的

1）确保质量管理体系能够实现其预期的结果。

2）增强有利影响。

3）预防和减少不利影响。

4）实现改进。

（3）风险和机遇管理的实施

组织应策划：

1）风险和机遇的应对措施。风险和机遇的应对措施应与其对产品和服务符合性的潜在影响相适应。风险和机遇的应对措施是指针对可能出现的不合格所策划的措施。

风险的应对措施可包括：风险规避，为寻求机会而承担风险，消除风险源、改变风险发生的可能性或其后果、风险分担或通过明智决策延缓风险。

机遇可以指新的实践方法的采用、新产品的投入、新市场的开辟、新客户的应对、合作伙伴关系的建立、新技术的使用和其他所期望的和可行的可能性以应对组织或其顾客的需求。

2）在质量管理体系的过程中整合和实施风险和机遇的应对措施，并评价风险和机遇的应对措施的有效性。

风险和机遇管理的实施详见附录1。

2.5.2 质量目标及其实现的策划（标准条款：6.2）

1. 标准条文

> **6.2 质量目标及其实现的策划**
> 6.2.1 组织应针对相关职能、层次和质量管理体系所需的过程建立质量目标。
>
> 质量目标应：
>
> a）与质量方针保持一致；
>
> b）可测量；
>
> c）考虑适用的要求；
>
> d）与产品和服务合格以及增强顾客满意相关；
>
> e）予以监视；
>
> f）予以沟通；
>
> g）适时更新。
>
> 组织应保持有关质量目标的成文信息。
>
> 6.2.2 策划如何实现质量目标时，组织应确定：
>
> a）要做什么；
>
> b）需要什么资源；
>
> c）由谁负责；
>
> d）何时完成；
>
> e）如何评价结果。

2. 理解要点

（1）建立质量目标的意义

质量目标的建立，可以使各职能、层次以及质量管理体系所需的过程有明确的预期结果，同时提供了绩效的评价准则。

（2）质量目标内容上的要求

1）质量目标应建立在质量方针的基础上，应在质量方针给定的框架内展开，但需注意不要机械地一一对应。质量目标追求的结果应能实现质量方针的质量承诺。质量目标的内容尤其是对满足适用要求和质量管理体系的持续改进的承诺方面，应与质量方针保持一致。

如某公司的质量方针提出"服务及时"，其相应的质量目标可规定服务的及时率为90%，也可分解落实，将维修的时间量化为：一般故障在30min内解决；投诉电话铃响不超过三声必须接听等。这样，质量目标从内容上就与质量方针中提出的"服务及时"的框架相吻合。

2）质量目标应是可测量的。测量不是量化，测量可以定量也可以定性，如考评、测评、评价等。测量的方法和内容要规范科学，包括测量的时机、样本的抽取等，以保证质量目标测量结果的可靠性。质量目标尽可能量化，要确定实现目标的时间框架，以便于测量。定性的质量目标如果能够进行评价，也是符合要求的。

某公司制定的质量目标是：提高员工素质，稳定产品质量；加强设备管理，保障生产顺利进行。这样的质量目标是不符合ISO 9001标准要求的，因为无法测量或评价——提高员工素质，如何提高，如何评价员工素质提高了多少？加强设备管理，加强到什么程度？

3）建立质量目标时应考虑适用的要求，包括顾客的要求、法律法规的要求等。

4）质量目标应包括产品、服务的符合性，以及增强顾客满意方面的内容。也就是说要有产品和服务的质量目标，也要有过程的质量目标、顾客满意的质量目标。

（3）质量目标实施上的要求

1）在相关职能部门、层次和过程上建立质量目标。质量目标建立在哪些职能部门，由其与质量方针的框架关系决定；质量目标分解到哪一层次，视具体情况而定，通常应展开到可实现、可检查的层次，关键是能确保质量目标的落实和实现。

质量目标展开时，不必要求"横到边""纵到底"，也就是说，不要求同一层次的部门、岗位都要建立质量目标（横到边），也不要求一定要将质量目标展开到个人（纵到底），有时展开到部门或班组就行了。要求"横到边""纵到底"，不利于质量目标的理解和执行。

还需要注意的是，在制定各部门、岗位的质量目标时，仅是直接分解组织总的目标是不充分的，有些具体过程是间接支持总目标的，这些过程也应该建立目标。只有这样，才能真正通过质量目标的建立，明确各项活动的质量管理追求的目的，把质量管理过程预期应达到的结果确定下来，同时也为过程有效性的评价提供依据。

2）质量目标的建立、展开中涉及大量的部门、车间和人员之间的关系。由于立场角度不同，对同一事物的看法常有分歧，必须经过充分协调，才能统一意见、协同工作。因此要采取多种方式进行协调沟通。

应大力宣传，通过培训、文件、板报、张贴等方式将质量目标传达到全体员工。

3）对质量目标的实现情况应进行监视，对于没有达到预期的质量目标，组织应分析其原因，必要时调整目标或采取改进措施实现目标。

4）质量目标不是静态的，需要根据当前的经营环境和持续改进的要求进行更新。

5）要为质量目标的实现制定措施计划。措施计划一般要包括5W1H这些最基本的内容，即 Why（为什么做，质量目标）、What（做什么，实现目标的措施）、Who（谁做，职责和权限）、Where（哪里做）、When（何时做，何时完成）、How（如何做，步骤、方法、资源，以及对结果如何评价等）（见表2-2）。

表2-2　质量目标实施计划

序号	目标	方法措施	负责人	资源需求	启动时间	完成时间	评价方法
1	客户验货一次通过率≥98%	1. 在顾客验货前，由QA对出货进行抽检，抽检的AQL值要比顾客小一个等级	QA质检员	……	2016年8月	一直进行下去，直到另有规定	每个月统计一次客户验货一次通过率
		2. 对去年的客户验货情况进行统计，找出主要的不合格项目，制订措施加以解决	品管部经理	……	2016/7/5	1）2016/7/10制订措施；2）2016/8/30进行效果验证	1）2016/7/11检查措施制订情况；2）2016/9/1对7、8月份的客户验货一次通过率进行统计分析
2	……						

（4）质量目标管理流程

1）质量目标的建立。

① 质量目标的内容。

要从产品、服务的符合性,以及增强顾客满意方面建立质量目标。也就是说要有产品和服务的质量目标(如产品一次交验合格率≥98%,投诉电话铃响不超过三声必须接听),也要有过程的质量目标(如设计责任事故≤2次/年,生产线直通率≥95%)、顾客满意的质量目标(如顾客满意度≥90%)。参见1.4.8节。

过程的质量目标包含过程结果目标和过程运行目标。仅有过程结果目标是不够的,比如为装配车间巡检员设置了结果目标——产品入库检验合格率。产品入库检验合格率高,说明巡检员的工作质量高。但可能有这样一种情况,装配车间本身在某个阶段加强了质量控制,此时即使巡检员睡大觉,产品入库检验合格率也很高,所以说仅为巡检员设置一个结果目标——产品入库检验合格率是不够的,还需为巡检员设置过程运行目标,比如每天要巡检多少回。

② 质量目标的构成要素。

a)定量目标。构成的要素包括目标项目、目标值、期限三要素。例如:到2016年8月产品一次交验合格率要达到99%,其中,产品一次交验合格率是目标项目,99%是目标值,2016年8月是期限。

b)定性目标。构成的要素包括目标项目、期限二要素,例如:到2016年9月组织应完成ISO 9001:2015换版认证。

③ 质量目标的建立原则。

目标建立时,要遵循SMART原则。

a)Specific:明确具体。也就是说,你制定的目标一定要明确具体,而不要模棱两可。如"员工要热情对待顾客"这样的目标就不具体。什么叫"热情"呢?含含糊糊。沃尔玛对此有明确的要求:三米之内,露出你的上八颗牙微笑。

b)Measurable:可衡量(可测量)的。表示目标是可以衡量的。如果目标不能衡量,就意味着将来没法考核。

c)Attainable:可实现的。指目标在付出努力的情况下是可以实现的。要求我们避免设立过高或过低的目标。

质量目标应具有先进性和可实现性。从定义来看,质量目标是可追求的,可追求的就应该是先进的。但质量目标也应该是现实的,制定时应考虑组织现在的水平和同行业的情况,在现实的基础上考虑一定的提升空间,使质量目标既高于现实,又经过努力可以达到,真正起到改进质量管理的作用。

d)Relevant:相关性。建立的目标必须与部门、工作岗位紧密相关。比如一个前台,你让她学点日常英语以便接电话的时候用得上,就很好;你让她去学习六西格玛,就比较搞笑了。

e）Time-based：时限性。目标的时限性就是讲目标的实现是有时间限制的。质量目标可分为保持型与改进型两类，一般都有时间方面的限制。如保持，在多长时间内，保持在什么水平；如改进，指多长时间内达到什么水平。

④ 质量目标的建立流程与展开方式。

a）质量目标的建立流程。

质量目标的建立流程见图2-1。

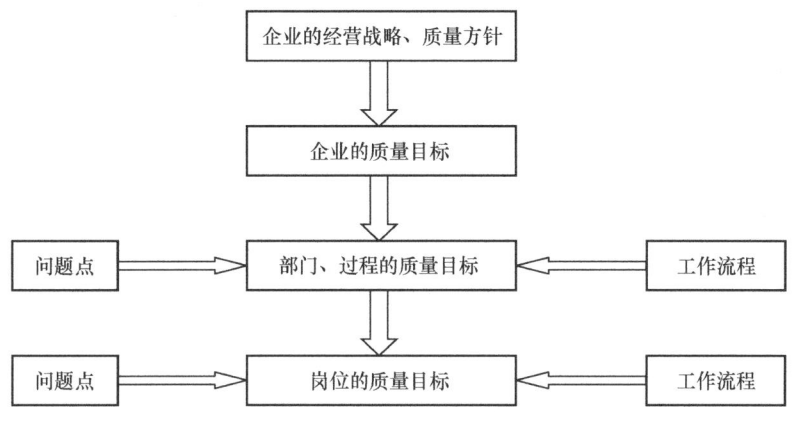

图2-1　质量目标的建立流程

企业的质量目标来自于企业的经营战略。企业各部门根据上一级的质量目标，结合本部门的工作流程与问题点，制订本部门的质量目标。下一级的质量目标是由上一级的质量目标展开而来。上一级的质量目标可能展开到几个下级部门。各岗位的质量目标是根据本部门的质量目标、本岗位的工作流程以及本岗位的问题点制订的。

之所以将问题点作为部门、岗位质量目标的输入条件，是为了体现持续改进的思想。

在这里，将工作流程而不是部门（或岗位）职责作为部门（或岗位）质量目标的输入条件，是为了体现过程管理的思想。传统的强调岗位的责任是不够的，必须强调流程的责任。

b）质量目标的展开方式（纵向展开）。

上面讲到，下一级的质量目标是由上一级的质量目标展开而来。那么是如何展开的呢？

举个例子，总经理的目标是利润，为了实现这个目标，就要采取很多措施，其中之一是增加销售收入。这一措施与销售经理有直接关系，这样销售收入就成了销售经理的目标。同样销售经理为了实现销售收入这个目标，也要采取很多措施，比如增加在网络上的广告投入是其中的一个措施。这样广告的点击量就成了广告工程师的目标。

从这个例子可以看出，公司级目标相应的措施，构成部门的目标；部门级目标的措施，构成岗位的目标。每个中间环节都身兼两职：既是上一级别的措施，又是下一级别的目标，构成了一个连锁系列。只要岗位级的措施得到落实，基层管理得到保证，就能依次向上层层保证，最终保证企业战略目标的实现。图2-2形象地说明了这一质量目标展开方式。

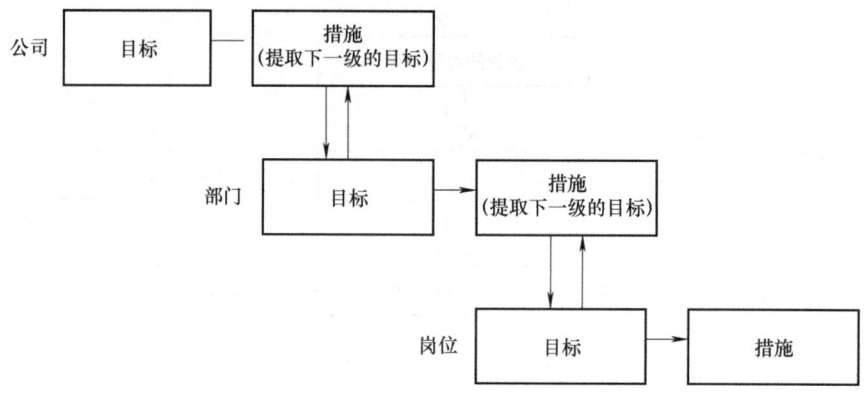

图2-2 质量目标的展开方式

c）质量目标的横向展开。

横向展开是随着时间展开的，一般有长期质量目标、中期质量目标、短期质量目标。

2）制订质量目标的实施计划。

质量目标的实施计划一般要包括5W1H这些最基本的内容，即Why（为什么做，质量目标）、What（做什么，实现目标的措施）、Who（谁做，职责和权限）、Where（哪里做）、When（何时做，何时完成）、How（如何做，步骤、方法、资源，以及对结果如何评价等）。

3）质量目标实施计划的执行。

为了确保质量目标能够实现，在质量目标实施计划的执行过程中，要做好质量目标实施计划的跟踪检查，并要求员工适时汇报工作情况。

① 跟踪检查。

有些管理者认为，质量目标实施计划制定好了，员工技能没问题，员工素质也不错，质量目标应该能达到。这种想法是大错特错！

在企业的例会中，我们经常会看到很多总经理恼怒地对部门经理说："这个问题我几个月前就讲过了，怎么还没解决？"为什么"讲过了"没有执行？因为他只是"讲过了"。讲过了不等于做过了，做过了也不等于做到了，做到了也不等于做好了。

讲过了以后，还需要跟进，还需要检查。要用跟进、检查去确认结果。质量目标实施计划的管理也是一样的：质量目标实施计划执行过程中，要适时地进行跟踪检查，确认结果。

跟踪检查在确认结果的同时，还有一个目的，就是及时发现下级工作过程中存在的问题，在最短的时间内将问题化解，从而确保质量目标的实现。

常用的跟踪检查方式有：

a）例会。

例会是一种好的监控方法。公司级的例会可以一个月开一次，部门级的例会则可以一周开一次。我们可以利用例会总结一段时期的工作经验以及问题，在这种会议上，员工可以把自己在实现目标的过程中遇到的困难摆出来，让大家一起谋求解决的方法。

b）工作检查。

要设计好检查重点，没有重点的检查容易流于形式。定期检查容易让被检查人提前准备，于是有检查时一切都好，无检查时则有风有雨。为了避免出现这种情况，要进行不定期检查。让不定期检查和定期检查相互补充。不定期检查是随机的，被检查人一般无法弄虚作假，所以能够达到较好的效果。

② 要求员工及时反馈。

要求下级定期递交工作报告，反映工作中的成绩和存在的问题，这样，上级就可以按时得到合理的信息，也就达到了合理监控的目的。

4）质量目标实施计划结果的考核。

质量目标实施计划结果的考核是对质量目标实施计划的结果进行衡量、评价的过程，是质量目标管理最核心的内容。

考核的方法、考核的标准、考核的周期、考核的流程都应在编制质量目标实施计划时设计好。

5）考核结果的应用。

对考核的结果要进行分析，并根据分析的结论进行处理。

有考核，无分析，无处理，考核将流于形式。

处理包括对工作的处理、人员的处理：

① 对人员，要根据考核结果，进行奖惩。

② 对工作，就是发现结果与目标有差距时，就要适时采取纠正和纠正措施。

2.5.3 变更的策划（标准条款：6.3）

1. 标准条文

> **6.3 变更的策划**
> 当组织确定需要对质量管理体系进行变更时，变更应按所策划的方式实施（见4.4）。
> 组织应考虑：
> a）变更目的及其潜在后果；
> b）质量管理体系的完整性；
> c）资源的可获得性；
> d）职责和权限的分配或再分配。

2. 理解要点

（1）质量管理体系变更的必要性

组织的质量管理体系在实施运行过程中会受到内外部条件、环境的影响，当内、外部环境发生重大变化时，如组织机构和职责变化、新技术引进、新设备的采用等，往往会影响质量管理体系的适宜性、充分性和有效性。这时就需要对质量管理体系进行适当的调整和变更，这种调整和变更可能会涉及质量方针、质量目标、产品、过程、资源、组织机构、职责等多个方面。

（2）质量管理体系变更的实施要求

组织应有计划和系统地对质量管理体系变更的策划和实施进行管理，以保证体系各过程的正常运行，保证质量管理体系作为一个有机整体的系统性和完整性，使质量管理体系在变更中和变更后能够持续有效。

在对质量管理体系变更进行策划和实施时，应考虑：

1）变更的目的和任何潜在的后果，包括风险及其控制措施。

2）质量管理体系的完整性。

3）资源的可获得性。

4）职责和权限的分配或再分配。

例如：组织要对机构进行调整，涉及原有人员的分配，职责、权限的重新划分，程序文件的重新修订等，因此要在变更前做好策划，不但要规定调整后各部门新的职责及工作程序，还要做好转换的实施方案，包括如何沟通和处理好各种接口关系，以保持体系完整和有效地运行。

2.6 支持（标准条款：7）

2.6.1 资源——总则（标准条款：7.1——7.1.1）

1. 标准条文

> **7 支持**
>
> **7.1 资源**
>
> **7.1.1 总则**
>
> 组织应确定并提供所需的资源，以建立、实施、保持和持续改进质量管理体系。
>
> 组织应考虑：
>
> a）现有内部资源的能力和局限；
>
> b）需要从外部供方获得的资源。

2. 理解要点

（1）资源的含义

人员、基础设施、过程运行环境、监视和测量资源、组织的知识五项资源作为最基础的资源在 ISO 9001：2015 标准中规定了强制性要求。其他资源，如资金、信息、技术、供方和合作者等虽然未在 ISO 9001 标准中明确要求，组织也应充分关注。

（2）提供资源的目的

建立、实施、保持和持续改进质量管理体系。

（3）确定并提供资源的实施要点

1）分析、评估现有内部资源的能力和不足，也即根据顾客的要求、产品的特点和规模确定需要哪些资源，然后看看现有资源能不能满足要求。

2）确定在现有资源基础上需增加哪些资源，以及哪些资源需要从外部供方获得。

2.6.2 人员（标准条款：7.1.2）

1. 标准条文

> **7.1.2 人员**
>
> 组织应确定并配备所需的人员，以有效实施质量管理体系，并运行和控制其过程。

2. 理解要点

人是质量管理体系的首要资源，组织应确定和提供质量管理体系有效实施、过程有效运行和控制所需的人员。人员不仅数量上要满足，质量上也要符合需要。

2.6.3 基础设施（标准条款：7.1.3）

1. 标准条文

> **7.1.3 基础设施**
>
> 组织应确定、提供并维护所需的基础设施，以运行过程，并获得合格产品和服务。
>
> 注：基础设施可包括：
>
> a）建筑物和相关设施；
>
> b）设备，包括硬件和软件；
>
> c）运输资源；
>
> d）信息和通讯技术。

2. 理解要点

（1）基础设施的概念

组织运行所必需的设施、设备和服务的体系。

（2）设施的内涵

基础设施是质量管理体系运行的物质保证。本条款中的基础设施界定的管理范围是"在过程运行中，为达到产品和服务符合性所需要的基础设施"。

基础设施因组织、产品和服务的不同而不同，可包括下列的部分或全部：

1）建筑物（如办公楼、厂房、仓库、实验室等）和相关的设施（如水、电、气供应及通风、空调、防尘、防静电、电梯、网络布线等设施）。

2）设备，包括硬件和软件。此处的设备泛指各类装备，可以是与过程相关的各种生产设备和控制软件、办公设备及软件、工具、辅具、检测设备、仪器仪表、生产和服务提供所需的专用器具、交付后的维护网点等。

3）运输资源。包括运输车辆、集装箱、输送带等。

4）信息和通讯技术。如电话、传真、计算机网络等。

（3）设施的确定、提供和维护

组织应根据产品和服务的特点确定、提供并维护相应的设施。

1）"确定"基础设施。根据产品和服务需要，确定所需的基础设施，适时提出配置计划。

2）"提供"基础设施。包括基础设施的购置、配备。

3）"维护"基础设施。通过一系列的维护保养管理制度，保持基础设施的能力。维护设备时准备足够的替换件或配件是必要的。

图 2-3 所示为生产设备管理流程图。

第2章 ISO 9001：2015标准的理解

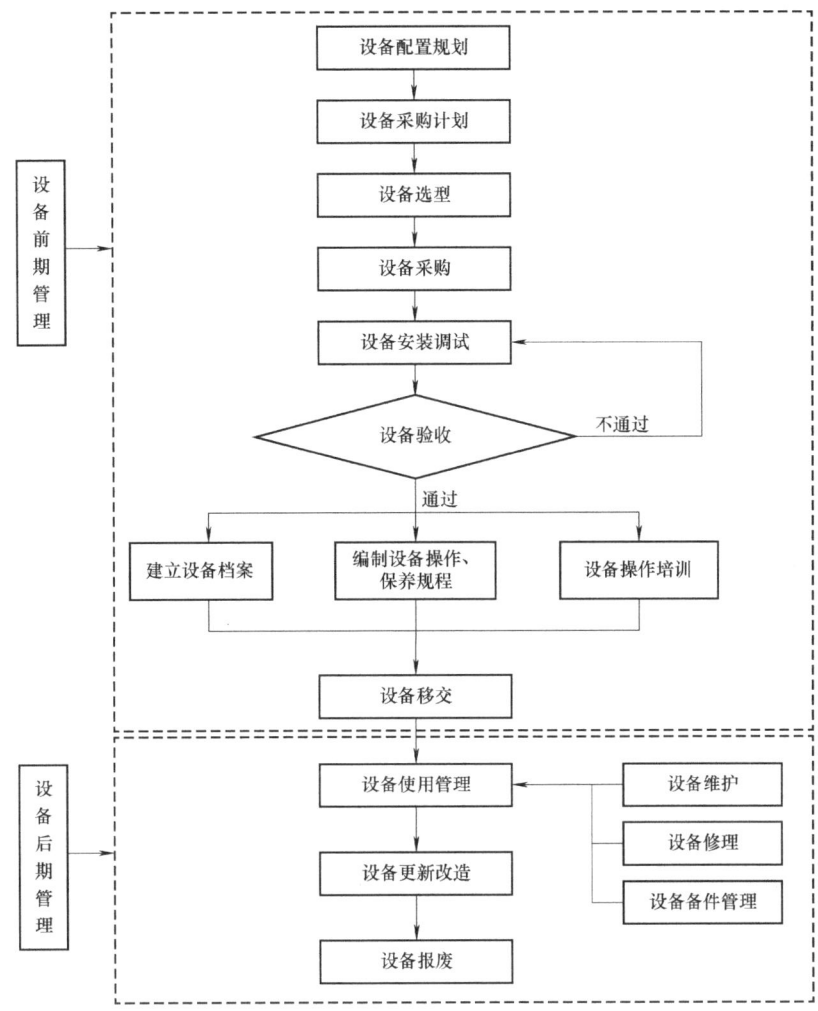

图 2-3 生产设备管理流程图

2.6.4　过程运行环境（标准条款：7.1.4）

1. 标准条文

> **7.1.4　过程运行环境**
> 组织应确定、提供并维护所需的环境，以运行过程，并获得合格产品和服务。
> 注：适宜的过程运行环境可能是人为因素与物理因素的结合，例如：
> a）社会因素（如非歧视、安定、非对抗）；
> b）心理因素（如减压、预防过度疲劳、稳定情绪）；
> c）物理因素（如温度、热量、湿度、照明、空气流通、卫生、噪声等）。
> 由于所提供的产品和服务不同，这些因素可能存在显著差异。

2. 理解要点

（1）过程运行环境的内涵

过程运行环境可以是人为因素和物理因素的组合。人为因素是指"对所考虑的客体有影响的人的特性"。特性可以是物理的、认知的或社会的。人为因素可对管理体系产生重大影响。人为因素包括生活和工作环境中的人与机器的关系、人与程序的关系、人与环境的关系及人与人之间的关系。人为因素可能产生正面的积极影响，也可能会产生负面的消极影响。

过程运行环境人为因素有：反就业歧视、企业文化建设、制定安全规则和指南、工作方法、运用人体工效学、进行职业策划和开发等。

过程运行环境物理因素有：热、卫生、振动、噪声、温度、湿度、污染、光、清洁度、空气流动等。

人为因素和物理因素的组合，可细分为：

1）社会因素（如无歧视、和谐稳定、无对抗）；

2）心理因素（如舒缓心理压力、预防过度疲劳、保护个人情感）；

3）物理因素（如温度、热量、湿度、照明、空气流通、卫生、噪声等）。

物理因素固然对产品和服务质量影响很大（如在清洁的室内环境中制造计算机芯片），但社会和心理因素也不应忽视，尤其在服务行业中。服务提供过程中的社会和心理因素对服务质量影响更大，需要重点关注。例如：考虑人为因素，如一线服务人员的心态直接影响到服务提供质量；充足的人员轮班、排班或停工时间，以预防人员筋疲力尽，如对提供货运或配送服务的驾驶员驾驶时间的控制以防止疲劳驾驶。

（2）控制过程运行环境的必要性

过程运行环境对产品和服务的质量产生直接或间接的影响，因此应对过程运行环境进行管理，以保证产品和服务的质量满足要求。

过程运行环境对产品和服务质量的影响有两种情况：一种情况是产品或服务处于特定的作业环境之中，质量将直接受到各种环境因素的影响；另一种情况是人处在特定的作业环境之中，工作质量受到各种环境因素的影响，将间接或直接地对产品或服务质量产生影响。

（3）过程运行环境的确定、提供和维护

组织应根据产品和服务的特点确定、提供并维护相应的过程运行环境。

1）"确定"过程运行环境。组织应结合自身的产品和服务要求，确定所需的过程运行环境。不同行业、不同产品和服务对过程运行环境有不同的要求，例如：食品、药品有防菌等卫生法规要求，电子产品有洁净度要求，精密仪器有温湿度、振动限制的要求,服务业有光、声、通风、良好氛围的要求等。

2)"提供"过程运行环境。为满足过程运行环境的要求,有时需要通过增加基础设施或采取其他措施的方式解决。

3)"维护"过程运行环境。制定相关的管理制度,对过程运行环境进行管理,确保这些过程运行环境处于受控状态,且始终能满足实现产品和服务符合性的要求。

2.6.5 监视和测量资源(标准条款:7.1.5)

1. 标准条文

> **7.1.5 监视和测量资源**
>
> **7.1.5.1 总则**
>
> 当利用监视或测量来验证产品和服务符合要求时,组织应确定并提供所需的资源,以确保结果有效和可靠。
>
> 组织应确保所提供的资源:
>
> a)适合所开展的监视和测量活动的特定类型;
>
> b)得到维护,以确保持续适合其用途。
>
> 组织应保留适当的成文信息,作为监视和测量资源适合其用途的证据。
>
> **7.1.5.2 测量溯源**
>
> 当要求测量溯源时,或组织认为测量溯源是信任测量结果有效的基础时,测量设备应:
>
> a)对照能溯源到国际或国家标准的测量标准,按照规定的时间间隔或在使用前进行校准和(或)检定,当不存在上述标准时,应保留作为校准或验证依据的成文信息;
>
> b)予以识别,以确定其状态;
>
> c)予以保护,防止由于调整、损坏或衰减所导致的校准状态和随后测量结果的失效。
>
> 当发现测量设备不符合预期用途时,组织应确定以往测量结果的有效性是否受到不利影响,必要时应采取适当的措施。

2. 理解要点

(1)监视和测量资源管理的目的

对监视和测量资源进行管理,确保监视和测量结果有效、可靠,能够为产品、服务符合规定的要求提供准确而有信心的证据。

(2)监视和测量资源的内涵

为实现监视和测量过程所必需的人员、监视和测量设备、监视和测量方法、监视和测量环境或它们的任意集合,称为监视和测量资源。监视和测量设备不等于监视和测量资源,监视和测量设备只是监视和测量资源的一个关键部分。在服务行业,对服务过程的检查是由人员实施的,此时检查人员就是一种监视和测量资源。

监视和测量设备又可分为:

1)监视设备。监视是指认定体系、过程或活动的状态,包括检查、监督、观察等。监视设备如烟雾传感器、电子眼等。监视设备得出的可能是非量化的结论。

2)测量设备。测量是指认定量值的过程。测量设备是指为实现测量过程所必需的测量仪器、软件、测量标准、标准物质或辅助设备或它们的组合。在测量过程中,测量设备用来确定量值。

有些设备具有监视和测量两种功能,应按使用情况决定是按测量设备控制,还是按监视设备控制。

监视设备和测量设备用途有所不同,管理要求也有所区别,测量设备要进行校准或检定,而监视设备只需进行确认即可。

(3)对监视和测量资源的要求

监视和测量资源应:

1)适合特定的监视和测量活动。

2)得到适当维护以确保持续适合其用途。

组织应将监视和测量资源的管理要求(如购买、领用、发放、使用、校准、修理、封存、降级使用、报废等)形成文件,确保监视和测量资源符合监视和测量的要求,并能提供有效的证据。

(4)测量设备的管理

1)测量设备的选择。确定和选择满足测量任务要求的测量设备,其功能、分辨力、准确度要求和量值范围等应与测量任务的要求相一致。

测量设备一定要有足够的分辨力。这里的"足够"通常是指"1∶10法则。"具体是:

① 对于为进行统计过程控制而进行的测量,一般要求量具的最小刻度不大于过程变差(过程能力 $6\sigma_c$)的1/10,即最小刻度 $\Delta_n \leq \dfrac{6\sigma_c}{10}$ 。

② 对质量检验,即检验产品合格与否,则要求量具的最小刻度不大于规格范围(公差)的1/10。即最小刻度 $\Delta_n \leq \dfrac{USL - LSL}{10}$ 。

如果一把量具既用于统计过程控制又用于质量检验,一般按照上述两个要求中最严格的要求选择量具的最小刻度。即最小刻度 $\Delta_n \leq \min(\dfrac{USL - LSL}{10}, \dfrac{6\sigma_c}{10})$ 。

2）测量设备的校准或检定（验证）。

ISO 9001 之 7.1.5.2 条款提出：当对测量有溯源要求或组织认为测量溯源是信任测量结果有效的前提时，应进行溯源管理。溯源管理包括校准管理、校准状态管理以及设备使用管理。

校准或检定包括首次校准/检定、周期校准/检定。

① 对照能溯源到国家/国际基准的设备，校准/检定测量设备。已建立国际或国家测量基准的，应按国家有关规定进行检定或校准。无国际或国家测量基准的，组织应自行建立检定或校准规范（包括校准检定的项目、方法、设备、周期、条件和合格标准等），实施检定或校准并予以记录。

② 校准的实施者。一般送监测设备到国家授权机构校准，也可以自我校准。

③ 无论是委外校准或自行校准，都应对校准结果做好记录。

④ 标识测量设备的校准状态。校准状态有合格（在校准有效期内）、不合格（未校准或超期），还可以有停用、封存等状态。标识的方法可以是检定证书、校准标签、测量设备台账或校准记录的信息、各种颜色的标志等。

一般在测量设备上贴校准状态标签，因体积小或影响操作等原因而不宜贴标签的测量设备，其校准状态标签可贴在包装盒上或由其使用者妥善保管，但设备上最好要刻上编号，便于追溯。

3）测量设备的合理使用和保护。

① 根据需要，对测量设备进行调整和再调整。调整是使设备达到没有偏差处于正常使用工作状态的操作。如衡器设备在使用前的归零、机械仪表的漂移调整等。

② 应采取措施防止可能使校准状态和随后的测量结果失效的调整、损坏或劣化。如采取封签等防错措施，由有资格的操作人员进行调整，提供调整作业指导书。

③ 采取措施，防止测量设备在搬运、维护和贮存时损坏或失效。如提供适宜的环境条件、采取防护措施等。

4）测量设备不符合预期用途时的处理。

一旦发现测量设备不符合预期用途时（如偏离校准状态时、设备损坏时、精密的设备不宜搬运而经过搬动时，等等），应对以往测量结果的有效性进行评价并做好记录，并对设备和受影响的产品采取适当的措施。

① 对被测产品，并非一定要重新测量，但对其有效性必须评价。评价的追溯时间一般应计算到某一时段以前的测量结果为有效时为止。

如评价认为应该对被测产品进行重测，则应按评价要求的范围追回被测产品进行重新测量。

② 对设备和受影响的产品采取的适当措施，包括：

a）必要时，追回测量过的产品重新进行测量，对已交付至顾客的产品发出通知并进一步处理等。

b）对设备进行故障分析、修理并重新校准。

（5）监视设备的管理

监视设备与测量设备不同，不需校准或检定，只需在使用前进行确认，并根据需要进行再确认。其他方面，可参照测量设备的管理。

2.6.6 组织的知识（标准条款：7.1.6）

1. 标准条文

> **7.1.6 组织的知识**
> 组织应确定必要的知识，以运行过程，并获得合格产品和服务。
> 这些知识应予以保持，并在所需的范围内可得到。
> 为应对不断变化的需求和发展趋势，组织应审视现有的知识，确定如何获取或接触更多必要的知识和知识更新。
> 注1：组织的知识是组织特有的知识，通常从其经验中获得。是为实现组织目标所使用和共享的信息。
> 注2：组织的知识可以基于：
> a）内部来源（如知识产权、从经验获得的知识、从失败和成功项目汲取的经验和教训、获取和分享未成文的知识和经验，以及过程、产品和服务的改进结果）；
> b）外部来源（如标准；学术交流；专业会议；从顾客或外部供方收集的知识）。

2. 理解要点

组织知识管理的对象界定为对过程运作和实现产品/服务符合性所需的知识。这类知识主要指组织特定的知识，通常由经验获取。

组织应确定运行过程所需的知识，以获得合格产品和服务。组织应保持这些知识，并在需要范围内可得到。

知识的来源包括内部来源、外部来源。内部来源有：知识产权；从经历获得的知识；从失败和成功项目得到的经验教训；获取和分享未形成文件的知识和经验；过程、产品和服务的改进结果等。外部来源有：标准；学术交流；专业会议；从顾客或外部供方收集的知识等。

为了应对不断变化的需求和发展趋势，组织应考虑获取更多必要的知识，并对现有的知识进行更新。

对组织的知识进行管理有以下好处：

1) 鼓励组织获取知识，满足过程运行对知识的需要，以确保获得合格产品和服务。

2）防止组织知识的流失，例如人员流动带走经验，好的经验未能捕捉和分享。

3）鼓励组织对知识进行更新、创新，以满足不断变化的需求和发展趋势。

组织的知识管理详见附录2。

2.6.7　能力（标准条款：7.2）

1. 标准条文

> **7.2　能力**
>
> 组织应：
>
> a）确定在其控制下工作人员所需具备的能力，这些人员从事的工作影响质量管理体系绩效和有效性；
>
> b）基于适当的教育、培训或经验，确保这些人员是胜任的；
>
> c）适用时，采取措施以获得所需的能力，并评价措施的有效性；
>
> d）保留适当的成文信息，作为人员能力的证据。
>
> 注：适用措施可包括对在职人员进行培训、辅导或重新分配工作，或者聘用、外包给胜任的人员。

2. 理解要点

（1）"能力"的定义

能力是指"应用知识和技能实现预期结果的本领"。要说一个人有能力，就要具备两个条件：

1）有知识和技能。

2）能应用这些知识和技能解决实际问题。

两个条件，缺一不可。没有知识和技能，就谈不上应用。可是有了知识和技能，并不等于你就能应用了。所以，要了解一个人是否具备某种能力，首先要看他是否掌握某种知识，通常可通过考试来确定；其次，要看他是否具备某种技能，是否能应用这种知识和技能来解决实际问题，这方面仅通过考试是难以做出准确判断的，只有通过观察他应用知识和技能解决实际问题的过程，才能做出相对准确的结论。

（2）人员能力的基本要求

在组织控制下从事影响质量管理体系绩效和有效性的工作人员应具有适应其承担职责的能力。这种能力是以教育、培训或经验为基础的。

1）教育，即与岗位职责相应的教育背景，如学历等。

2）培训，即在专业工作中接受过的专门培训。

3）经验，从相似工作的经历中获得的技术、方法、技巧等。

组织应根据岗位职责的需要，就各岗位人员的能力提出具体的可评价的要求。这些要求应写在书面的任职条件中，作为人员招聘、上岗和转岗的依据。任职条件应随产品要求等因素的变化进行更新。

（3）保证人员能力的措施

1）确定人员的能力需求。

根据对产品和服务质量的影响程度，确定工作人员的能力要求。

2）提供培训或采取其他措施满足对人员的能力需求。

对不能满足能力要求的人员，可以提供培训以满足要求，也可采取其他措施，如招聘符合要求的人员、师傅带徒弟、换人换岗等措施。

3）评价所采取措施的有效性。

采取的措施是否有效？主要看采取措施后，人员是否具备了所需的能力。

通过对人员能力的度量，评价所采取措施的有效性。

评价方式有理论考核、操作考核、绩效考核、管理人员的评价、观察等。

（4）培训的实施

1）确定培训需求。

根据工作岗位对从业者的能力要求以及从业者本身的实际能力确定培训的需求。

培训与教育的目的是不同的。培训是使受训者获得目前工作上所需要的知识与技能，教育是使受教育者获得未来要用到的知识。

2）制订培训计划。

主管部门根据各部门提出的培训需求及组织对培训的基本要求，制订培训计划。

培训计划包括培训项目、培训内容、主要负责人、培训日程安排（时间、地点）、培训方式、培训对象等。

3）实施培训。

按培训计划实施培训，培训前要编写好教案，并通知相关人员。

4）培训后的考核。

培训后要进行考核，考核内容有理论考核、实际操作技能考核等；考核形式有问答、问卷、技术演示等。

5）培训结果的处理。

根据培训考核的结果确定员工能否胜任或重新培训等。

（5）培训的内容

1）岗位技能培训。

2）质量意识培训。

3）质量知识培训，等等。

（6）培训的对象

在组织控制下从事影响质量绩效的工作人员，包括兼职、临时雇用、供方人员（必要时）等。

（7）培训有效性的评价

1）对培训的有效性进行评价，确保经过培训的人员具备了所需的能力。

2）通过对经过培训人员能力变化的度量进行培训有效性的评价。

3）评价方式有：

① 培训后的考核，包括理论考核、实际操作考核等。

② 受培训者的自我评价。

③ 管理人员对受培训者的评价。

④ 对受培训者的绩效进行考核。

⑤ 观察，等等。

（8）培训方式

培训方式有多种选择，内培、外培、实习、自学考试、学术交流等。

（9）特殊工作人员的资格认定

特殊工作人员（如电焊工、电工、天车工、锅炉工、计量员、内审员等），应通过必要的培训，获得资格认定。

（10）记录保留

应保留每个员工的教育、培训、经历的记录。这些记录应是与证实人员能力有关的，如员工的学历证书、培训合格证书、培训成绩单、技能考核记录、资格证书、工作经历证实材料等。

2.6.8 意识（标准条款：7.3）

1. 标准条文

> **7.3 意识**
> 组织应确保在其控制下工作的人员知晓：
> a）质量方针；
> b）相关的质量目标；
> c）他们对质量管理体系有效性的贡献，包括改进绩效的益处；
> d）不符合质量管理体系要求的后果。

2. 理解要点

（1）培养员工质量意识的目的

应对员工进行质量意识方面的培养，使员工：

1）理解公司的质量方针，并意识到个人岗位的活动与实现组织质量方针的紧密联系以及如何为之做出努力。

2）了解与其有关的质量目标，并知道应用什么方法、应做出何种努力才能实现质量目标。

3）意识到自己的工作对质量管理体系有效性的贡献，以及改进质量绩效的益处。

4）意识到不符合质量管理体系要求的后果。

（2）质量意识培训

质量意识，就是对质量的看法和态度。如果员工的质量意识不够，再完善的系统也做不出高质量的产品。表2-3列出了一些正确与错误的质量意识。

表2-3 正确与错误的质量意识

正确的质量意识	错误的质量意识
1. 品质是制造出来的，而不是检验出来的	1. 大部分问题错在第一线人员
2. "预防错误""第一次就做对"是最经济的	2. 孰能无过，品质也不例外
3. 提高品质就是降低成本	3. 出什么价，有什么品质
4. 执行标准，不可以打折扣	4. 品质好一定投入的钱多
5. 80%的品质不良是管理决策或组织制度造成的	5. 品质是检查出来的，不是做出来的
6. 预防甚于治疗，任何过失可以事先避免	6. 质量是品管部门的事
7. 品质必须超过顾客的期望	7. 品质是一件很花钱的工作
8. 革除马虎之心，是追求品质的第一要务	8. 99%的良品率意味着一个工厂品质水平很高了
9. 本位主义是引起品质灾难的源头	9. 品质是一线作业人员要控制的事
10. 品质是追求卓越及永无止境的学习，品质和每个人息息相关	10. 品质是需管理人员控制的，与作业员无关
11. 品质不提高，公司会破产，员工会失业	11. 品质是很抽象的东西，要有高深的知识才能掌握
12. 不良品多，是件不光荣的事	12. 经常返工造成交期延误
13. 工作场地不讲究整洁，会造成更多的不良	
14. 机器、工具、模具平时不保养，生产不出好产品	
15. 不依照作业标准工作，不良率会增高	
16. 做正确的事，零缺陷是可以达到的	

通过质量意识培训，可以将质量意识培养出来。质量意识培训的重点是使员工形成对质量的正确看法和态度，理解本岗位在质量管理系统中的作用和意义，理解其工作结果对产品质量及其他工作的影响，知道产品和服务是否合格的标准，

知道当产品和服务不合格时如何去做，知道采用何种方法、做出何种努力才能承担本岗位的质量职能，为组织的质量目标做出贡献。质量意识培训的内容包括：质量的理念，质量法律、法规，质量责任，质量对组织和员工的意义和作用等。

2.6.9 沟通（标准条款：7.4）

1. 标准条文

> **7.4 沟通**
> 组织应确定与质量管理体系相关的内部和外部沟通，包括：
> a）沟通什么；
> b）何时沟通；
> c）与谁沟通；
> d）如何沟通；
> e）谁来沟通。

2. 理解要点

（1）沟通的目的

沟通就是信息的交换、传递。沟通的目的在于使相关人员获得所需的信息，以达到相互了解、相互信任、共同参与的目的。

沟通的过程是信息在发出者与接受者之间传送的过程。沟通可以是单向的，也可以是双向的和多向的。

（2）沟通的内容

沟通的内容是与体系有效性相关的问题，既包括一般的职责、过程、接口之间的沟通，也包括监视和测量结果方面的沟通。

（3）沟通的方式

可采用多种方式，如电子邮件、QQ、简报、会议布告、内部刊物、备忘录、声像和口头交流等。

（4）建立沟通的过程

应在组织内建立适当的沟通过程，明确沟通的对象、内容、方式、时机，以及沟通的实施者。

（5）沟通的管理

建立必要的沟通制度，包括确定哪些人员之间需要沟通以及谁负责沟通、沟通的内容、沟通的方式、沟通的时机、沟通所需的记录等。

沟通方面的规定，可结合各个条款来写，如管理评审报告，由谁来发放，发放给谁等可写在管理评审程序中，也可单独形成文件。

2.6.10 成文信息（标准条款：7.5）

1. 标准条文

7.5 成文信息

7.5.1 总则

组织的质量管理体系应包括：

a）本标准要求的成文信息；

b）组织所确定的、为确保质量管理体系有效性所需的成文信息。

注：对于不同组织，质量管理体系成文信息的多少与详略程度可以不同，取决于：

——组织的规模，以及活动、过程、产品和服务的类型；

——过程及其相互作用的复杂程度；

——人员的能力。

7.5.2 创建和更新

在创建和更新成文信息时，组织应确保适当的：

a）标识和说明（如标题、日期、作者、索引编号）；

b）形式（如语言、软件版本、图表）和载体（如纸质的、电子的）；

c）评审和批准，以保持适宜性和充分性。

7.5.3 成文信息的控制

7.5.3.1 应控制质量管理体系和本标准所要求的成文信息，以确保：

a）在需要的场合和时机，均可获得并适用；

b）予以妥善保护（如防止泄密、不当使用或缺失）。

7.5.3.2 为控制成文信息，适用时，组织应进行下列活动：

a）分发、访问、检索和使用；

b）存储和防护，包括保持可读性；

c）变更控制（如版本控制）；

d）保留和处置。

对于组织确定的策划和运行质量管理体系所必需的来自外部的成文信息，组织应进行适当识别，并予以控制。

对所保留的、作为符合性证据的成文信息应予以保护，防止非预期的更改。

注：对成文信息的"访问"可能意味着仅允许查阅，或者意味着允许查阅并授权修改。

2. 理解要点

（1）ISO 9001：2015"成文信息"说明

1）ISO 9001：2015 减少了对管理体系文件的"限定性"要求，用"成文信息（Documented information）"取代了老版本中"文件"和"记录"的表述，不再硬性提出"形成文件的程序""质量手册"等规定要求，文件可以有多种表现形式。

① 在 ISO 9001：2008 中使用特定的术语，例如文件或形成文件的程序、质量手册或质量计划的地方，ISO 9001：2015 以"保持（maintain）成文信息"的形式加以表达。

② 在 ISO 9001：2008 中使用术语"记录"以指明所需提供满足要求证据的文件的地方，ISO 9001：2015 则以"保留（retain）成文信息"的形式加以表达。组织有责任确定需保留的成文信息、保留期以及保留的媒介。

③"保持"成文信息的要求并不排除组织可能因为特定的目的同时也需要"保留"相同的成文信息，例如保留以往的版本。

④ ISO 9001：2015 提及"信息"而非"成文信息"的地方，并不要求将此信息形成文件。在此情况下，组织可以决定是否有必要适当保持形成文件的信息。

2)"成文信息（Documented information）"是一个笼统的概念，企业从方便管理出发，有必要对"成文信息"进行分类、分层。至于"成文信息"分类、分层后叫什么名字，由企业自定。也就是说，你仍然可以把文件分成质量手册、程序文件、作业指导书；你可以把文件叫作制度，也可以叫作程序文件；你同样也可以把证据类文件叫作记录。总之，只要有效、方便就行。

3)"成文信息"从作用上分，可分为规范性文件（规范性文件，是用来规定质量管理工作的原则，阐述质量管理体系的构成，明确有关部门和人员的职责，以及规定各项活动的目标、要求、内容和程序的文件）、证据性文件（证据性文件，是用来表明质量管理体系运行情况和证实其有效性的文件）。我们平常所说的质量手册、程序文件、作业指导书等都是规范性文件，而记录属于证据性文件（表格是规范性文件，当表格填写了内容后，变为证据性文件，则称为记录）。

4) 很多企业，企业制度写一套文件，推行 ISO 9001 时写一套文件，推行标准化时写一套文件，推行 3C 认证时写一套文件，产品出口商检时又写一套文件，整个企业文件系统乱七八糟。实际上应该对这些文件进行整合，形成一套完整的文件系统。

按管理对象来分，可将文件分为技术标准、管理标准、工作标准；按文件层次来分，可将文件分为管理手册、程序文件、其他作业文件。一份文件，比如"供应商管理程序"，在 ISO 9001 系统内是"程序文件"，在标准化系统内是"管理标准"，但都是同一份文件，只是从不同的角度来区分而已。就像一位少女，从性别看，她是女性；从年龄看，她是少年。

不要认为写有"标准"字样的东西才是标准，"××管理程序""××作业指导书"等，都可以是"标准"。

5) 为了使质量管理体系文件统一协调，达到规范化和标准化要求，企业应就文件的要求、内容、体例和格式等做出规定。

（2）ISO 9001：2015 所需的成文信息

ISO 9001：2015 所需的成文信息包括：

1）ISO 9001 标准明确要求形成文件的信息。在标准中凡是有"保持（maintain）成文信息""保留（retain）成文信息"的地方，则需根据标准要求形成文件的信息。ISO 9001 标准共有 25 处要求形成文件的信息（3 处"保持"、2 处"保持和保留"、18 处"保留"，除此之外，还有 2 处要求形成文件的信息，见表 2-4），这些形成文件的信息中，有些是必需的，有些根据需要设置。

表 2-4 ISO 9001：2015 要求成文信息的地方

序号	条款	要求成文信息的地方	保持和/或保留
1	4.3	组织的质量管理体系范围应作为成文信息，可获得并得到保持	保持
2	4.4.2	在必要的范围和程度上，组织应： a）保持成文信息以支持过程运行； b）保留成文信息以确信其过程按策划进行	保持和保留
3	5.2.2a)	质量方针应： a）可获得并保持成文信息	保持
4	6.2.1	组织应保持有关质量目标的成文信息	保持
5	7.1.5.1	组织应保留适当的成文信息，作为监视和测量资源适合其用途的证据	保留
6	7.1.5.2	a）对照能溯源到国际或国家标准的测量标准，按照规定的时间间隔或在使用前进行校准和（或）检定，当不存在上述标准时，应保留作为校准或验证依据的成文信息	保留
7	7.2	保留适当的成文信息，作为人员能力的证据	保留
8	8.1 e)	在必要的范围和程度上，确定并保持、保留成文信息： 1）确信过程已经按策划进行； 2）证实产品和服务符合要求	保持和保留
9	8.2.3.2	适用时，组织应保留与下列方面有关的成文信息： a）评审结果； b）产品和服务的新要求	保留
10	8.3.2j)	证实已经满足设计和开发要求所需的成文信息	保留
11	8.3.3	组织应保留有关设计和开发输入的成文信息	保留
12	8.3.4 f)	保留这些活动的成文信息	保留
13	8.3.5	组织应保留有关设计和开发输出的成文信息	保留
14	8.3.6	组织应保留下列方面的成文信息： a）设计和开发变更； b）评审的结果； c）变更的授权； d）为防止不利影响而采取的措施	保留

(续)

序号	条款	要求成文信息的地方	保持和/或保留
15	8.4.1	对于这些活动和由评价引发的任何必要的措施,组织应保留成文信息	保留
16	8.5.1 a)	可获得成文信息,以规定以下内容: 1)拟所生产的产品、提供的服务或进行的活动的特征; 2)拟获得的结果	
17	8.5.2	当有可追溯要求时,组织应控制输出的唯一性标识,且应保留所需的成文信息以实现可追溯	保留
18	8.5.3	若顾客或外部供方的财产发生丢失、损坏或发现不适用情况,组织应向顾客或外部供方报告,并保留所发生情况的成文信息	保留
19	8.5.6	组织应保留成文信息,包括有关更改评审的结果、授权进行更改的人员以及根据评审所采取的必要措施	保留
20	8.6	组织应保留有关产品和服务放行的成文信息。成文信息应包括: a)符合接收准则的证据; b)可追溯到授权放行人员的信息	保留
21	8.7.2	组织应保留下列成文信息: a)描述不合格; b)描述所采取的措施; c)描述获得的让步; d)识别处置不合格的授权	保留
22	9.1.1	组织应评价质量管理体系的绩效和有效性。组织应保留适当的成文信息,以作为结果的证据	保留
23	9.2.2 f)	保留成文信息,作为实施审核方案以及审核结果的证据	保留
24	9.3.3	组织应保留成文信息,作为管理评审结果的证据	保留
25	10.2.2	组织应保留成文信息,作为下列事项的证据: a)不合格的性质以及随后所采取的措施; b)纠正措施的结果	保留

2)组织为确保质量管理体系有效运行而适当增加的形成文件的信息。除上述1)提到的形成文件的信息外,组织可以根据自身产品、服务及过程的实际情况增加形成文件的信息。这类形成文件的信息包括质量管理体系策划和运行所需的外来文件的信息。

(3)质量管理体系形成文件的信息的多少和详略程度的依据

质量管理体系形成文件的信息的范围和详细程度取决于组织的规模,活动、过程、产品和服务的类型,过程及其相互作用的复杂程度,人员的能力等。

（4）成文信息的存在形式与载体

成文信息可以任何形式和载体出现。成文信息的形式可以是视频、音频、图像、文字等，载体可以是纸制版、电子版等。

（5）成文信息创建和更新的要求

1）规范性文件创建和更新的要求。

① 文件的标识和说明，如名称标识、部门标识、编号标识、版本标识、分类标识、重要程度标识、时间标识、颜色标识、文件作者、内容摘要、索引编号等。标识和说明的繁简程度，视具体情况而定。标识和说明的目的是便于检索、识别、使用。

② 文件的形式和载体。形式可以是视频、音频、图像、书面文件等，载体可以是纸制版、电子版等。

③ 文件的审查和批准。规范性文件发布前应由授权人员进行审查和批准，以确保文件的适宜性和充分性。审查是保证文件的正确性，批准意味着从行政上赞同文件的实施。

④ 文件的评审。文件在实施中可能会由于各种情况发生变化（如标准换版、组织结构、产品、过程、法律法规等发生变化），这时有必要对文件进行评审。组织也可根据需要（如持续改进的需要）进行定期评审，以确定是否需要修改或更新以保持文件的充分性、适宜性，若修改需再次批准。

2）证据性文件（记录）创建和更新的要求。

① 证据性文件的标识和说明，如名称标识、部门标识、编号标识、分类标识、重要程度标识、时间标识、使用说明等。标识和说明的繁简程度，视具体情况而定。证据性文件标识的目的是便于检索，唯一可追溯。

② 证据性文件的形式和载体。形式可以是视频、音频、图像、书面表格记录、书面文件等，载体可以是纸制版、电子版等。

③ 证据性文件的签署。证据性文件中会包含各种类型的签署，有作业后的签署，有认可、审定、批准等的签署。只有签署完整的记录才可以按要求发出。

④ 证据性文件的更正。证据性文件应真实、准确、清晰，容易辨认。证据性文件不得随意涂改。在填写记录出现笔误以后，不要在笔误处乱涂乱画，甚至抹成黑疙瘩或用修正液加以掩盖。正确处置笔误的方法，是将笔误的文字或数据上，用原使用的笔墨画一横线，再在笔误处的上行间或下行间填上正确的文字和数值。

（6）成文信息的控制的目的

1）需要使用文件的场合，都能得到适用的文件。

2）使文件得到充分保护，防止泄密、误用、残损等。

（7）规范性文件的控制

适当时，应实施以下的文件控制活动，确保文件得到充分的保护，防止泄密、误用、残损。

1）文件的发放。质量体系文件应按其应用范围和保密级别，事先确定每种文件的发放范围、发放数量和发放手续。文件发放均需办理签收手续，重要的和密级高的文件上均需按发放数量编顺序号，在发放时对号登记持有或负责保管者的部门和姓名。文件发放要有专人负责。

将文件分为"受控文件（受到更改控制的文件）"和"非受控文件"两类。对"受控文件"，要作受控标记，例如加盖"受控"图章或其他自定的方式。

为了投标或其他目的而外发的文件，且不准备对这些文件进一步控制时，则应在文件上标明"非受控"字样。

2）文件的贮存和防护（包括保持可读性）。文件应贮存在适宜的环境中，采取防潮、防火、防霉、防蛀等防止损坏和遗失的措施，确保文件清晰可读。文件的贮存应便于存取、检索、使用。

3）文件的检索与访问。可按名称、部门、产品、编号进行检索。对访问的权限作出规定，如规定纸质文件的阅读权限、规定电子文件的变更、阅读、复制和打印等权限。

4）文件的使用管理。不得在受控文件上乱涂乱画，不得私自更改、外借。

5）文件的更改。文件更改时需注意下列事项：

① 更改影响的评估。文件的更改可能对体系或产品/服务带来影响。如是这样，则需在实施更改前评估更改的影响并通知有关部门。

② 更改必须有书面更改单，记录更改的缘由、会签、审批、更改内容、更改标识、更改执行人等事项。书面更改单应当随被更改文件保留相同期限。

③ 文件的更改和修订情况决定了文件的有效和无效状态，应有适宜可行的方法识别这些状态。通常的方法有编制并发布表明文件名称、编号及现行修订状态的控制清单；在文件上做出状态标识，如版本号（A、B、C……）、修订号（0、1、2……）等。

④ 更改审批。更改文件应由原审批部门进行审批，保持连续性。如由于原审批部门撤并或职能调整，需指定其他部门审批时，该部门应获得审批所需依据的有关背景材料。

背景资料包括：原文件审批时依据的资料，本次提出更改所依据的资料，与本次更改文件相关的其他文件等。

⑤ 更改协调。更改时，必须注意某一文件更改是否会引起其他有关文件作相应的更改。如设计图样更改，可能会引起工艺文件更改。

⑥ 更改时间的安排。更改实施的关键是时间的安排。设计更改的实施应考虑到更改前库存的所有配件、材料（包括采购途中的材料）的利用。

⑦ 更改执行。更改后，应注意及时将更改内容同步发放到需要的场所，或规定同步执行的时间、对象。

6）作废文件的保留与处置。为了防止使用作废文件，应及时将作废或失效文件从使用场所收回或处置。若要保留作废文件时，应采用适当的标识方法，如在作废文件上加盖"作废保留"章。

（8）规范性外来文件的控制

外来文件一般可包括：与产品有关的法律法规、标准、规范、顾客图样等。应就外来文件的识别、收集、审查、批准、归档、编目、标识、发放、使用、评审、更新、补充和作废等做出规定，以保持外来文件的适宜性。

应该建立一个渠道（如参加标准化协会等），以便及时收集到文件的最新版本或修改信息。

（9）证据性文件（记录）的控制

适当时，应实施以下的控制活动：

1）分发与接收。应按规定的时间和分发范围进行分发；接收时应办理必要的签收手续。

2）贮存和防护。记录应贮存在适宜的环境中，采取防潮、防火、防霉、防蛀等防止损坏和遗失的措施，确保记录清晰可读。对于字迹自然消失的传真纸，应将内容复印到字迹不易消失的纸上进行保存。为了保护质量记录，使其不丢失和损坏，应就质量记录的收集、传递、归档、保管做出规定。

3）检索、访问与使用。可按名称、部门、产品、编号进行检索。应规定记录可以接触的范围（必要时，规定保密级别）、人员和手续，以防止无关人员接触、篡改，等等。查阅时应由主管人员检索提供，不得由外人随意翻找索取。记录查阅时若需复制，需经相关负责人批准，无论是查阅还是复制，都应确保记录的完整无损。查阅或复制完毕后应由主管人员摆放回原位。对借阅的权限、借阅中的注意事项、归还的时间与要求做出规定并严格执行。

4）保留与处置。记录的归档、保留方式应便于存取和查阅，应按流水号依次排列存放并做好相应的分类、编目工作，等等。应规定记录的保留期限。规定记录的保留期限时应考虑下列因素：

① 法律、法规及产品责任的有关要求。

② 合同要求。

③ 产品的寿命周期/责任期/保修（质）期/有效期。

④ 设备报废时间。

⑤ 人员在职时间。

⑥ 有效的追溯期。

⑦ 认证审核周期,等等。

对到期的记录进行销毁或对有长期保留价值的记录进行归档。最好规定销毁的审批手续和执行方法,以免造成无法挽回的损失。

2.7 运行(标准条款:8)

2.7.1 运行策划和控制(标准条款:8.1)

1. 标准条文

> **8 运行**
> **8.1 运行的策划和控制**
> 为满足产品和服务提供的要求,并实施第 6 章所确定的措施,组织应通过以下措施对所需的过程(见 4.4)进行策划、实施和控制:
> a)确定产品和服务的要求;
> b)建立下列内容的准则:
> 1)过程;
> 2)产品和服务的接收。
> c)确定所需的资源以使产品和服务符合要求;
> d)按照准则实施过程控制;
> e)在必要的范围和程度上,确定并保持、保留成文信息,以:
> 1)确信过程已经按策划进行;
> 2)证实产品和服务符合要求。
> 策划的输出应适合于组织的运行。
> 组织应控制策划的变更,评审非预期变更的后果,必要时,采取措施减轻不利影响。
> 组织应确保外包过程受控(见 8.4)。

2. 理解要点

(1)运行策划和控制的说明

运行过程是指满足产品和服务要求所需的过程,这一过程也包括实施 ISO 9001 第 6 章所确定的措施。运行过程从识别并确定顾客需求开始,涉及产品和服务的设计和开发、采购、生产、检验、交付及后续服务、不合格输出的控制一系列过程,以及这一系列过程的风险应对、绩效实现所需的过程。通过这一系列运行过程,将产品和服务要求转化为向顾客提供的产品和服务。

在向顾客提供产品和服务之前,组织应当针对产品和服务的运行过程进行认真的策划,然后依据策划的结果实施,确保最终向顾客提供满足要求的产品和服务。

(2) 运行策划和控制的内容

运行策划和控制的内容包括:

1) 确定产品和服务的要求。组织应该根据顾客的需求、国家的法律法规等,针对产品和服务制定具体的、有针对性的产品和服务要求。

2) 建立保证过程有效运行的控制准则,以及产品和服务的接收准则。可以是作业指导书、工艺标准、检验规范、服务规范,也可以是样板或模板等。

3) 确定为达到符合产品和服务的要求所需的资源。如人力资源、基础设施、运行环境等,该条款是 ISO 9001 标准 7.1 条款的要求在运行过程中的体现。

4) 按照策划的准则对运行过程进行控制。

5) 确定并保持、保留必要的成文信息,为过程的有效实施提供信心,为证实产品和服务符合要求提供证据。成文信息的多少取决于:

① 成文信息能给过程已按策划的要求实施提供信心。

② 成文信息能够证实产品和服务符合要求。

(3) 运行策划和控制的要求

1) 运行策划的输出形式应适合组织的运作方式,可以是口头的形式(小型组织或简单产品),可以是文件的形式,也可以是实物的形式。关键是能否证实策划的结果。

2) 运行过程,是整个质量管理体系过程中的一个重要组成部分。因此,对运行的策划和控制,应该注意与组织质量管理体系的其他过程的有关要求相协调,并满足 ISO 9001 之 4.4 条款(质量管理体系及其过程)、6 条款(策划)的有关要求。

3) 当内、外部环境发生重大变化时,运行过程可能需要变更。组织应对运行过程的变更进行控制,以确保运行正常。应评价非预期变更的后果,并采取必要的措施减少任何不利影响。

4) 按 8.4 条款(外部提供的过程、产品和服务的控制)的要求对外包过程进行控制。

2.7.2 产品和服务的要求(标准条款:8.2)

1. 标准条文

> **8.2 产品和服务的要求**
>
> **8.2.1 顾客沟通**
>
> 与顾客沟通的内容应包括:
>
> a)提供有关产品和服务的信息;

b）处理问询、合同或订单，包括变更；

c）获取有关产品和服务的顾客反馈，包括顾客投诉；

d）处置或控制顾客财产；

e）关系重大时，制定应急措施的特定要求。

8.2.2　产品和服务要求的确定

在确定向顾客提供的产品和服务的要求时，组织应确保：

a）产品和服务的要求得到规定，包括：

1）适用的法律法规要求；

2）组织认为的必要要求。

b）提供的产品和服务能够满足所声明的要求。

8.2.3　产品和服务要求的评审

8.2.3.1 组织应确保有能力向顾客提供满足要求的产品和服务。在承诺向顾客提供产品和服务之前，组织应对如下各项要求进行评审：

a）顾客规定的要求，包括对交付及交付后活动的要求；

b）顾客虽然没有明示，但规定的用途或已知的预期用途所必需的要求；

c）组织规定的要求；

d）适用于产品和服务的法律法规要求；

e）与以前表述不一致的合同或订单要求。

组织应确保与以前规定不一致的合同或订单要求已得到解决。

若顾客没有提供成文的要求，组织在接受顾客要求前应对顾客要求进行确认。

注：在某些情况下，如网上销售，对每一个订单进行正式的评审可能是不实际的，作为替代方法，可评审有关的产品信息，如产品目录。

8.2.3.2 适用时，组织应保留与下列方面有关的成文信息：

a）评审结果；

b）产品和服务的新要求。

8.2.4　产品和服务要求的更改

若产品和服务要求发生更改，组织应确保相关的成文信息得到修改，并确保相关人员知道已更改的要求。

2. 理解要点

（1）与顾客的沟通

1）沟通的内容。沟通是组织与顾客之间的双向行为。组织应建立一个沟通过程，做好与顾客的售前（提供产品和服务之前）、售中（提供产品和服务之中）、售后（提供产品和服务之后）的沟通，沟通的内容包括：

① 要提供给顾客的产品和服务的信息。

② 问询、合同或订单的处理包括其更改。

③ 顾客对产品和服务的反馈，包括其抱怨、投诉。

④ 顾客财产的处理或控制。如发现顾客提供的模具损坏了，此时就需要与顾客进行沟通，看看如何处理损坏的模具。

⑤ 关系重大时，就应急措施建立特定的要求。例如，在顾客的生产线上发现组织提供的零件轴径偏大，此时组织可与顾客沟通协商，采取在顾客处对零件轴径进行再加工的应急措施，所产生的费用由组织承担。

2）沟通的目的。使组织与顾客之间建立良好的联系，达到相互了解，相互信任，防止并及时解决可能出现的差错和误解。

3）沟通的管理。组织应建立一个沟通过程，并对沟通的方式、渠道、内容、要求、内部协调、结果的处理利用等进行适当的规定，形成文件并实施。

（2）产品和服务要求的确定

在确定向顾客提供的产品和服务的要求时，组织应确保：

1）产品和服务的要求得到规定，包括适用的法律法规要求以及组织认为的必要要求。这里确定的产品和服务要求是设计和开发输入、产品和服务提供输入的主要内容，其准确性、合理性和可实现性将直接影响后续的最终产品和服务。

确定产品和服务的要求的方法有：

① 市场调查。

② 查阅法律法规文件。

③ 合同评审。

④ 与客户的沟通交流。

⑤ 对自身能力的评估，等等。

2）组织能够满足其所声称的产品和服务的要求。如承诺顾客购买后7天内无条件退货，那组织就要满足这一要求。

（3）产品和服务要求的评审

1）评审的目的。评审的目的是确保组织在向顾客做出提供产品和服务的承诺之前，准确理解和确定产品和服务的要求，并且确保组织有足够的能力实现这些要求。

2）评审的时机。在向顾客做出提供产品和服务的承诺之前进行，如在投标、接收合同或订单、接收合同或订单的修改以及广告公开发布之前进行。

3）评审的内容。评审的内容包括：

① 顾客明确规定的要求。既有产品和服务本身的要求（如功能、性能、可靠性、外观、价格、数量等），也包括交付的要求（如交付方式、交货期、包装等），以及交付后活动的要求（如三包、培训、售后服务等）。

顾客明确规定的要求可以是书面的，也可以是非书面的。书面的如招标书、合同、订单等；非书面的如口头、电话订购。非书面的要求一般应转化为书面的形式加以体现。

② 顾客没有明确规定，但预期或规定用途所必要的要求。这类要求也称"通常隐含的要求"，是指组织、顾客和其他相关方的惯例或一般作法。这类需求或期望一般来说是不言而喻的。如餐饮服务应考虑等候时间等。

③ 组织自己确定的附加要求，如组织在说明书、合同等文件中明确的责任义务，这些责任义务不是法律强制规定的。如组织承诺对抽油烟机中的电动机进行10年保修。

④ 与产品和服务有关的法律法规的要求，如产品的安全性、食品的卫生要求等。

⑤ 与以前表述存在差异的合同或订单的要求。在与顾客的多次洽谈中，顾客的要求可能表述得不一致。

4）评审的要求。评审的要求包括：

① 确保与以前表述不一致的合同或订单要求得到解决。在与顾客的多次洽谈中，顾客的要求可能表述得不一致，通过评审，确保表述不一致的条款已得到解决。如在签订通过招投标所确定的项目的合同之前，要对以往投标书上发生了变化的内容进行及时评审与调整。

② 如果顾客没有提供书面的要求，组织应确保在接受顾客的要求前对顾客的要求进行确认。也就是说，对顾客口头订单或要求的评审方式是对其进行确认。例如：组织在接受电话订单时，可以采取在电话洽谈时复述客户要求、请其确认的方式评审，并做好记录；客运站售票员在出票之前向旅客口头核实时间、地点、等级等，得到顾客的确认后才可以出票；餐厅的服务员在顾客点完菜并将其记录在点菜单上后，再向顾客复述记录下的菜品，得到顾客的确认后下单。

③ 评审的结果以及任何针对产品和服务的新要求应形成文件信息并保留。评审活动可能存在两种结果，一是没有出现什么分歧，通过了评审，就可以签订合同、协议等，做出提供产品和服务的承诺；另一种情况是评审中发现分歧意见，这些分歧是如何解决的，采取了哪些措施，其结果如何，应提供必要的记录。评审的记录可以比较简单，如对一些简单清晰的订单，在能够履行的订单上作注释，加上授权评审人的签名和评审日期就可以了。如果需要进行较为复杂的评审，组织可以自己制定专门的评审记录单，通常至少应包括与评审相关的主要细节。

④ 组织应确保产品和服务的要求被正确、完整地传达给有关的职能部门。

5）评审的方式。多种多样，如传递会签评审、会议评审、审查批准等，视公司具体情况而定。对于大批量的常规产品，可以委托一般销售人员进行产品型号、规格、数量、交货期的评审；如果是非常规产品，如客户有特殊要求的产品，组织就需要根据客户的特殊要求，组织相关人员进行评审。

（4）产品和服务要求更改的控制

组织要对变更的部分进行评审，以确保变更后组织有能力满足要求。要确保相关文件信息及时修改，相关人员知道变化的内容，以便按照新的产品和服务要求进行设计、生产及交付。

产品和服务要求变更时的处理要注意：

① 顾客提出更改时，组织宜请顾客出具书面凭证。

② 组织提出更改时，应根据需要通知顾客，得到顾客确认（如签字确认）后执行。对已实现的部分产品，应与客户协商，妥善处理。

2.7.3 产品和服务的设计和开发（标准条款：8.3）

1. 标准条文

> **8.3 产品和服务的设计和开发**
>
> **8.3.1 总则**
>
> 组织应建立、实施和保持适当的设计和开发过程，以确保后续的产品和服务的提供。
>
> **8.3.2 设计和开发策划**
>
> 在确定设计和开发的各个阶段和控制时，组织应考虑：
>
> a）设计和开发活动的性质、持续时间和复杂程度；
>
> b）所需的过程阶段，包括适用的设计和开发评审；
>
> c）所需的设计和开发验证、确认活动；
>
> d）设计和开发过程涉及的职责和权限；
>
> e）产品和服务的设计和开发所需的内部、外部资源；
>
> f）设计和开发过程参与人员之间接口的控制需求；
>
> g）顾客及使用者参与设计和开发过程的需求；
>
> h）对后续产品和服务提供的要求；
>
> i）顾客和其他有关相关方所期望的对设计和开发过程的控制水平；
>
> j）证实已经满足设计和开发要求所需的成文信息。
>
> **8.3.3 设计和开发输入**
>
> 组织应针对所设计和开发的具体类型的产品和服务，确定必需的要求。组织应考虑：
>
> a）功能和性能要求；
>
> b）来源于以前类似设计和开发活动的信息；
>
> c）法律法规要求；
>
> d）组织承诺实施的标准或行业规范；
>
> e）由产品和服务性质所导致的潜在的失效后果。
>
> 针对设计和开发的目的，输入应是充分和适宜的，且应完整、清楚。

相互矛盾的设计和开发输入应得到解决。

组织应保留有关设计和开发输入的成文信息。

8.3.4 设计和开发控制

组织应对设计和开发过程进行控制，以确保：

a）规定拟获得的结果；

b）实施评审活动，以评价设计和开发的结果满足要求的能力；

c）实施验证活动，以确保设计和开发输出满足输入的要求；

d）实施确认活动，以确保形成的产品和服务能够满足规定的使用要求或预期用途；

e）针对评审、验证和确认过程中确定的问题采取必要措施；

f）保留这些活动的成文信息。

注：设计和开发的评审、验证和确认具有不同目的。根据组织的产品和服务的具体情况，可以单独或以任意组合的方式进行。

8.3.5 设计和开发输出

组织应确保设计和开发输出：

a）满足输入的要求；

b）满足后续产品和服务提供过程的需要；

c）包括或引用监视和测量的要求，适当时，包括接收准则；

d）规定产品和服务的特性，这些特性对于预期目的、安全和正常提供是必需的。

组织应保留有关设计和开发输出的成文信息。

8.3.6 设计和开发更改

组织应对产品和服务在设计和开发期间以及后续所做的更改进行适当的识别、评审和控制，以确保这些更改对满足要求不会产生不利影响。

组织应保留下列方面的成文信息：

a）设计和开发更改；

b）评审的结果；

c）更改的授权；

d）为防止不利影响而采取的措施。

2. 理解要点

（1）产品和服务的设计和开发说明

1）"设计和开发"是指"将对客体的要求转换为对其更详细的要求的一组过程"。客体是指"可感知或可想象到的任何事物"，可以是产品、服务、过程、人员、组织、体系、资源等。设计和开发的性质可用修饰词表述，如产品设计和开发，或过程设计和开发。

2）如果产品和服务的详细要求没有被确定或未被顾客或其他相关方规定，而后续的生产和服务提供过程又需要这些产品和服务的详细要求时，组织就应该建立和实施产品和服务的设计和开发过程,将顾客的要求或/和其他相关方的要求转化为可供生产和服务提供过程使用的产品和服务的详细要求。

(2)设计和开发策划

1)设计和开发策划应考虑的事项。

① 确定设计和开发过程的阶段、周期。

根据产品类型、复杂程度、开发方式,明确设计和开发的阶段、周期。

硬件产品的设计和开发阶段一般包括决策阶段、设计阶段、试制阶段、投产鉴定阶段、持续改进阶段。

企业应制定产品和服务的设计和开发的程序,对各阶段的工作内容和要求做出规定。一个企业之内,不同的产品和服务、不同的设计和不同的生产类型,可以而且应该采用不同的工作程序。但是,必须强调,一个企业任何一种新产品的开发设计和老产品的改进设计,都必须首先规定明确的工作程序。这样做的目的是为了制订产品设计和开发计划和加强产品开发设计和开发过程的质量管理,防止工作中的随意性,保证开发设计工作的质量。

② 确定在适当的阶段进行必要的设计和开发评审。

③ 确定在适当的阶段开展设计和开发验证、确认。

根据产品和组织的具体情况,设计和开发评审、验证和确认可以单独或任意组合的形式进行。

④ 确定设计和开发过程中的职责和权限。

明确设计和开发过程中各项活动的职责和权限,并采取措施让参与设计开发的有关部门、人员都了解他们在整个设计和开发工作中的职责和权限。

⑤ 确定设计和开发过程所需的内、外部资源。

⑥ 参与人员之间的接口控制。

设计和开发工作涉及很多人员、部门,应对这些人员、部门的接口进行管理,使得这些人员、部门能够有效沟通和联络。

接口通常包括职责、权限关系的接口和相互间传递的信息的接口及其运行关系。

接口的管理包括明确职责、确定沟通的方式和要求等。

⑦ 顾客或用户参与设计和开发过程的需求。顾客或用户参与设计和开发,有利于提高产品和服务的质量,组织在有条件的情况下,应尽量让顾客或用户参与到设计和开发过程中来,要明确参与的方式和程度。

⑧ 后续生产和服务提供的要求。设计和开发时要考虑如何满足后续生产和服务提供的要求。如在设计评审时,评审的内容中增加可制造性(DFM)/可装配性(DFA)方面的内容。

⑨ 顾客和其他相关方对设计和开发过程所期望的控制水平。如有些顾客要求设计确认必须有其参加，必须进行小批量试制并送给其样品供其批准。

⑩ 要明确设计和开发过程中应形成的文件信息，以证实设计和开发过程符合相应的要求。如所有设计和开发的评审、验证、确认活动，均要求做好必要的记录。

2）设计和开发策划的输出。

设计和开发策划的输出一般应形成文件，也可以是其他形式，如小型组织或简单产品策划的输出可能是一个样品。文件可以是设计和开发计划、课题计划、科研大纲等。最简单的可以是一张表格或一个指令。

随着设计和开发的进展，对设计策划输出中的不适宜内容应适时修改。

（3）设计和开发输入

1）确定设计和开发输入的意义。

为设计和开发活动提供必需的信息。组织正确地确定设计和开发输入是保证设计和开发质量的必要前提，也是评审、验证、确认设计和开发输出的依据。设计和开发的输入信息主要来自于 ISO 9001 标准之 8.2 条款"产品和服务的要求"。

2）设计和开发输入的内容。

组织应确定拟设计和开发的特定类型产品和服务的基本要求，这些要求可包括：

① 产品和服务的功能和性能要求。功能是产品在使用条件下的作用，如电冰箱的功能是冷冻和冷藏物品。性能是产品达到功能应具有的特性，如冰箱的制冷效果与效率是其性能的表现。不同冰箱的功能是相同或相近的，但其性能可能是千差万别的。

② 过去类似设计的有关信息。

③ 适用的法律和法规的要求。特别是涉及产品正常使用及与产品有关的健康、安全和环境等方面的要求。例如生产汽车的组织，必须考虑到该汽车所使用国家或地区环境法规和环境标准中关于汽车尾气排放的要求。

④ 组织承诺实施的标准和行业规范。有些标准和行业规范不是国家强制性规定的，但企业为了超越顾客的期望，愿意遵守这些标准和行业规范。这些标准和行业规范也就成了设计输入的一部分。

⑤ 因产品和服务的性质可能导致的潜在失效后果。将因产品和服务的性质可能导致的潜在失效后果作为设计和开发的输入，可以提醒设计者在设计和开发过程中引入避免这些失效后果的措施。

3）设计和开发输入的体现形式。

应将设计和开发输入形成文件信息并保留。设计输入通常以"产品要求说明书"或"设计和开发任务书"的形式体现。

4) 设计和开发的输入的要求。

设计和开发的输入应充分满足设计和开发的目的,应完整、清楚,并且不能自相矛盾。为了达到这些要求,应对设计和开发的输入进行评审。评审中应特别注意那些不完整的、含糊或矛盾的要求,应与提出者一起澄清和解决。评审的方法可以根据组织的情况和产品的特点不同而有所不同,可以通过会议,也可以是校对、审核、批准等。

(4) 设计和开发的控制

1) 设计和开发控制的要求。对设计和开发进行控制,以确保:

① 拟获得的结果得到明确规定。

② 按策划的要求进行设计和开发的评审,以评价设计和开发结果满足要求的能力。

③ 开展设计和开发验证,以确保设计和开发输出满足设计和开发输入的要求。

④ 开展设计和开发确认,以确保所获得的产品和服务能够满足规定用途或预期用途的要求。

⑤ 对评审、验证和确认活动中所确定的问题采取必要的措施。

⑥ 保留上述活动的形成文件的信息。

2) 设计和开发评审。"评审"是"对客体实现所规定目标的适宜性、充分性或有效性的确定"。评审也可包括确定效率。设计和开发的评审是指为了确保设计和开发结果的适宜性(设计和开发结果对企业内外部资源的适宜性)、充分性(设计和开发结果满足设计输入要求的充分性)、有效性(设计和开发结果达到设计目标的程度)以达到规定的目标所进行的系统的活动。

① 设计评审的目的:

a) 对设计和开发结果满足设计和开发输入要求的能力做出评价。设计和开发的结果满足要求的能力不仅仅是指设计活动满足要求的能力,还包括与设计和开发结果有关的其他活动的能力(如实现该设计和开发结果的生产能力、设备能力、监测能力等)。通过设计和开发的评审来评价组织是否有能力使设计和开发的结果满足要求。

b) 识别和发现设计和开发中的问题和不足,并提出解决措施。通过设计和开发的评审来识别可能存在的任何导致设计和开发的结果不能满足要求的问题,并提出必要的措施加以解决。

② 设计评审的对象。设计评审的对象是阶段性的设计和开发结果,也包括与该结果相关的内容,通常为文件形式。

③ 设计评审的时机及内容:

a）设计评审可以在设计过程的任何阶段进行，通常在已取得阶段性的结果之后，也可在总的设计和开发活动完成时。一般有方案设计评审（见附3.5.3中的表附3-5）、样机鉴定评审（与设计和开发确认一起进行，见附3.5.3中的表附3-6）、产品定型鉴定评审（与设计和开发确认一起进行，见附3.5.3中的表附3-7）等。

b）组织应在设计和开发策划的输出文件中规定在什么阶段进行设计评审。

c）评审的次数应视具体的产品而定。如对简单产品或服务，一次评审可能就足够了，对大型复杂项目可能进行多次分级分阶段的评审。

d）设计评审的内容因产品的类别不同、评审的阶段不同而不同。组织应对设计评审的内容做出专门的规定或在设计和开发的策划中规定。

④ 参与评审的人员。参与评审的人员应包括与所评审的设计和开发阶段有关的职能部门的代表。包括开发人员、营销人员、产品制造及提供服务的人员，必要时，邀请客户、供应商代表参加。组织应对参加设计评审人员的职责做出规定。

⑤ 设计和开发评审的形式。评审的形式可以根据具体情况而定，可以是会议、会审、分级审查、同行评审等。简单的项目请一个有能力的人评审就可以了，对于复杂的大型功能过程设计可能需要组织一个专家团队进行会审。

⑥ 设计和开发评审的要求：

a）按设计和开发策划的计划安排进行。

b）必要时，考虑在计划外的适当阶段进行评审。

c）应将评审的结果及任何必要的措施记录下来。

3）设计和开发验证。验证是指"通过提供客观证据对规定要求已得到满足的认定"。验证所需的客观证据可以是检验结果或其他形式的测定结果，例如：变换方法进行计算或评审文件。

设计和开发验证是指：通过一定的方法取得客观证据，确定设计和开发输入所给出的规定要求已得到满足。

① 设计和开发验证的目的。设计验证的目的是通过认定和提供客观证据，证明设计输出是否满足设计输入的要求。

② 验证的对象。验证的对象是设计和开发过程中的结果，可以是图样、文件、样机、样件。

③ 设计和开发验证的时机。在设计的适当阶段进行，通常应在设计和开发的结果输出之前进行验证活动。组织应在设计和开发策划的输出文件中规定在什么阶段进行设计和开发验证，由谁进行验证。

④ 设计和开发验证的方法。组织应对设计和开发验证的方法做出专门的规定

或在设计和开发的策划中规定。验证的方法包括下述方法的一种或几种的组合：

a）设计输出文件发布前的校对、审核，或对设计输出全套文件包括产品零件图、装配图、材料定额表等的全部输出文件的评审。在这种情况下，设计评审和设计验证可以一起进行。

b）试验和演示，包括模拟试验、型式试验、模型试验等。电子、机械产品的设计验证一般采取产品型式试验的方式进行，通过试验结果证实设计输出满足设计输入的要求。

c）用其他的方法来计算。如设计师用查表法进行齿轮强度计算，而校对人员用公式进行验算。

d）将新设计的结果与已证实的类似设计结果进行比较。

组织应根据产品的具体情况对验证方法做出规定（8.3.2 条款中策划的安排）并实施。如在零件图、装配图阶段采用计算的方法，在样机阶段采用试验证实的方法等。

⑤ 验证的人员。通常由设计和开发人员来完成验证，有时可能会有其他辅助人员参加。

⑥ 设计和开发验证的要求：

a）按设计和开发策划的计划安排进行。

b）应将验证的结果及任何必要的措施记录下来。如设计验证要求改进产品结构，那么就应该将这一措施记录下来，并在后续工作中落实。

4）设计和开发确认。"确认"是指"通过提供客观证据对特定的预期用途或应用要求已得到满足的认定"。确认所需的客观证据可以是试验结果或其他形式的确定结果，如变换方法进行计算或文件评审。确认所使用的条件可以是实际的或是模拟的。

设计和开发确认是通过某些手段获取证据，对产品能够满足特定用途或最终使用要求的一种认定。

① 设计和开发确认的目的。通过检查和提供客观证据，确保产品能够满足预期的或规定的使用要求。使用要求包括已知的顾客和最终用户要求，或者当用于实际情况时是否满足了顾客和最终用户的要求。设计确认的关注点是设计的最终结果能否符合使用要求。

② 确认的对象。通常是最终产品，也可能是过程中的产品，也可能是模拟的样品、样件等。

③ 确认的时机及要求：

a）一般情况下应是在具有一定的使用功能的条件下或在设计开发完成后、批量产品投产或服务正式提供之前进行。

b）如果对设计和开发的确认在交付或实施之前进行是不可行时，也可以采取在适当阶段进行局部的确认，而后再进行总体确认，如发电机组可以先对部分组件进行确认，待正式安装完成后再整体确认。

c）针对所确定的预期或规定的使用要求进行有针对性的确认。

d）设计和开发确认通常是在规定的实际使用条件下进行，但有时只能在模拟的使用条件下进行。如一辆汽车的最高和最低的设计环境温度的极限性能，往往就无法或很难在真实的环境中确认。对于这种产品的设计确认可能就需要采取类似模拟条件确认。

e）在某些情况下，只能通过在产品的最初使用阶段对其进行观察的方式进行设计和开发确认。

确认的时机通常会在产品的设计和开发策划阶段予以规定。

④ 确认的参加人员。包括设计和开发人员，营销人员，不一定必须有顾客参加（如自行设计的产品），但必须明确产品的规定用途或已知的预期用途。如顾客有要求则应有顾客参与。

⑤ 确认的方法。组织应对设计和开发确认的方法做出专门的规定或在设计和开发的策划中规定。

确认的方法有下面几种，组织根据具体情况进行选择：

a）用户试用/确认。

b）产品的型式试验、产品的定型鉴定。

c）送国家认可的机构进行检测。

d）模型和模拟试验。

e）用户参加的评审（如审批方案设计、会审设计图样等）。

⑥ 设计和开发确认的要求：

a）按设计和开发策划的计划安排进行。

b）应将确认的结果及任何必要的措施记录下来。

5）设计和开发评审、验证、确认的区别与联系。从上面的论述中，不难发现设计和开发评审、验证、确认是有区别的（目的、对象、时机、方法均有区别），但必须指出的是，它们之间有关联，甚至有重叠。表2-5总结了设计和开发评审、验证、确认的区别，图2-4表明了设计和开发评审、验证、确认的关系。

根据产品、服务和组织的具体情况，设计和开发评审、验证和确认可以单独或任意组合的形式进行。

表 2-5　设计和开发评审、验证、确认的区别

	设计和开发评审	设计和开发验证	设计和开发确认
目的	评价设计结果（包括阶段结果）满足要求的能力	证实设计输出（包括阶段输出）满足设计输入的要求	证实产品/服务满足特定的预期用途或使用要求
对象	阶段的设计结果	设计输出文件、图样、样品等	通常是向顾客提供的产品/服务
时机	在设计适当阶段	设计输出（包括阶段）前	只要可行，应在产品交付或产品和服务实施之前
方法	会议评审和（或）设计文件传递评审	与成功的类似设计比较；采用可替代的计算方法证实计算结果正确性；对照类似产品进行评价；试验、模拟或试用；设计开发输出放行前审批	模拟使用条件运作予以证实和（或）用户使用认定；鉴定会
实施人员	与该设计阶段有关职能的代表	通常是设计和开发人员，也可以请顾客参加	可行时要有顾客或其代表参加
记录	评审结果及评审后的措施	验证结果及必要的措施	确认结果及必要的措施

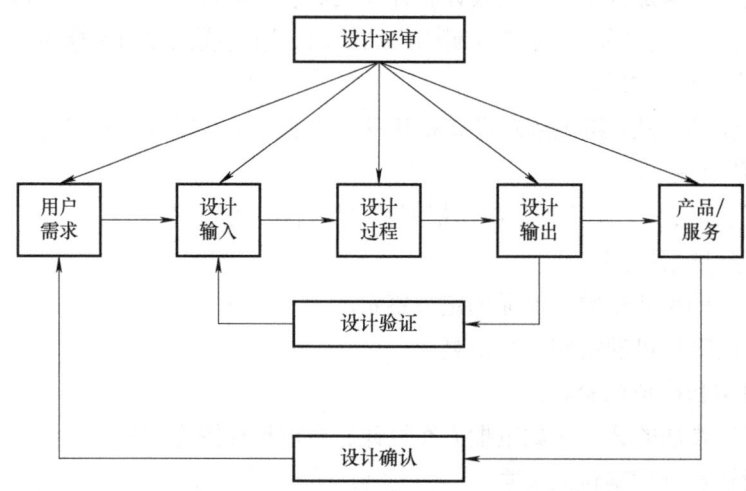

图 2-4　设计和开发评审、验证、确认关系简图

（5）设计和开发的输出

1）设计和开发输出的形式。

设计和开发的输出应以能够针对设计和开发的输入进行验证的方式形成文件。

设计和开发输出的形式多种多样，硬件制造业通常包括图样、技术要求、计算书、说明书、采购清单、验收标准、样机等；流程性材料通常包括产品配料、配比方案、技术要求等；服务项目通常包括服务过程规范、服务项目方案、服务

大纲等。设计和开发输出的形式应考虑下一步的使用者。组织应根据产品特点，对设计和开发输出的形式做出专门规定或在设计和开发的策划中规定。

2）设计和开发输出文件的完整性。

若设计和开发是分阶段进行的，其设计和开发的输出也是阶段性的。上一阶段设计和开发的输出是下一阶段设计和开发的输入。每一个阶段输出文件的多与少，视产品的特点而定。

组织应根据产品的特点，对产品图样及设计文件（含工艺文件）的完整性做出规定。

3）设计和开发输出的要求。

设计和开发的输出应满足以下要求：

① 满足设计和开发输入的各项要求（即设计和开发输入的每项要求均已实施并有结果，且结果与要求可以比较和分析。可以提供设计和开发输入和设计和开发输出对照表）。

② 能够充分地满足后续的产品和服务提供过程的需要。设计和开发输出的内容可以包括用于采购、生产、安装、检验和服务方面的要求，如原材料、零配件清单及采购规范等，生产用图样、工艺文件，服务用的产品使用说明书、安装维修手册等，其中包括产品防护方面的具体要求，如对于电子元器件的防静电的具体要求、包装规范、储存要求等。

③ 应包含或引用监视和测量方面的要求，适用时，包含接收准则。如产品的检验标准、服务验收规范。

④ 规定对于产品和服务的预期目的及其安全和正常使用（提供）所必要的产品和服务的特性。如操作、贮存、维护、搬运、处置等方面特性。最好用醒目的方式将那些对产品正常使用至关重要的特性和对产品安全性有影响的安全特性标识出来。如机电产品，在图样上用分级标志将重要质量特性标识出来；药品使用说明书中，对药品的禁忌作醒目的说明。

（6）设计和开发更改

1）引起设计和开发更改的原因。一般来说，设计和开发的更改可能由"8.2 产品和服务的要求"的变更引发、可能由法规中新增或更改了要求引发、可能由市场需要改进产品要求引发；也可能是因为设计开发结果有错误或制造过程有变化等引发。例如：

① 在后续阶段发现了前一阶段发生的遗漏或错误。

② 所设计的产品难以制造、检验、维护等。

③ 应供应商、组织内部、客户的要求进行改进。

④ 产品的功能或性能需改进。

⑤ 有关健康、安全、使用方面的法规要求发生了变化。
⑥ 设计评审、验证、确认后，就存在的问题进行改进。
⑦ 纠正措施要求改进，等等。

2) 设计和开发更改的控制。

① 识别。设计和开发的更改通常是针对已完成的设计和开发的输出进行，也可能针对设计和开发某阶段的输出进行，这种阶段性的输出应该是已经过评审和批准的。组织需要根据实际准确识别设计和开发的更改。

② 控制。适当时，对设计更改实施评审、验证和确认活动。应根据产品特点、更改类型、复杂程度及内容、更改影响大小等，决定采取哪些活动。如简单的更改，可能不需要评审、验证和确认三种活动都有。

③ 影响的评审。对设计和开发更改的评审不但应包括更改部分是否满足相关的设计和开发要求，还应该评审更改对产品其他组成部分的影响和对已交付产品的影响。如对设备中某一部件尺寸的更改，将会导致与之配合的其他部件尺寸的更改，以至于影响到设备性能的改变；同时也可能会影响到已交付的同型号设备对这一部件的互换性。更改的影响可能会涉及合同、工艺、采购、售后服务，评审时应予以注意。

④ 批准：更改经批准后才能实施。

⑤ 记录：应保持与设计和开发的更改相关的记录。记录中包括更改的原因、更改的内容、更改的评审、采取的预防不利影响的措施、更改的批准人等。

2.7.4 外部提供的过程、产品和服务的控制（标准条款：8.4）

1. **标准条文**

> **8.4 外部提供的过程、产品和服务的控制**
>
> **8.4.1 总则**
>
> 组织应确保外部提供的过程、产品和服务符合要求。
>
> 在下列情况下，组织应确定对外部提供的过程、产品和服务实施的控制：
>
> a）外部供方的产品和服务将构成组织自身的产品和服务的一部分；
>
> b）外部供方代表组织直接将产品和服务提供给顾客；
>
> c）组织决定由外部供方提供过程或部分过程。
>
> 组织应基于外部供方按照要求提供过程、产品或服务的能力，确定并实施对外部供方的评价、选择、绩效监视以及再评价的准则。对于这些活动和由评价引发的任何必要的措施，组织应保留成文信息。
>
> **8.4.2 控制类型和程度**
>
> 组织应确保外部提供的过程、产品和服务不会对组织稳定地向顾客交付合格产品和服务

的能力产生不利影响。

组织应:

a）确保外部提供的过程保持在其质量管理体系的控制之中；

b）规定对外部供方的控制及其输出结果的控制；

c）考虑：

1）外部提供的过程、产品和服务对组织稳定地满足顾客要求和适用的法律法规要求的能力的潜在影响；

2）由外部供方实施控制的有效性；

d）确定必要的验证或其他活动，以确保外部提供的过程、产品和服务满足要求。

8.4.3 提供给外部供方的信息

组织应确保在与外部供方沟通之前所确定的要求是充分和适宜的。

组织应与外部供方沟通以下要求：

a）需提供的过程、产品和服务；

b）对下列内容的批准：

1）产品和服务；

2）方法、过程和设备；

3）产品和服务的放行；

c）能力，包括所要求的人员资格；

d）外部供方与组织的互动；

e）组织使用的外部供方绩效的控制和监视；

f）组织或其顾客拟在外部供方现场实施的验证或确认活动。

2. 理解要点

（1）外部提供过程、产品和服务的内涵

外部提供过程、产品和服务的内涵包括：

1）外部提供的产品和服务构成组织自己的产品和服务的一部分。此种情况对组织而言，一般称作外购和外协。外购的产品一般都是供应商按照国家、部委或其企业标准生产的。外协的产品一般是供应商按照采购企业技术要求进行定制生产的。

2）外部供应商代表组织直接提供产品和服务给顾客。此种情况对组织而言，一般称作转包。转包不能免除组织向顾客提供合格产品和服务的责任。

3）过程或部分过程由外部供应商提供。此种情况对组织而言，一般称作外包。如零件的电镀外包、委托设计院进行产品设计、委托货运公司交付产品等。

以下叙述中，为方便起见，将"外部提供的过程、产品和服务"统一称为"外部供应"，将外部供应单位统一称为"供应商"。

（2）外部供应的管理

1）外部供应管理的内容。外部供应管理的主要内容包括：

① 组织应针对不同的外部供应确定不同的控制类型和程度。

② 组织应建立对外部供应进行评价、选择、绩效监视以及再评价的准则并实施。组织应保留对外部供应进行评价、选择、绩效监视以及再评价的记录。

③ 组织应对外部供应确定并采取必要的验证活动，以确定外部供应满足组织的要求。

2）外部供应的分类及其控制类型和程度。

① 供应商分类。影响供应商分类的因素很多，一般可根据企业获得零部件的难易程度，以及零部件对企业产品的重要程度来分类。不过多考虑一些影响分类的因素，可以使供应商分类更合理。

② 对外部供应的控制类型和程度。为了确保外部供应不会影响组织向顾客持续提供合格产品和服务的能力，组织的质量管理体系应包括对外部供应的过程进行控制的内容，要制定对外部供应进行控制的文件并实施，要对外部供应进行验证。

对外部供应可以实施分类分级差异性控制，用什么方法控制、控制到什么程度，由下列因素决定：

a）外部供应对组织持续地提供满足顾客要求和适用法律法规要求的能力的潜在影响。

b）供应商自身控制的有效性。

对于一些对最终产品或过程有重要影响的，或价值较高的材料、零部件，或重要的外包的过程，或管理水平较差的供应商的控制应适当从严。

对重要物资供应商，在选择评定时，一般要进行书面调查、现场能力评估、样品测试、小批量试用。而对一般物资供应商，则只需进行书面调查、样品测试即可。

对重要物资，可能要求供应商随发运的货物提交质量检验证明，而对一般物资，无此需要。

对重要物资，可能要求供应商应进行 100％检查，而一般物资只需进行批次抽检。

在进料的抽样检查方案中，重要物资的接收质量限——AQL 值小一些，一般物资的接收质量限——AQL 值大一些。

外购零件的质量发生波动时，进货检验可能要增加抽样量；外购零件质量稳定时，其控制方式可能改变，抽样的频次和范围可能减少，等等。

3）供应商的评价与选择。组织应对供应商满足组织要求的能力进行评价，根据评价结果，选择合格供应商。组织应建立评价、选择的准则和程序并实施。

4）供应商的重新评价。

组织应建立对供应商进行重新评价的准则。当供应商供货中出现异常或供应商的质量管理体系发生较大的变更时,需要对其进行重新评价。

① 当供应商的企业组织结构和质量管理体系发生重大变化而有可能调整了生产结构或有可能涉及提供产品的质量和交货时,应根据评价准则对供应商进行重新评价。

② 当由于供应商的供货发生连续多次不合格而退货或因供应商提供的产品质量问题而严重影响组织向顾客提供的产品质量时,组织应对供应商进行重新评价。

③ 当供应商被撤销合格供应商资格,经过整改而要求重新供货时,应对其进行重新评价。

5)供应商绩效监视与评价。

① 供应商绩效监视与评价的主要指标。供应商绩效监视与评价指标主要有供应商提供产品的质量、服务的质量、满足企业订货的情况、及时交付产品的情况等。表2-6是一企业的供应商绩效监视与评价表。

表2-6 供应商绩效监视与评价表

供应商名称			联系人	
地址及邮编			电话	
项目	配分	考核内容及方法	得分	考核人
价格	最高分为40分 标准分为20分	根据市场最低价、最高价、平均值自行估价,制定一标准价格,标准价格对应分数为20分。每高于标准价格1%,扣标准分2分;每低于标准价格1%,在标准分基础上加2分。同一供应商供应几种物料,得分按平均分计		
质量	30分	以交货批退率考核 批退率=退货批数/交货总批数 得分=30分×(1-批退率)		
逾期率	20分	逾期率=逾期批数/交货批数 得分=20分×(1-逾期率) 另外,逾期一天,加扣1分;逾期造成停工待料1次,加扣2分		
配合度	10分	出现问题,不太配合解决,每次扣1分;在公司会议上正式批评或抱怨1次,扣1分;客户批评或抱怨1次,扣1分		
总计				

注:1. 得分在85~100分之间者为A级,A级为优秀供应商,可加大采购量。

2. 得分在70~84分之间者为B级,B级为合格供应商,可正常采购。

3. 得分在60~69分之间者为C级,C级为辅助供应商,需进行辅助,减量采购或暂停采购。

4. 得分在59分以下者为D级,D级为不合格供应商,应予以淘汰。

② 供应商绩效评价频次。供应商业绩评价的频次由企业根据实际情况而定，一般包括月度评价、季度评价和年度评价。

③ 供应商绩效评价结果与供应商动态管理。根据供应商的最后得分，评定出供应商的级别，并根据级别对供应商进行动态管理，以奖优汰劣、推动供应商不断提高产品质量和服务质量。

供应商的动态管理应以供应商业绩评定等级为依据，对不同等级的供应商采取不同的奖惩措施，这样才能达到动态管理、优化供应商的目的。

6）对外部供应的验证。

"验证"是指"通过提供客观证据对规定要求已得到满足的认定"。验证所需的客观证据可以是检验结果或其他形式的测定结果。组织对外部供应进行验证的目的是确保外部供应满足组织的要求。组织应对这些验证或其他必要的活动进行规定并实施。

① 验证的方式。根据外部供应的重要性，确定合适的验证方式和验证程度。验证方式一般有检查、检验、测量、观察、查验合格证明文件等。

对于一般办公用品的验证可以核对一下所订购的数量并做一些直观的外观检查就可以了；对于一些常规的产品且多年合作、产品信誉高的产品，可以直接验证供方提供的合格证或检验报告；对于一些重要零件与材料可以采取对产品全部或部分性能进行检验。

检验是指"对符合规定要求的确定"。显示合格的检验结果可用于验证的目的。检验的结果可表明合格、不合格或合格的程度。检验是验证方法之一。对于采购回来的物料一定要进行"验证"，但不一定要进行"检验"或"试验"。验证的方法有多种多样，如通过查验供应商提供的质量凭证决定是否接收，等等。

"免检"，又称"无试验检验"，并不意味着不进行"验证"，而是以供应商提供的合格质量凭证作为依据，决定接收与否。"免检"是"验证"的一种方式的通俗表达。

② 验证实施的主体与场所一般有：

a）由组织在组织的场所实施验证。

b）由顾客在组织的场所实施验证。

c）由组织在供应商的场所实施验证。

d）由顾客在供应商的场所实施验证。

对于 c）、d）（即组织或其顾客在供应商的场所进行验证），组织应在采购文件中规定验证的计划安排、放行方法等。

注意，不管顾客是否对供应商的产品进行验证，组织都必须始终保证从供应商处得到的产品和服务符合顾客的要求。

（3）提供给外部供应商的信息（采购信息）

1）信息的内容。信息的内容，适当时可包括：

① 需要外部供应商提供的产品、服务或过程的详细说明。如采购零部件时，应向供应商说明零部件名称、规格、型号、数量、交付方式、技术要求、索赔和解决争端的方法等。

② 对供应商的批准要求：

a）产品和服务批准的要求，如样品认可、汽车行业的 PPAP 生产件批准。

b）方法、过程和设备的批准要求。举例：涉及采购双方约定的应遵守的要求，如要求供应商的电镀、焊接工艺必须按指定的工艺守则进行并得到批准；要求供应商必须通过客户的过程审核或 ISO 9001 认证；为保证产品一致性或符合规定要求指定供应商使用哪些设备或设施。

c）产品和服务放行的批准要求。如规定在什么条件下才能放行产品和服务。

③ 对供应商人员的能力要求，包括必要的资格要求。如特殊工种的人员必须持证上岗，或加工某道工序的人员必须具备的某项技能要求等。对于重要的产品关键的工序，可明确具体的操作人员的名单。

④ 供应商与组织之间接口的要求。如要求供应商的 ERP 供货系统与组织的 ERP 订单系统对接；要求供应商用中文与组织交流。

⑤ 对供应商绩效的控制和监视要求。如要求供应商及时供货率应达到 95%（每季度考核一次）。

⑥ 组织或其顾客打算在供应商的场所进行验证或确认活动时，组织应将此信息传达给供应商。

传达给外部供应商的信息可能是上述内容的全部，也可能是其中的一部分，根据具体采购的对象决定。通常情况下，在采购硬件时要把所需要的物品或服务的所有相关要求都表述清楚，如产品名称及型号、数量以及需要交付的时间和地点等。

2）信息的形式。信息可以是书面的（如采购合同、订单、协议、图样等），也可以是口头的，也可以是实样。

信息是否需要形成文件，组织可以根据具体情况而定，对于采购产品对最终产品的影响程度较高、顾客有要求、产品有可追溯性要求的，应该形成文件。

3）信息发出前，应确保其充分性（即所提出的要求是全面的）和适宜性。

组织在向供应商传达信息之前，应该通过适当的方式对信息进行评审、批准，以保证信息的充分性和适宜性。

组织可以根据对外部供应的控制程度要求和信息的具体内容，确定审批的方式和执行人。对于一般性的采购可能就指定某人做一下核对就可以，对于一些重要的采购可能还需要有关方面进行核定后逐级审批。

2.7.5 生产和服务提供——生产和服务提供的控制（标准条款：8.5——8.5.1）

1. 标准条文

> **8.5 产品和服务提供**
> **8.5.1 生产和服务提供的控制**
> 组织应在受控条件下进行生产和服务提供。适用时，受控条件应包括：
> a）可获得成文信息，以规定以下内容：
> 1）拟生产的产品、提供的服务或进行的活动的特性；
> 2）拟获得的结果。
> b）可获得和使用适宜的监视和测量资源；
> c）在适当阶段实施监视和测量活动，以验证是否符合过程或输出的控制准则以及产品和服务的接收准则；
> d）为过程的运行使用适宜的基础设施，并保持适宜的环境；
> e）配备胜任的人员，包括所要求的资格；
> f）若输出结果不能由后续的监视或测量加以验证，应对生产和服务提供过程实现策划结果的能力进行确认，并定期再确认；
> g）采取措施防止人为错误；
> h）实施放行、交付和交付后的活动。

2. 理解要点

（1）生产和服务提供过程的识别和策划

1）组织的类型不同，其生产和服务提供的过程也不同。对于提供有形产品的组织，是指其产品加工、制造、安装、交付或包括交付后的过程；对于服务性的组织，是指其服务的实现、交付、及其后续服务过程；对于提供计算机软件的组织，是指其软件制作、交付、安装、配套和维护过程。

2）生产和服务提供的控制范围，不仅指对生产过程的控制，也包括对产品放行（包括内部各工序的放行）、交付（指交付给顾客）、交付后活动（包括售后服务等）的控制。

3）组织必须首先识别本组织的生产和服务提供的过程，并对这些过程进行策划。策划时应考虑过程中人、机、料、法、环的控制要求，对其中的关键过程和特殊过程的控制尤其要重点关注。策划确定的控制措施通常可以以工艺文件、操作指南、图样、生产计划、服务规范、服务质量标准以及作业指导书等来实现。具体采取哪些措施应与组织的产品和服务、组织的实际情况相适应。

生产和服务提供过程的策划的内容已包含在 ISO 9001 之 8.1 条款中。

（2）生产和服务提供的控制

组织应在受控条件下进行产品生产和服务提供。适用时，受控条件包括以下几方面。

1）要确保相关人员或部门及时获得形成文件的信息：

① 要确保相关人员或部门及时获得表述产品、服务或活动特征的形成文件的信息。产品、服务或活动特征的信息描述了产品、服务和活动的要求，生产和服务人员只有获得了这些信息才会明白自己应该做什么，应该达到什么要求。

应规定信息的来源、获得信息的途径。信息来源有：运行策划的输出（8.1）、设计和开发的输出（8.3.5）、产品和服务要求评审的输出（8.2.3）等。

图样、产品标准、工艺规程、作业指导书、服务规范、生产指令单等文件以及样板、图片、视频中包含产品、服务和活动特征的信息，应向生产和服务人员提供这些文件、图片、样板和视频。

② 要确保相关人员或部门及时获得表述结果的形成文件的信息。生产和服务人员必须获得表述产品和服务提供的结果的文件信息。这些信息的形式可以是程序、图样、规范、工艺文件、服务提供规范、作业指导书、视频等。

不是每种作业活动都必须有指导文件，这与作业的复杂性、所形成产品特征的重要性及人员的技能有关，但当缺少这些指导文件就可能影响产品或服务质量时，则必须保证编制并使用这些文件。

2）获得和使用适宜的监视和测量资源，对过程参数和产品特征进行监控。例如：配置一些工艺参数要求的温度表、压力表、温控仪或作为测量用的计算机硬件和软件；在一些服务行业，也可以使用红外线监控仪、摄像头等。

3）实施监视和测量活动以保证过程及其输出满足控制准则与产品和服务的接收准则。生产和服务过程的监视测量活动包括对产品特征、过程参数、作业人员、作业过程活动、工作环境等方面的监控。例如：按照工艺文件规定对热处理过程的温度、时间等参数进行监控，在检验工序对产品进行检查，等等。

4）为过程的运行提供适宜的基础设施和环境。基础设施和过程环境应能满足实现产品和服务特征及过程能力的要求，应对基础设施和过程环境进行有计划的维护、保养、维修，以使它们保持规定的运行能力。标准条款中"适宜"的含义指基础设施和过程环境的实际状态和各种参数能力满足过程要求的程度。

这里讲的设备和过程环境与 ISO 9001 标准 7.1.3 "基础设施"、7.1.4 "过程运行环境"有关联性也有一定的区别。关联性表现为，本条款要求是 ISO 9001 标准 7.1.3、7.1.4 条款的展开；区别体现在关注点上，ISO 9001 标准 7.1.3、7.1.4 条款是从设备和过程环境的配置和管理维护角度提出的要求，而这里讲的基础设施和过程环境的"适宜"是从设备和过程环境的功能、精度及运行状况角度提出的要求。

5) 提供有能力的人员，适用时，要对人员的资格提出要求。

6) 当过程的输出不能由后续的监视或测量加以验证时，应在这类过程正式运行前对其进行确认，并定期进行再确认，以确保这类过程有能力达到过程策划的结果。

这类过程一般称为"特殊过程"，在下面（3）中会详细讲解。

7) 实施措施防止人为错误。如采用防错技术，有了防错技术，即使想做错都很难。例如，某个插头，只能插进唯一的孔位，其他孔位都插不进。

8) 对产品和服务的放行、交付和交付后的活动进行控制：

① 产品放行指企业内部的产品转序、入库。应对产品放行进行控制，控制措施可能包括对放行和交付前的产品和服务进行检验。

② 交付是指组织与顾客交接产品的有关活动。应规定向顾客交付产品的方式，保质保量地按时向顾客提交产品。对交付中的各种中间环节（如托运、运输、装卸），应通过签订合同、投保等方式，明确保护产品的质量责任。

③ 交付后的活动通常以售后服务（如零配件的供应、培训、定期检修等）形式出现。应对售后服务的要求做出规定。

（3）特殊过程的控制

1) 特殊过程的含义。

过程的输出不能由后续的监视或测量加以验证的过程，称为"特殊过程"。特殊过程一般有下列几种情况：

① 过程的特征要在后续过程或使用时才能反映出来，如焊接有延迟裂缝现象。

② 过程的特征无法或不能经济地检测，或者只能破坏性检测，如地下室防水工程，冰箱制作中的灌浆过程。

③ 过程的结果不能通过后续的检验和试验测得，如灌注桩工程。

2) 常见的特殊过程。

常见的特殊过程有：焊接、铸造、注塑、粘合、铆接、表面防护处理（电镀、磷化、喷丸、油漆等）、热处理等。

3) 特殊过程确认的目的。

证实特殊过程的能力能够达到过程策划中预期的要求（如确定为需确认的特殊过程，则应给出该过程的能力）。

特殊过程只有通过确认，才能投入作业。

4) 特殊过程确认的管理。

适用时，特殊过程确认的管理可包括：

① 规定过程确认的准则。一般包括确认的方法、确认的时机、确认的内容（通

常涉及人、机、料、法、环、测等因素)、确认的人员、过程结果应达到的要求、在怎样的条件下才能确认通过等。

② 对设备进行认可，对人员进行资格鉴定。有些过程主要是靠设备起作用，就要重点对设备进行确认；有的主要是靠人来保证，就要对人予以重点确认；同时需要设备和人来保证的，就要对设备和人同时确认。

③ 要求特殊过程使用特定的方法和程序。如激光焊接，要严格按照激光焊接工艺守则的要求进行操作。

④ 过程的再确认。当特殊过程发生问题时或影响过程的因素发生变化时，应进行再确认。或定期对特殊过程进行再确认。在下列情况下，一般要进行再确认：

a）加工用的主要原材料改换时。
b）主要加工设备大修后。
c）加工用的工艺文件或作业指导书更改时。
d）产品特征更改时。
e）加工质量出现问题其原因已被消除时。
f）停工时间过长再开始加工前。

⑤ 记录的要求。应规定特殊过程运行需要什么记录。如设备认可记录、人员鉴定记录、过程确认记录、过程参数连续监视记录等。

5）特殊过程的日常管理。
① 由具备资格的人员去进行。
② 对过程参数进行必要的连续监视和控制。
③ 对影响过程质量的全部因素（人、机、料、法、环、测——5M1E）进行控制。

2.7.6 标识和可追溯性（标准条款：8.5.2）

1. 标准条文

> **8.5.2 标识和可追溯性**
> *需要时，组织应采用适当的方法识别输出，以确保产品和服务合格。*
> *组织应在生产和服务提供的整个过程中按照监视和测量要求识别输出状态。*
> *当有可追溯要求时，组织应控制输出的唯一性标识，且应保留所需的成文信息以实现可追溯。*

2. 理解要点

（1）标识的分类

标识是指识别过程输出的特征或状态的标志、标记或记录。过程输出是产品还是服务，取决于其主要特性，见标准第1章1.6.2节。

标识包括特征标识（包括在有可追溯性要求时的唯一性特征标识）与监视和测量状态标识：

1）特征标识：为了防止过程输出的混淆，导致混用或误用，对不同特征（如类型、材质、尺寸、形状、批次、生产厂家等）的过程输出加以区分时，采用适当的方法加以标识。这类标识称为"特征标识"。

标识的内容，因企业的类型、规模等不同会有所差异。例如：制造企业的产品名称、类别、规格、批号、日期号、工作令号、操作者代码等；商贸企业的商品名称、规格、产地、价格等；服务企业的服务人员身份标识、服务名称标识、服务编号标识、服务对象标识、服务设施标识、服务项目标识、设施指向标识、警示标识等。

标识的形式有很多，可以是标签、标牌、标记、钢印、条码、铭牌、流程卡、编号、区域、文件、证件、记录等。

2）监视和测量状态标识：表明过程输出处于什么监视和测量状态的标识，称为"监视和测量状态标识"。

监视和测量状态（检验状态）一般分为：待检、已检待判定、检验合格、检验不合格等。区分监视和测量状态，是为了防止不同状态的混淆，尤其要防止未经检验或不符合要求的产品被错误地放行或使用。

状态标识可采用标记、标签、印章、颜色（如红色箱只装不合格品）、流转卡、记录等形式，还可以划分存放地点，用不同区域表明不同的检验状态。有些行业不适合用标签之类表明其检验状态，而需采用记录的方式。如物业公司对小区卫生进行检查后，用记录表明其卫生状态。

（2）标识的区别

特征标识与监视和测量状态标识的区别见表2-7。

表2-7 特征标识与监视和测量状态标识的区别

比较项目	特征标识	监视和测量状态标识
目的	防止不同特征的过程输出（如产品）混淆，必要时可追溯	防止不同监视和测量状态的过程输出（如产品）混淆，防止误用不合格品
可变性	标识不发生改变，有可追溯性要求时要有唯一性标识	监视和测量状态变化，标识也相应变化
必要性	特征标识不是必需的，只在可能发生混淆和有可追溯性要求的情况下采用	只要有监视和测量活动，就必须有监视和测量状态标识

（3）标识的管理

最好编制一份文件，对特征标识、监视和测量状态标识的方法，以及标识的转移、记录、控制要求做出规定,并严格按规定实施。

(4)可追溯性的控制

1)可追溯性的定义。

可追溯性是指"追溯客体的历史、应用情况或所处位置的能力"。当考虑产品或服务时,可追溯性可涉及原材料和零部件的来源、加工的历史、产品或服务交付后的发送和所处位置。

2)可追溯性的管理。

① 明确可追溯性要求。

实现可追溯性可能会增加成本,但是出于合同要求、法规要求或组织自身质量控制的考虑,组织应明确规定需追溯的产品、追溯的起点和终点、追溯的范围与程度、标识及记录的方式。追溯程度可以是分段追溯或全过程追溯、单个追溯或批次追溯、组织追溯或人员追溯等。

② 采用唯一性标识。

为使产品具有可追溯性,应采用唯一性标识来识别产品的个体或批次。

③ 记录唯一性的标识。

通过记录可以了解到产品过程条件、人员状态等,一旦发现问题,可以迅速查明原因,采取相应措施。

为了实现可追溯性,标识应与原始凭证一致,如产品号、批号、序号、日期等,同时应对需追溯的情况做出相应记录。如食品厂追溯原材料的路线:成品生产批号——生产日期——原材料出库单——原材料入库单——原材料的台账——原材料的生产厂家。

④ 建立专门的控制系统。

一般由质量管理部门负责建立和实施可追溯性管理网络以实现对产品的可追溯性控制。

2.7.7　顾客或外部供方的财产(标准条款:8.5.3)

1. 标准条文

> **8.5.3　顾客或外部供方的财产**
> 组织应爱护在组织控制下或组织使用的顾客或外部供方的财产。
> 　对组织使用的或构成产品和服务一部分的顾客和外部供方财产,组织应予以识别、验证、保护和防护。
> 　若顾客或外部供方的财产发生丢失、损坏或发现不适用情况,组织应向顾客或外部供方报告,并保留所发生情况的成文信息。
> 　　注:顾客或外部供方的财产可能包括材料、零部件、工具和设备以及场所、知识产权和个人资料。

2. 理解要点

（1）顾客或外部供方的财产的定义

顾客或外部供方的财产是指顾客或外部供方所拥有的，为满足合同要求交由组织控制或提供给组织使用的产品、设施、财物、场所和信息资料等。

使用"顾客或外部供方"这个概念，表明这种产品的所有权属于顾客或外部供方，只是提供给组织使用或代为保管，而不是顾客或外部供方指定组织使用的产品。

（2）顾客或外部供方的财产的范围

1）顾客提供的原材料、零部件、包装材料。

2）顾客或外部供方提供的加工或监测设备、工艺装备、运输工具、软件。

3）顾客或外部供方的知识产权，包括顾客或外部供方提供的专利、商标使用权、图样、样品、技术规范等文件。

4）顾客的个人信息，如银行应对顾客的财产信息进行保管与保密。

5）代顾客提供的服务，如将顾客的财产运到第三方。

6）超级市场中顾客寄存的小包。

7）建筑业中，顾客提供的参与辅助施工的工人。

8）顾客或外部供方提供的用于维修、维护或升级的产品。

9）相片冲印业中，顾客提供给冲印店的 U 盘。

10）服务提供过程中涉及顾客的场所、环境，如家用电器的上门维修时涉及顾客房屋、环境的爱护。

11）物业管理中业主委托保管的车辆，等等。

（3）顾客或外部供方的财产的管理

1）识别顾客或外部供方的财产。要充分识别在组织的产品和服务提供过程中涉及顾客或外部供方的财产，并告知组织的相关部门。

2）签订合同，明确责任。必要时，就顾客或外部供方财产，组织应与顾客或外部供方之间签订明确的合同协议，以明确双方的责任。

3）专门标识，防止误用。组织最好对顾客或外部供方的财产进行必要的专门标识，以防止误用或不恰当处置。

可参照 ISO 9001 之 8.5.2 条款（标识和可追溯性）的内容进行管理。

4）接收时进行验证。

① 组织在接收顾客或外部供方的财产时应进行验证，验证内容包括产品类型、数量、运输中的损坏或丢失情况，必要时安排检验以确定其质量状况。可参

照 ISO 9001 之 8.6 条款（产品和服务的放行）的规定进行管理。

② 如顾客提供的是服务，组织应确认服务的适用并做好记录。

5）保护和维护顾客或外部供方的财产。保护和维护的内容可包括：

① 提供适当的贮存条件，规定贮存期限，在贮存期间定期检查以防损坏。

② 对顾客或外部供方的财产专管专用，与组织自行采购的产品隔离存放。

③ 对顾客或外部供方提供的设备进行必要的定期维护和校准，等等。

可参照 ISO 9001 之 8.5.4 条款（防护）的内容进行管理。

6）记录并报告顾客或外部供方的财产的丢失、损坏或不适用的情况。

① 若顾客或外部供方的财产发生丢失、损坏或不适用的情况，应加以记录并及时通报顾客。

② 最好规定专门的方法处置不适用的顾客或外部供方的财产。

2.7.8 防护（标准条款：8.5.4）

1. 标准条文

> **8.5.4 防护**
> 组织应在生产和服务提供期间对输出进行必要防护，以确保符合要求。
> 注：防护可包括标识、处置、污染控制、包装、储存、传输或运输以及保护。

2. 理解要点

（1）防护的目的与范围

防护的目的是保持过程输出符合要求。防护的范围是产品生产和服务提供过程中的所有输出，也就是说防护的范围包括内部处理和交付到预定地点期间的所有产品和服务，包括采购产品、中间产品、成品等。

（2）防护的内容

防护可以是标识、处置、污染控制、包装、储存、传输或运输以及保护活动的全部或任意组合。

1）标识。建立并保持适当的防护标识，如：

① 收发货标识。

② 储存期/保质期标识。

③ 小心轻放标识。

④ 请勿倒置标识。

⑤ 易损、防淋、防压标识。

⑥ 堆码标识。

⑦ 食品的生产日期和有效期。

⑧ 高速公路上的限速标识。

⑨ 易燃易爆品的标识。

⑩ 高级时装上的洗涤符号（如"不可手拧"等符号），等等。

注意：此处"标识"是指防护标识，请注意与 ISO 9001 之 8.5.2 条款（标识和可追溯性）中"标识"的区别。

2）处置。诸如在机加工件上涂防锈油，防止零件生锈等防护措施。产品过保质期后的报废或复检。

3）污染控制。对于那些生产和服务提供过程的输出会产生产品污染、造成产品质量问题的组织（如食品生产企业），应关注对产品污染的控制。食品行业防止食品被污染的措施有：

① 建立食品原材料隔离制度，防止交叉污染。

② 建立食品加工设备和器具的定期清洗消毒制度，防止食品的二次污染。

③ 每年对从业人员进行健康检查，保证从业人员的健康状况良好，符合食品从业人员的健康要求。

④ 进入食品生产场所前应整理个人卫生，防止污染食品。

⑤ 使用卫生间、接触可能污染食品的物品或从事与食品生产无关的其他活动后，再次从事接触食品、食品工器具、食品设备等与食品生产相关的活动前应洗手消毒。

⑥ 在运输时不得将食品与污染物同车运输。

⑦ 仓库要保持清洁、无霉斑、蚊虫；仓库应通风良好，禁止存放有毒、有害物品。

⑧ 应采取设置筛网、捕集器、磁铁、金属检查器等有效措施降低金属或其他异物污染食品的风险，等等。

4）包装。对产品进行适当的包装，为此需考虑：

① 根据产品特点、储存及运输中的情况进行包装设计，确定包装规范。

② 选用合适的包装材料，包装材料不能对产品产生不良影响。

③ 对包装过程进行控制，编制适当的包装作业指导书等。

④ 在产品的外包装上，标出发运中的注意事项。

⑤ 包装箱外应有按技术条件规定的标识，箱内有必要的文件如包装清单、检验合格证等。

⑥ 某些产品的包装容器和包装标识涉及国家有关强制性要求,应引起足够的重视,如易燃易爆物品的包装要求使用特定的容器,否则不允许运输。

5）储存。这里涉及储存环境和设施条件如：场所的选择、确定,选择露天场地或库房是否需要空调等；还涉及储存活动的管理,例如出入库规定、出入库手续、先进先出、库存物品的检查、物品的摆放、标识等。有关的措施可包括：

① 提供安全、可靠的储存区域、场所和设施,储存条件（如通风、防潮、控温、采光、清洁等）符合产品要求,防止储存期间产品变质或损坏。

② 做好防锈、防潮、防变质、防腐蚀、防失效、防虫蛀、防鼠咬、防老化、防破碎、防火、防盗、防水等工作。

③ 对储存品作好适当标识、隔离,防止产品误用。

④ 有特殊储存条件的,应做特别的保管,如有防毒要求的物资应隔离存放。

⑤ 制定入库、保管、出库的管理规定,如检查合格的产品才可入库,定期盘点,储存记录完整准确,账、卡、物相符等。

⑥ 制定必要的监控制度,如规定储存期限,实行先进先出原则,定期检查等。

6）传输或运输。

针对不同产品的特性,选用适宜的运输方式、运输工具,采取妥善的运输方法,防止产品损坏。无论是组织自运还是委托运输,都要有严格的质量控制。当委托运输时,应对运输单位的质保能力进行评定,并通过签订合同、投保等方式,明确保护产品的质量责任。对运输体积超大、超重的特殊产品,应事先制定专门的控制计划,并协调承运单位共同配合执行。

当组织的"输出"是数据和信息时（如网站内容、网上信息、电子邮件附带的数据、电子邮件中信息等）,就应当注意到数据和信息在传输过程中有丢失的风险,应采取有效措施防止在传输过程中失窃、失密或损坏。

7）保护。采取保护措施,包括适当的隔离、分类存放、维护等,不使产品变质、损坏、丢失或错用等。例如：

① 对有保质期的产品,应注意储存时间控制。

② 规定堆层高度。防止底层产品被压坏。

③ 易碎器皿搬运时加防振措施。

④ 隔离保护。如新楼销售过程中,往往会对电梯内部加装一些保护层,防止电梯内饰受到损坏。

⑤ 对交付中的各种中间环节（如托运、运输、装卸）,通过签订合同、投保等方式,明确保护产品的质量责任。

2.7.9 交付后活动（标准条款：8.5.5）

1. 标准条文

> **8.5.5 交付后活动**
> 组织应满足与产品和服务相关的交付后活动的要求。
> 在确定所要求的交付后活动的覆盖范围和程度时，组织应考虑：
> a）法律法规要求；
> b）与产品和服务相关的潜在不良的后果；
> c）产品和服务的性质、使用和预期寿命；
> d）顾客要求；
> e）顾客反馈。
> 注：交付后活动可包括保证条款所规定的措施、合同义务（如维护服务等）、附加服务（如回收或最终处置等）。

2. 理解要点

（1）关于"交付后的活动"的说明

这里讲的"交付后的活动"与ISO 9001标准8.5.1h）条款中的"交付后的活动"的区别体现在关注点上，ISO 9001标准8.5.1条款关注的是交付后的活动要在受控条件下进行，而这里关注的是组织应满足交付后的活动的要求。在本条款中重点强调的是在确定交付后活动的程度时，组织应充分考虑相关因素，以确保产品和服务的交付后活动满足要求。

"交付后的活动"，在很多组织里称为"售后服务"。

（2）交付后的活动的范围和程度

保修条款、销售合同、组织的自我申明等文件中可能包括交付后的活动的范围和程度。适用时，交付后的活动可包括：

1）担保条件下的措施。

2）合同规定的维护服务、附加服务。

3）废旧产品的回收或报废处置。

4）在产品安装调试过程中，提供承包或给予必要的指导。

5）在产品使用过程中，为用户提供易损备件、维修配件以及检测、修理等服务。

6）在全过程中履行制造者的产品责任，以提供优质产品、优质配件和优质服务为前提，对产品质量问题实行"包修、包退、包换"及赔偿经济损失的承诺。

7）主动承担用户需要的培训产品使用、维修等有关人员的任务，等等。

组织必须按承诺的要求、法律法规的要求做好交付后的活动。

（3）决定交付后的活动的范围和程度的因素

组织提供的交付后的活动多，成本就高，风险也高；提供的交付后的活动少，又会让顾客对组织失去信心。所以组织应根据自身情况提供适宜的交付后的活动。提供的交付后的活动的多与少，取决于以下几个因素：

1）法律法规要求。有些售后活动，是法律法规规定的，组织必须严格执行。

2）与产品和服务有关的潜在不期望的后果。潜在不期望的后果发生的概率高，提供的售后服务相对也就多一些。

3）产品和服务的性质、用途和预期寿命。比如对VIP用户，售后服务的项目就多一些。

4）顾客要求。"交付后活动"的要求可以是组织向顾客承诺提供的售后服务和维护，也可以是顾客向组织提出的要求，这些要求也是合同的一部分。如果组织答应了顾客的这些要求，就要按这些要求提供售后服务。

5）顾客反馈。顾客反馈多的问题，如果组织承诺免费解决，将有助于提高顾客的满意度、忠诚度。

2.7.10 更改控制（标准条款：8.5.6）

1. 标准条文

> **8.5.6 更改控制**
> 组织应对生产和服务提供的更改进行必要的评审和控制，以确保持续地符合要求。
> 组织应保留成文信息，包括有关更改评审的结果、授权进行更改的人员以及根据评审所采取的必要措施。

2. 理解要点

（1）关于本条款"更改控制"的说明

6.3条款"变更的策划"讲的是质量管理体系的变更；8.3.6条款"设计和开发更改"讲的是产品和服务设计的更改；本条款讲的是在生产和服务提供期间发生的影响符合要求的变更，如原材料变更、设备和工装变更、工艺方法变更、工艺参数变更等。组织应充分识别相应的变更。

（2）更改的控制

1）识别。更改通常是针对已策划好的生产和服务提供过程，应首先识别引起更改的各种契机，如设计更改带来工艺更改、工艺优化的需要等。

2）评审、验证或确认。评审更改部分是否满足相关的要求，是否产生非预期的不良结果，有无采取必要的措施减少更改带来的任何不利影响，更改是否对其他方面产生了影响,是否需要同步更改。当进行重大更改,对产品和服务质量有较大影响时,还需进行过程验证、确认。

3)批准。更改经批准后才能实施。

4)记录。应保留与更改相关的记录。记录中包括更改的内容、更改的评审结果以及根据评审所采取的必要措施、更改的授权人(批准人)等。

2.7.11 产品和服务的放行(标准条款:8.6)

1. 标准条文

> **8.6 产品和服务的放行**
> 组织应在适当阶段实施策划的安排,以验证产品和服务的要求已得到满足。
> 除非得到有关授权人员的批准,适用时得到顾客的批准,否则在策划的安排已圆满完成之前,不应向顾客放行产品和交付服务。
> 组织应保留有关产品和服务放行的成文信息。成文信息应包括:
> a)符合接收准则的证据;
> b)可追溯到授权放行人员的信息。

2. 理解要点

(1)产品和服务验证的概念、目的

此条款中所说的产品和服务的放行控制,讲的是产品和服务验证。产品和服务验证,既包括了制造业常见的检验和试验活动,也包括了其他行业(如服务业)实施的检查、验证、监视活动。这些验证活动,经常被通俗地称为"质量检验"。以下是一些产品和服务验证的例子:

1)对产品的性能、功能进行检验。

2)编辑对出版物进行校对。

3)餐馆用探头对服务质量进行监视,等等。

组织应按策划的安排在适当阶段对产品和服务进行验证,检查产品和服务是否合格,以确保产品和服务的要求得到满足。产品和服务验证的对象不仅包括最终产品和服务,还应包括采购的产品和服务、中间产品和服务。

(2)产品和服务验证的策划与实施

1)产品和服务验证的策划。产品和服务验证的策划在对运行过程策划时就已经进行(见 ISO 9001 之 8.1 条款)。策划时应规定:

① 确定验证站点。对于制造类企业,一般按购入、过程中和最终三个阶段设置检验站点,进行进货检验、过程检验、成品检验。

对于服务业,上述三个阶段的区别有时不是很清晰,组织应视具体情况设置监视和测量点。如饭店，其实施的监视和测量活动的时机、内容及实施监视和测量的人员都会和制造业有很大差别，对其所购买的用于制作菜肴的原材料和配料要进行检验和检查；在食品加工和准备阶段也要进行监视和测量，此时的对象和范围不仅包括食物的质量，还包括干净程度和卫生情况；在把饭菜端给顾客之前，还要检查一下饭菜以确保端给顾客的是顾客所点的；饭菜的制作和上菜的方式也要符合饭店的标准等。这些检查可以由厨师完成，也可以由服务员完成。

② 确定每个阶段需要验证的产品和服务项目及接收准则。接收准则应考虑合同、法律、法规、强制性标准的要求。不同的组织、不同的产品，接收准则是不同的，可以是产品标准（包括国际标准、国家标准、行业标准和企业标准等）、验收细则、检验规程、顾客在合同中的要求等。在服务业，对服务过程的要求也可以是接收准则，如服务规范、规则、规章、制度等。

③ 确定验证的方法。如对进货是采用检验还是对供方提供的证明材料进行验证的方式，是全检还是抽检。在确定验证的方法时，应考虑使用适当的统计技术，如 GB/T 2828.1—2012《计数抽样检验程序 第 1 部分：按接收质量限（AQL）检索的逐批检验抽样计划》。

④ 确定验证的设备和工具。

⑤ 确定验证的频次。

⑥ 确定验证的实施者，明确其职责和权限。检验人员以及决定工作的完成、决定产品和服务可以放行或交付给顾客的人员，其职责和权限一定要明确。

⑦ 确定验证需要的文件以及验证形成的证据（记录）。

文件可包括产品验证程序、检验作业指导书等，文件中应规定例外放行如何进行。符合接收准则的证据包括：检验和试验报告、检验和试验记录、质量合格证明；对"有权放行产品和服务的人员"要予以记录。

⑧ 验证结果的处理。根据接收准则判定产品的符合性，判断为合格的放行，不合格的执行 ISO 9001 之 8.7 条款"不合格输出的控制"。

2）按验证策划的要求实施产品和服务的验证。

（3）放行产品和交付服务的条件

1）只有策划的验证安排已圆满完成，验证的结果符合规定的产品和服务要求时，才能放行产品和交付服务。

2）例外放行：产品的放行和服务的交付应在完成所规定的各个阶段的验证，而且结果符合规定的要求后进行。但当得到组织内部授权人批准，或在适用的场合下由顾客批准，对产品和服务规定的验证未全部完成之前，也可以例外放行产品和交付服务。应当注意的是，例外放行不得违反法律法规。有些产品，如血站提供的血液制品等，是不允许例外放行的；建筑业对水泥和钢材也是不允许例外放行的，因为一旦不进行检验就放行，若之后水泥或钢材的质量出现问题，将无法追回，会对后续的过程和产品质量带来巨大影响，造成严重后果。

例外放行往往有风险，而且也不意味着放行后可以不完成必要的验证或不满足规定要求，包括适用的法律法规要求。

例外放行的前提是有可靠的追回程序。一般在下列情况下才能允许例外放行：产品发现的不合格在技术上可以纠正，并且在经济上不会发生较大损失，也不会影响相关的、连接的或相配的零部件质量。

例外放行的具体操作步骤：

① 对需要例外放行的产品，由责任部门的责任人提出申请，报经授权人审批。

② 对例外放行的产品做出可追溯性标识，同时做好识别记录，记录中应详细记载例外放行产品的规格、数量、时间、地点、标识方法。

③ 适用时，在例外放行的同时，应留取规定数量的样品进行检验，且检验报告必须尽快完成。根据需要，应设置适当的例外放行的停止点（停止点：相应文件规定的某点，未经指定组织或授权批准，不能越过该点继续活动），对于流转到停止点上的例外放行产品，在接到证明该批产品合格的检验报告后，才能将产品放行。若发现例外放行的产品经检验不合格，要立即根据可追溯性标识及识别记录，将不合格品追回。

（4）验证的记录要求

应保留验证的记录。验证的记录包括符合接收准则的证据，记录要真实、清楚，记录上应标明负责产品和服务放行的授权责任者。授权最终放行产品或服务的人员应可追溯。

2.7.12 不合格输出的控制（标准条款：8.7）

1. 标准条文

> **8.7 不合格输出的控制**
>
> 8.7.1 组织应确保对不符合要求的输出进行识别和控制，以防止非预期的使用或交付。
>
> 组织应根据不合格的性质及其对产品和服务符合性的影响采取适当措施。这也适用于在产品交付之后，以及在服务提供期间或之后发现的不合格产品和服务。
>
> 组织应通过下列一种或几种途径处置不合格输出：
>
> a）纠正；
>
> b）隔离、限制、退货或暂停对产品和服务的提供；
>
> c）告知顾客；
>
> d）获得让步接收的授权。
>
> 对不合格输出进行纠正之后应验证其是否符合要求。

> 8.7.2 组织应保留下列成文信息：
> a）描述不合格；
> b）描述所采取的措施；
> c）描述获得的让步；
> d）识别处置不合格的授权。

2．理解要点

（1）几个重要的术语解释与理解

1）不合格、缺陷。

① 不合格是指"未满足要求"。缺陷是指"与预期或规定用途有关的不合格"。

② 可以看出，"缺陷"是一种特定范围内的"不合格"，往往涉及产品责任，有法律内涵，应当慎用。

2）返修、返工。

① 返修是指"为使不合格产品或服务满足预期用途而对其采取的措施"。不合格产品或服务的成功返修未必能使产品符合要求。返修可能需要连同让步。返修包括对以前是合格的产品或服务，为重新使用所采取的修复措施，如作为维修的一部分。

返工是指"为使不合格产品或服务符合要求而对其采取的措施"。

② 返修与返工不同，返修后通常还是不合格品，但可以使用。如一台电视返修后能够收看，但其外观可能在返修时刮花了。

③ 返工的目的是使不合格品成为合格品，但返工后的结果并不一定达到预期的目的，所以应对返工品进行验证，以证实其是否符合规定的要求。

3）偏离许可、让步。

① 偏离许可是指"产品或服务实现前，对偏离原规定要求的许可"。偏离许可通常是在限定的产品和服务数量或期限内并针对特定的用途。

让步是指"对使用或放行不符合规定要求的产品或服务的许可"。通常，让步仅限于在商定的时间或数量内及特定的用途，对含有不合格特性的产品和服务的交付。

②"偏离许可"是在产品生产前，允许其偏离原规定的许可。而"让步"是在产品生产后，对其中的不合格品的一种处理措施。

③"偏离许可""让步"都是一次性的，并限定一定的数量和时间期限。"偏离许可""让步"的结果一定不能影响预期的使用目的。"偏离许可""让步"不能违反适用的法律法规的规定。例如，锅炉压力容器的耐压强度是不允许偏离许可或让步的，因为这可能导致人身和财产的安全问题。

4) 降级、报废。

① 降级是指"为使不合格产品或服务符合不同于原有的要求而对其等级的变更"。

② 报废是指"为避免不合格产品或服务原有的预期使用而对其所采取的措施"。回收、销毁均属此范畴。在服务行业，对不合格服务的情况，是通过终止服务来避免其使用的。

（2）不合格输出的控制的目的

对不合格的输出进行识别和控制，以防止其非预期的使用或交付。不合格输出包括不合格产品、不合格服务。

（3）不合格输出的控制的措施

1) 标识、隔离不合格输出。对于发现不合格品，应及时做出标识以示与合格品的区别。可能时，对不合格品进行隔离。

2) 评审不合格输出。对不合格输出进行必要的评审，决定应作哪种处置。处置方式有返工、返修、降级、让步接收、召回、回用、报废等。

对不合格输出进行评审的方式视组织的具体情况而定。例如，对不合格品，有的组织只需质量部做出评审结论即可，而有的组织则由多个部门（技术、质量、生产、物控等部门）组成评审组进行评审。质检员有不合格品的判断权，但一般不授予他们不合格品的评审处置权。评审处置权应授予质量工程师等上级人员。

进行不合格品评审的人员应有能力判别不合格品的处置决定，诸如互换性、进一步加工、性能、可信性、安全性及外观质量的影响。

当发现的不合格品可能需要追溯以前的批量时，应立即对以前已判合格的产品进行返工等处理，对流入市场的产品，必要时要采取召回措施或委托销售方处理。

3) 对不合格输出进行处置。按照评审所决定的处置方式对不合格输出进行处置。不合格输出的处置方式应与不合格的性质及其对产品和服务的影响相适应。也就是说，对不合格输出处置时一定要结合实际，选择适宜的方式。

处置方式包括下列的一种或多种方式：

① 对不合格输出进行纠正。例如：通过返工使不合格品成为合格品、调换已供产品、将不合格品进行报废、将不合格品改作他用或降级使用（降级的产品必须符合降低等级后的规定）、召回不合格品、赔偿、致歉、和顾客协商使顾客接受修理后的产品、更换已供产品、重新提供服务等。

② 隔离、限制、退货或暂停产品和服务的提供。例如：对不合格品进行隔离、限制，以防误用；将供应商提供的不合格零件退回；停止发货，不让不合格品流出；停止服务，不让不合格服务继续发生等。

③ 将不合格输出情况通知顾客，防止其使用不合格品。

④ 经授权人员批准（有合同规定时，必须得到顾客的批准），让步接收不合格品。

4）对不合格输出进行纠正后，组织应对其再次进行验证，以证实其是否符合规定的要求或使用要求。因为采取措施后，不合格的产品不一定就变成了合格品或可以使用，某些时候，采取的措施不当，结果可能反而更糟糕。对此如不验证就予以放行或使用，必将造成严重后果。

5）对不合格输出的描述（可能涉及时间、地点、批次、产品编号、缺陷描述等）、处置情况、让步许可应予以记录，记录上应标明对不合格做出处理决定的责任人。

2.8 绩效评价（标准条款：9）

2.8.1 监视、测量、分析和评价——总则（标准条款：9.1——9.1.1）

1. 标准条文

> 9 绩效评价
> 9.1 监视、测量、分析和评价
> 9.1.1 总则
> 组织应确定：
> a）需要监视和测量什么；
> b）需要用什么方法进行监视、测量、分析和评价，以确保结果有效；
> c）何时实施监视和测量；
> d）何时对监视和测量的结果进行分析和评价。
> 组织应评价质量管理体系的绩效和有效性。
> 组织应保留适当的成文信息，以作为结果的证据。

2. 理解要点

（1）策划和实施监视、测量、分析和评价活动的意义

组织应策划并实施监视、测量、分析和评价活动，以了解质量绩效及质量管理体系的符合性、有效性，并为改进提供输入。

监视是指"在一定时期内观察并检查；定期保持对监视对象的密切观察"。通过监视活动确保监视对象处于检查、监督和控制之下。在一个组织的质量管理体系中有很多活动是需要进行监视的，如监视顾客满意的信息。常用的监视方法有调查、观察、绩效考评、监督、评审、检查等。

测量是指"通过与标准单位或已知大小的对象比较，以确定某物的大小、数量或程度"。通过测量活动，通常可以获得具体的数值或量值，在一个组织的质量管理体系中有很多活动是需要测量的，如在生产过程中测量恒温炉的温度。

本条款是对 ISO 9001 之 9.1 条款 "监视、测量、分析和评价"的总体要求，要求组织策划监视、测量、分析和评价的对象、方法和时机，以确保监视、测量、分析和评价活动的有效性。

（2）策划和实施监视、测量、分析和评价活动的要点

1）策划时，应确定：

① 监视、测量、分析和评价活动的对象。ISO 9001 标准的其他各条款的要求都有可能成为监视、测量、分析和评价的对象，如过程绩效、体系的有效性、顾客满意度等。

② 监视、测量、分析和评价活动的方法，尤其是评价质量管理体系绩效和有效性的方法。方法应能确保结果有效。

③ 监视、测量、分析和评价活动的准则。

④ 监视、测量、分析和评价活动的地点（阶段）。

⑤ 监视、测量、分析和评价活动的频次（时机）。包括何时进行监视、测量活动，何时对监视、测量的结果进行分析和评价（包括评价质量管理体系的绩效和有效性）。

⑥ 监视、测量、分析和评价活动的实施者。

⑦ 监视、测量、分析和评价活动需要的资源和装置。

⑧ 监视、测量、分析和评价活动需要的文件、记录。组织实施的监视、测量、分析和评价活动应保持适当的记录，以证实其结果的有效性。

⑨ 监视、测量、分析和评价活动结果的利用等。

2）策划的输出应形成必要的文件并严格实施。

2.8.2 顾客满意（标准条款：9.1.2）

1. 标准条文

> **9.1.2 顾客满意**
> 组织应监视顾客对其需求和期望已得到满足的程度的感受。组织应确定获取、监视和评审该信息的方法。
> 注：监视顾客感受的例子可包括顾客调查、顾客对交付产品或服务的反馈、顾客座谈、市场占有率分析、顾客赞扬、担保索赔和经销商报告。

2. 理解要点

（1）顾客满意概念

顾客满意指"顾客对其要求已被满足程度的感受"。感受必须来自顾客的亲自体验，用推测、估计来监视顾客满意是不真实的。

直到产品或服务交付之前，组织有可能不知道顾客的要求，甚至顾客自己对其要求也不很明确。为了实现较高的顾客满意度，可能有必要满足那些顾客既没有明示，而且，通常还是隐含的或必须履行的要求。

投诉是一种满意程度低的最常见的表达方式，但没有投诉并不一定表明顾客很满意。

即使规定的顾客要求符合顾客的愿望并得到满足，也不一定确保顾客很满意。

（2）顾客满意监视、分析和评价的意义

顾客满意可以作为测量质量管理体系绩效的指标之一。顾客满意程度可以用来度量质量管理体系的有效性，也可以为实现改进提供信息。

（3）顾客满意监视、分析和评价的实施

顾客对其要求和期望得到满足的程度的感受，都会通过某种方式反映出来。组织应对顾客反映的这些信息进行收集、整理、分析和利用。

1）明确要收集的顾客满意信息。组织首先要明确收集哪些与顾客满意程度有关的信息。与顾客满意程度有关的信息一般包括：

① 与产品要求符合性有关的信息。

② 与满足顾客的需求和期望有关的信息。

③ 与产品的价格和交付方面有关的信息，等等。

2）明确顾客满意信息的来源。可以来自组织的外部，也可以来自组织内部不同的部门，例如：

① 来自顾客或媒体反馈的信息。

② 来自竞争对手的信息。

③ 来自经销商的报告。

④ 由外部专业的机构做的调查统计。

⑤ 来自组织内销售或售后服务部门反馈的信息。

⑥ 来自保修索赔记录等。

3）顾客满意信息的监视与收集。应规定信息收集的部门、信息的载体（可以是传递信息的表格、报告等）、信息收集的渠道、频次、方法，确保信息传递的连续性。信息收集的方法有：

① 对与顾客有接触的雇员进行内部询问。

② 发放书面顾客满意度调查表、用户意见调查表。
③ 回访、电话询问调查、召开顾客座谈会。
④ 委托中介机构调查。
⑤ 收集媒体报道、政府监督机构通报等。

4）顾客满意信息的整理与评审分析。应规定整理和评审分析信息的方法，并建立起这些信息与质量管理体系绩效之间的关系。

运用统计技术时，应建立合适的数学模型和指标系统，并将这些顾客满意的有关指标与质量目标建立起联系，以利用统计分析的结果评价质量管理体系的有效性。

5）顾客满意信息的利用。通过对信息整理和分析，得出顾客满意程度的定性（描述性）或定量（故障率、返修率、投诉率等）的结论，将这些结论与相应的质量管理体系绩效指标（如质量目标）进行对照，用以评价质量管理体系的有效性，并找出其中的差距，采取改进措施。

2.8.3 分析与评价（标准条款：9.1.3）

1. 标准条文

> **9.1.3 分析与评价**
> 组织应分析和评价通过监视和测量获得的适当的数据和信息。
> 应利用分析结果评价：
> a）产品和服务的符合性；
> b）顾客满意程度；
> c）质量管理体系的绩效和有效性；
> d）策划是否得到有效实施；
> e）针对风险和机遇所采取措施的有效性；
> f）外部供方的绩效；
> g）质量管理体系改进的需求。
> 注：数据分析方法可包括统计技术。

2. 理解要点

（1）分析与评价的目的

分析质量管理体系的现状，评价质量管理体系运行的绩效和有效性，进而发现趋势，寻找改进质量管理体系的机会和需求。

（2）分析与评价的管理

1）确定要收集的数据和信息。数据和信息来自对顾客、产品和服务、过程、体系进行监视和测量的结果。数据选择应确保可对顾客满意、组织正在实现的计划、外部供方运作的绩效、针对风险和机遇所采取措施的有效性建立分析和评价。可能需要分析与评价的数据和信息有：

① 产品和服务的监视和测量记录。

② 不合格品记录。

③ 顾客投诉、售后维修记录。

④ 质量目标统计分析、过程绩效监测记录。

⑤ 产品交付及售后服务情况。

⑥ 生产计划达成、生产效率的数据。

⑦ 供应商交货记录。

⑧ 顾客满意度调查记录、市场调查记录。

⑨ 针对风险和机遇所采取措施的有效性的监管记录。

⑩ 项目进展记录，等等。

2）数据和信息的收集。应规定数据和信息收集的部门、数据和信息的载体（可以是传递数据的表格、报告等）、数据和信息收集的渠道、频次、方法，确保数据和信息传递的连续性。

数据和信息收集的方法包括直接采用已有的质量记录，也可采用交谈、调查等方式。

3）数据和信息的分析与评价。应规定什么时候由哪些部门对数据和信息进行分类整理、分析，分析形成的结论文件应怎样汇总、传递。

分析和评价的输出通常是趋势分析或报告，而且也是管理评审的输入。因此，其格式应该能够做出是否需要采取措施的决定。分析和评价的结果所提供信息被用于确定质量管理体系的绩效和有效性以及需要的改进。

分析与评价数据和信息时，应使用适当的统计技术。运用统计技术时，可考虑建立合适的数学模型和指标系统，并将这些指标与组织的计划和目标之间建立起联系。

4）数据和信息分析与评价结果的利用。数据和信息分析与评价结果可用于：

① 评价产品和服务符合要求。如通过产品合格率、服务满意程度等的汇总分析，可以评价产品和服务是否符合要求。

② 评价顾客满意程度。如通过对顾客满意程度的汇总分析，得出顾客在哪些方面满意，哪些方面不满意，进而帮助组织改进顾客不满意的方面。

③ 评价质量管理体系的绩效和有效性。如通过对质量目标完成情况、过程绩效指标统计结论、内部审核结论等方面的分析，评价质量管理体系的绩效和有效性。

④ 评价策划是否得到有效实施。如通过对各项工作完成情况的总结分析，评价策划是否得到有效实施。

⑤ 评价风险和机遇应对措施的有效性。如通过对风险和机遇应对措施的监测分析，评价风险和机遇应对措施的有效性。

⑥ 评价外部供应商的绩效。如通过分析来料合格率、及时率等，得出供应商的绩效，进而帮助组织对供应商实施更有效的控制。

⑦ 确定质量管理体系改进的需求。针对分析与评价中的问题，确定改进的需求。

(3) 常用的统计技术

1) 常用的统计技术见表2-8。

表2-8 常用的统计技术

序号	工具和技术	应 用
1	调查表	系统地收集数据，以获取对问题的明确认识
适用于非数字数据的工具和技术		
2	分层图	将大量的有关某一主题的观点、意见或想法按组归类
3	水平对比法	把一个过程与那些公认的占领先地位的过程进行对比，以识别质量改进的机会
4	头脑风暴法	识别可能的问题解决办法和潜在的质量改进机会
5	因果图	分析和表达因果关系 通过识别症状、分析原因、寻找措施，促进问题的解决
6	流程图	描述现有的过程 设计新过程
7	树图	表示某一主题与其组成要素之间的关系
适用于数字数据的工具和技术		
8	控制图	诊断：评估过程的稳定性 控制：决定某一过程何时需要调整及何时需要保持原有状态 确认：确认某一过程的改进
9	直方图	显示数据波动的形态 直观地传达有关过程情况的信息 决定在何处集中力量进行改进
10	排列图	按重要性顺序显示每一项目对总体效果的作用 排列改进的机会
11	散布图	发现和确认两组相关数据之间的关系 确认两组相关数据之间预期的关系

2) 统计技术使用的基本要求。

① 统计技术的应用应本着科学、适用、经济的原则。统计技术不是越复杂越

高级越好，组织应尽量选择有效、简单、实用的统计技术。

② 依据准确、真实的数据得出统计结果。

③ 对统计结果进行分析以找出主要的质量问题，为改进质量提供信息。

④ 对统计技术应用的有效性和效果进行监视、验证，以防止得出错误的结果，误导决策。

2.8.4 内部审核（标准条款：9.2）

1. 标准条文

> **9.2 内部审核**
> 9.2.1 组织应按照策划的时间间隔进行内部审核，以提供有关质量管理体系的下列信息：
> a）是否符合：
> 1）组织自身的质量管理体系要求；
> 2）本标准的要求；
> b）是否得到有效的实施和保持。
> 9.2.2 组织应：
> a）依据有关过程的重要性、对组织产生影响的变化和以往的审核结果，策划、制定、实施和保持审核方案，审核方案包括频次、方法、职责、策划要求和报告；
> b）规定每次审核的审核准则和范围；
> c）选择审核员并实施审核，以确保审核过程客观公正；
> d）确保将审核结果报告给相关管理者；
> e）及时采取适当的纠正和纠正措施；
> f）保留成文信息，作为实施审核方案以及审核结果的证据。
> 注：相关指南参见 ISO 19011。

2. 理解要点

（1）审核的概念

为获得审核证据并对其进行客观的评价，以确定满足审核准则的程度所进行的系统的、独立的并形成文件的过程。

按实施者和目的不同，可分为第一方审核（即内部审核）、第二方审核（如组织对供应商的审核）和第三方审核（认证机构对企业的审核）。

（2）内部审核的目的

确定质量管理体系是否：

1）符合组织自身的质量管理体系的要求。

2）符合 ISO 9001 标准的要求。

3）得到有效的实施和保持。

（3）内部审核方案的策划

组织要进行内部审核方案的策划，策划时要考虑有关过程的重要性、对组织产生影响的变化以及以往审核的结果。

如果拟审核的过程复杂、区域面积广、重要程度高、对质量管理体系的符合性和有效性影响大，或运行状况问题多，则应加大对这些区域和活动的审核力度，或增加审核频次，或延长审核时间，确保通过内审后，可提高质量管理体系的符合性和有效性。

对审核方案进行策划时，应至少包括这些内容：审核准则、审核范围、审核的职责、审核频次、审核方法、审核的要求（如要求审核人员不审核自己的工作）、审核结果的报告等。

审核方案的安排应确保审核过程的客观与公正（包括审核员的选择、审核的实施）。在安排开展审核的人员时，一般情况下，内审员不应审核自身工作。在某些情况下，尤其是小型组织或公司的领域需要特定的岗位知识时，内审员可能会审核自身的工作领域。在这种情况下，组织可让内审员与同事一起工作，或让同事/经理评审审核结果，以确保审核结果的公正性。

ISO 9001：2015 强调过程方法，所以组织最好通过项目或过程而不是特定条款来实施依据质量管理体系要求的审核。

对企业而言，一般一年策划一次审核方案，策划的输出为"年度审核方案"。

（4）内审活动的实施

1）审核准备：

① 组成审核组。

② 编制审核实施计划。审核实施计划是安排审核日程、审核人员分工等内容的文件。每次审核时，都应编制审核实施计划。

审核实施计划是年度审核方案的细化。

审核实施计划包括：审核目的、审核范围、审核准则、审核组成员及其分工、审核时间及进度安排。

③ 编写检查表。

2）审核实施：

① 召开首次会议。

② 现场审核。

③ 不合格项的确定和不合格报告的编写。

④ 审核结果的汇总分析。

⑤ 召开末次会议。

⑥ 编写审核报告。审核报告包括审核结论等内容。审核报告应发放到与受审有关的部门、相关管理者。

3）纠正和纠正措施的实施与验证。审核期间发现不合格项部门的管理者必须针对该不合格项及时采取纠正和纠正措施。审核组成员应对纠正和纠正措施进行跟踪和验证。

（5）内审实施中的注意事项

1）审核人员最好是非从事受审活动的人员，并独立于受审核部门。

2）向相关管理者报告审核结果，审核结果应作为管理评审的输入。

3）应对纠正和纠正措施的实施进行验证并报告验证结果。

4）保留作为实施审核方案以及审核结果证据的形成文件的信息。这些文件信息有年度审核方案、审核实施计划、检查表、审核报告、不合格报告和纠正措施报告。

内部审核的实施详见本书第二部分。

2.8.5 管理评审（标准条款：9.3）

1. 标准条文

9.3 管理评审

9.3.1 总则

最高管理者应按照策划的时间间隔对组织的质量管理体系进行评审，以确保其持续的适宜性、充分性和有效性，并与组织的战略方向保持一致。

9.3.2 管理评审输入

策划和实施管理评审时应考虑下列内容：

a）以往管理评审所采取措施的情况；

b）与质量管理体系相关的内外部因素的变化；

c）下列有关质量管理体系绩效和有效性的信息，包括其趋势：

　　1）顾客满意和有关相关方的反馈；

　　2）质量目标的实现程度；

　　3）过程绩效以及产品和服务的合格情况；

　　4）不合格以及纠正措施；

　　5）监视和测量结果；

　　6）审核结果；

7）外部供方的绩效。

d）资源的充分性；

e）应对风险和机遇所采取措施的有效性（见6.1）；

f）改进的机会。

9.3.3　管理评审输出

管理评审的输出应包括与下列事项相关的决定和措施：

a）改进的机会；

b）质量管理体系所需的变更；

c）资源需求。

组织应保留成文信息，作为管理评审结果的证据。

2．理解要点

管理评审的实施详见第7章。

2.9　改进（标准条款：10）

2.9.1　总则（标准条款：10.1）

1．标准条文

10　改进

10.1　总则

组织应确定和选择改进机会，并采取必要措施，以满足顾客要求和增强顾客满意。

这应包括：

a）改进产品和服务，以满足要求并应对未来的需求和期望；

b）纠正、预防或减少不利影响；

c）改进质量管理体系的绩效和有效性。

注：改进的例子可包括纠正、纠正措施、持续改进、突破性变革、创新和重组。

2．理解要点

（1）改进的目的

本条款是对改进的总体要求。改进的目的在于满足顾客要求和增强顾客满意。

（2）改进的范围

改进不仅指质量管理体系的改进，还包括对产品和服务的改进；不仅指对质量管理体系的有效性的改进，还包括对质量管理体系的绩效的改进。改进的范围包括：

1）改进产品和服务以满足要求并应对未来的需求和期望。

2）纠正、预防或减少不利影响。

3）改进质量管理体系的绩效和有效性。

绩效（performance）是指"可测量的结果"。绩效可能涉及定量的或定性的结果。绩效可能涉及活动、过程、产品、服务、体系或组织的管理。

有效性（effectiveness）是指"完成策划的活动并得到策划结果的程度"。有效性就是"所做的事情的正确程度"。首先，你是否完成了？其次，你是否达到了目的？两方面都做到了，有效性就好；否则，有效性就差。

（3）改进的方法

改进可以是纠正、纠正措施、持续改进、突变、创新和重组。

创新是指"实现或重新分配价值的，新的或变化的客体"。创新是产生新的客体或原客体有较大幅度变化、变更，是新的或变更的客体对原客体实现价值或重新分配价值的过程。创新通常具有重要影响。通常，以创新为结果的活动需要管理。

根据改进的起点与结果，可以将改进分为维持性改进与突破性改进。维持性改进是围绕实际不合格所开展的活动，是要"由坏变好"，维持现有水平。纠正措施属于维持性改进。突破性改进是在合格基础上的持续改善，是"好上加好"，突破现有水平。二者的区别见表2-9。

也可以根据改进的程度，将改进分为日常渐进式改进，如 QC 小组的活动，以及重大突破式改进，如年度的大规模技改项目。

表2-9 维持性改进与突破性改进的区别

对比项目	改进	
	维持性改进	突破性改进
类型	被动型	进攻型
起点	现存的不合格	目前的合格水平
目的	消除实际不合格原因，防止再发生不合格	超出目前质量水平
结果	维持现有水平	突破现有水平

（4）改进的实施

1）组织应不断地主动去识别和选择改进的机会并实施必要的改进措施，而不是等出了问题才去改进。

2）建立改进的机制并实施。维持性改进——纠正措施的实施参见本章 2.9.2 节，突破性改进的实施过程如图 2-5 所示。

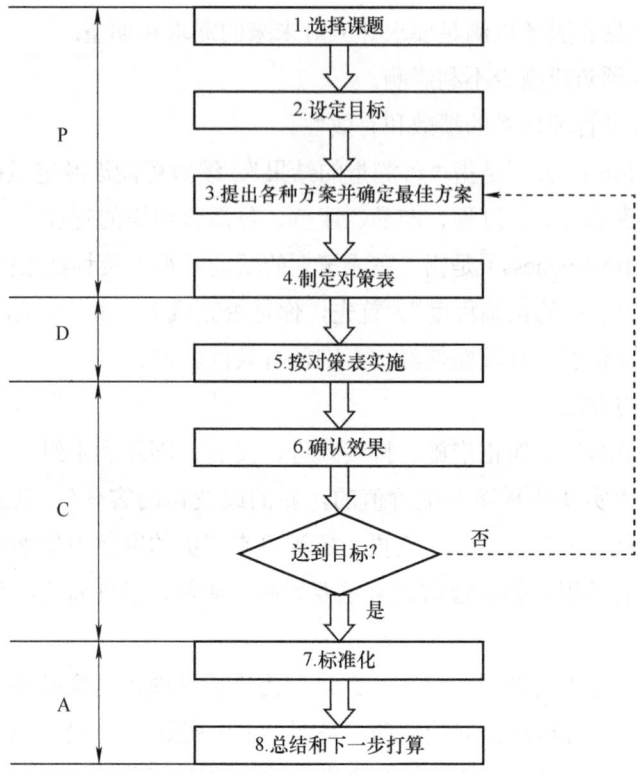

图 2-5 突破性改进的实施过程

2.9.2 不合格和纠正措施（标准条款：10.2）

1. 标准条文

> **10.2 不合格和纠正措施**
> 10.2.1 当出现不合格时，包括来自投诉的不合格，组织应：
> a）对不合格做出应对，并在适用时：
> 1）采取措施以控制和纠正不合格；
> 2）处置后果。
> b）通过下列活动，评价是否需要采取措施，以消除产生不合格的原因，避免其再次发生或者在其他场合发生：
> 1）评审和分析不合格；
> 2）确定不合格的原因；
> 3）确定是否存在或可能发生类似的不合格。
> c）实施所需的措施；
> d）评审所采取的纠正措施的有效性；

> e）需要时，更新在策划期间确定的风险和机遇；
> f）需要时，变更质量管理体系。
> 纠正措施应与不合格所产生的影响相适应。
> 10.2.2 组织应保留成文信息，作为下列事项的证据：
> a）不合格的性质以及随后所采取的措施；
> b）纠正措施的结果。

2. 理解要点

（1）纠正与纠正措施

1）纠正是指"为消除已发现的不合格所采取的措施"。纠正可连同纠正措施一起实施，在其之前或之后。返工或降级可作为纠正的示例。

纠正措施是指"为消除不合格的原因并防止再发生所采取的措施"。一个不合格可以有若干个原因。采取纠正措施是为了防止再发生或者在其他场合发生。

这里的不合格包括不合格品和不合格项。

2）纠正和纠正措施是不一样的。纠正是针对不合格本身所采取的处置措施（就事论事，如对不合格品的返工、降级等），但该类不合格今后可能还会再发生。纠正是一种临时应急措施。而纠正措施则是为消除导致不合格的原因所采取的措施，采取纠正措施是为了防止再次出现同类不合格（举一反三）。两种措施最本质的区别在于原因，消除原因的措施是纠正措施，未涉及原因的措施只是纠正。纠正可以和纠正措施一同采取，也可以分开采取。

我们用一个案例说明纠正和纠正措施的区别：

有一个洗涤用品经销企业，经销沐浴露、洗发水和护发素。有一次他们的客户投诉，说仓库又把五箱护发素当成洗发水发过来了。这是一个错误，而且是重复性的错误，因为说到"又"字了。

相关人员经过证实，确实是发错了，然后把它们换回来，这就叫纠正。只是就事论事。

问题以前已经出现过，现在又出现了，以后还可能出现，那么如何才能确保以后不出现同类错误呢？就需要进行原因分析，找到根本性的解决之道。经过分析，企业发现，造成错误重复出现的原因是洗发水和护发素的包装相似、大小一样，且两样东西堆放在一起，员工平时工作量又比较大，一不小心就会发错。

找到原因后，就在洗发水和护发素的放置区域之间加了一个隔离板，并对包装箱进行了重新设计，采用不同的外观颜色，一下就能区分出来。同时对其他同类问题也进行了相应处理，从此以后再也没有发生产品发错的情况，这就叫纠正措施。遇到问题，举一反三，找到根本原因，采取措施，确保问题不再出现。

出现错误，仅仅就事论事的纠正是不行的，必须找到原因，采取纠正措施，这样犯重复性错误的概率才会大幅度降低，执行力才能提高。

我们很多员工只会纠正，而不会采取纠正措施。所以才会不断地出现重复性的错误。因此解决差错问题重点要放在纠正措施上。

（2）先纠正，还是先分析原因？

出现问题，到底是要先分析原因，还是要先纠正呢？很多人可能会说，只有分析了原因，才能对症下药。可是，如果一栋楼着火了，大家不去救火，而是先分析为什么会着火，应追究哪个员工的责任，肯定是不妥的。在这种情况下，哪怕找不到原因，追究不到责任人，都只能够先把火扑灭，只能先纠正。

那是不是所有问题都应该先纠正，再进行原因分析呢。也不见得。

有一家工厂，发现零件喷漆后，表面很粗糙，有沙粒一样的感觉，班长要求员工把原来喷的漆用砂纸磨掉后再重新喷漆，这可以叫作纠正，但零件再喷上漆后还是一样粗糙。最后发现，引起表面粗糙的原因是喷枪里面有很多灰尘所致，清洗喷枪后，问题得到彻底解决。这是一个先分析原因，再对症下药的案例。

那么出现问题，到底是要先分析原因，还是要先纠正呢，可以按以下经验处理：

发现特殊情况时应先纠正，常规情况下应先分析原因。先纠正的特殊情况包括以下两点：

第一，错误在继续进行。例如火还在烧，甚至有蔓延趋势，一定要先扑火。

第二，重大紧急的对外事项。有一些对外事项如果处理得不及时，很可能被客户"上纲上线"或者被竞争对手恶意利用。公司内部哪怕有一些问题，也有回旋的余地，而对外的事情一定要及时处理。

在很多情况下，是先纠正，还是先分析原因，问题解决者要权衡利弊得失后再定。一个问题解决者经过思考，权衡了利弊得失，认为先原因分析好，那就先原因分析，认为先纠正好，那就先纠正。但在现实工作中，很多问题解决者往往不经思考，想到什么就做什么，这样的问题解决者就不是很职业化的员工。

（3）纠正措施的实施

1）收集不合格信息。纠正措施始于不合格的识别。因此必须明确内外不合格信息源，规定其信息流程，使不合格问题发生或发现之后，以最快捷的速度，正确无误地传送到主管部门，及时地采取纠正和纠正措施，将不合格损失降低到最小限度。不合格信息可能源于下列几个方面：

① 顾客抱怨、投诉。

② 内外部审核发现。

③ 管理评审的输出。

④ 顾客满意度测量的输出。

⑤ 不合格输出。

⑥ 过程绩效的监控记录。

⑦ 外部供方问题。

⑧ 内部工作人员的意见和各种分析报告，等等。

2）评审和分析不合格。应对收集来的各种不合格信息进行分析、评审，以确定不合格信息的正确与完整。之所以要评审不合格，是因为有的不合格信息可能不正确。如顾客投诉中表达的不满意可能是不正确的。还可以通过对不合格信息的评审，判断不合格的性质及其影响的严重程度，以便抓住重点，区别对待。

3）决定是否先采取临时应急措施。看问题是否属于特殊情况（见本节之（2）），如属于特殊情况，则应先采取临时应急措施，否则先分析原因。

4）实施临时应急措施。临时应急措施包括采取措施控制和纠正不合格，以及消除不合格产生的后果。控制和纠正不合格的措施有停产（停产了，当然没有不合格品流出了，自然不会对顾客和相关的各方产生影响）、挑选（挑出不合格品，不让不合格品流出）、停止发货、调换、追回返工等。与此同时，还应向顾客致歉、赔偿，以消除不合格造成的后果。

例如，顾客反映某种规格的食品吃了拉肚子，那么公司就应该暂时封存该规格的食品，在问题没有弄清楚之前，不应该再向顾客发出该规格的食品，同时还应向顾客致歉。

临时应急措施虽然不能从根本上解决问题，但能够防止问题的进一步扩大，为下一步解决问题创造条件，争取时间。

5）分析并确定不合格产生的原因。调查不合格产生的原因，分析它们之间的因果关系，从中找出主导因素和根本原因。在分析并确定不合格产生的原因时，应考虑该不合格是否存在于其他区域/部门，以及发生的或可能发生的类似不合格。

原因有孤立的、偶然的和系统的，对于系统原因，要考虑采取纠正措施的需要。

不合格的原因是多方面的，如机制问题、资源问题、技术原因、过程能力或是文件规定的充分性与适宜性等。一般认为，影响生产环节质量的因素主要有五个,即人员、机器、材料、方法和环境,简称人、机、料、法和环(4M1E),如图2-6所示。因此应从这五个主要因素去寻找质量问题的原因。

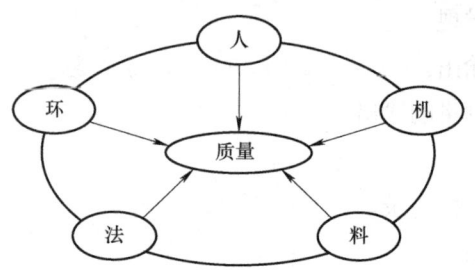

图2-6 影响生产环节质量的五大主要因素

6)纠正措施需求的评价。找到原因以后,并不是立即采取纠正措施。需不需要采取纠正措施,还需要进行综合评价。为什么呢?因为采取纠正措施是要发生费用的,因此应根据问题对组织所能承受的风险、成本、利益、产品安全和顾客满意等方面的影响,确定是否采取纠正措施,以及采取怎样的纠正措施。例如,交给客户的零件,每批总是被客户退回一两个,如果要彻底解决这个问题,需投资500万元改进设备,而公司条件又不允许。此时,我们可以跟客户说好,每批多给他发两个零件就行了。

一般而言,如果已发生的不合格可能再次出现或可能出现在另一区域,并且不解决就会让组织面临较大的风险时,组织就应采取纠正措施。

纠正措施应与所遇到不合格的影响程度相适应,应避免大问题不抓,小问题大做文章。

7)制订纠正措施并在必要时更新以往策划时确定的风险和机遇。经过对纠正措施需求的评价,觉得需要采取纠正措施,此时,就要针对找到的原因,制订相应的纠正措施,纠正措施应明确实施的责任部门、实施的步骤、完成日期和进度。制订纠正措施时,要注意纠正措施的有效性、经济成本、可行性,不要把临时性和应急性的措施作为纠正措施。

采取的纠正措施可以涉及设备、工艺、过程、设计等方面的改进,也可以涉及程序文件、作业指导书以及任何其他相关的文件的修改。

在制订纠正措施时,应考虑以往策划的风险和机遇及其应对措施是否充分、适宜。如果发现不充分、不适宜,则应更新这方面的内容。

纠正措施实施前,要进行风险、可行性评审,必要时要试运行一下,要避免拔出萝卜带出泥——旧问题解决了,新问题又出来了。

8）实施纠正措施。

纠正措施制订完毕后，就要严格按照纠正措施计划的要求实施，并在实施过程中进行监控以确保纠正措施的及时性和有效性。

在实施过程中如遇到困难无法进行下去时，应及时讨论，如果确实无法克服，可以修改纠正措施，再按新纠正措施实施。

9）对纠正措施的有效性进行跟踪评审。每项纠正措施完成后，都要对其有效性进行评审，看其是否能够防止不合格继续发生。评审要证实下列内容：

① 不合格的根本原因已经消除。

② 纠正措施是有效的，能够防止同类不合格再次发生。

③ 没有产生其他副作用。

如果纠正措施经评审是无效的或者效果不明显，则应重新进行调查和分析，采取新的纠正措施，直到问题得到解决。这实际上形成了一个闭环。

10）制订巩固措施并实施，必要时对质量管理体系进行更新。对纠正措施的效果进行评审后，要把有效的措施和经验纳入到有关的标准、制度中并严格执行。同时，要把这些有用的措施和经验普及相关的员工，要对员工进行培训，使他们掌握这些措施和经验并应用到工作中去，以确保以后不再发生同样的错误。另外，还要考虑在相类似的过程中实现这个有效措施的可能性，以放大这个有效措施的作用。

巩固措施可能涉及质量管理体系、工作习惯的改变，需要统筹兼顾。巩固措施就是要把改进成果文件化、标准化，并在今后工作中认真执行。

（4）纠正措施中的一些注意事项

1）不合格发生后要处置/纠正，但并不是每次发生不合格都要立即采取纠正措施。纠正措施一般是针对那些带有普遍性、规律性、重复性或造成重大影响和后果的不合格采取的措施，而对于偶然的、个别的或需要投入很大成本才能消除原因的不合格，组织应综合评价这些不合格对组织的影响程度后，再做出是否需要采取纠正措施的决定。

2）纠正措施与不合格控制的区别。纠正措施是针对不合格的原因采取措施，防止不合格的再次发生（由表及里）。不合格的控制是针对已有的不合格采取措施（就事论事）。

3）对纠正措施的实施情况，包括不合格性质、原因分析、纠正措施的内容、完成情况、有效性评审的结论等，都应进行记录，作为实施了纠正措施的证据。

4）纠正措施产生的永久性更改应归纳到作业指导书及有关的质量管理体系文件之中。

5）将纠正措施的情况提交管理评审。

图 2-7 所示为纠正措施实施流程图。

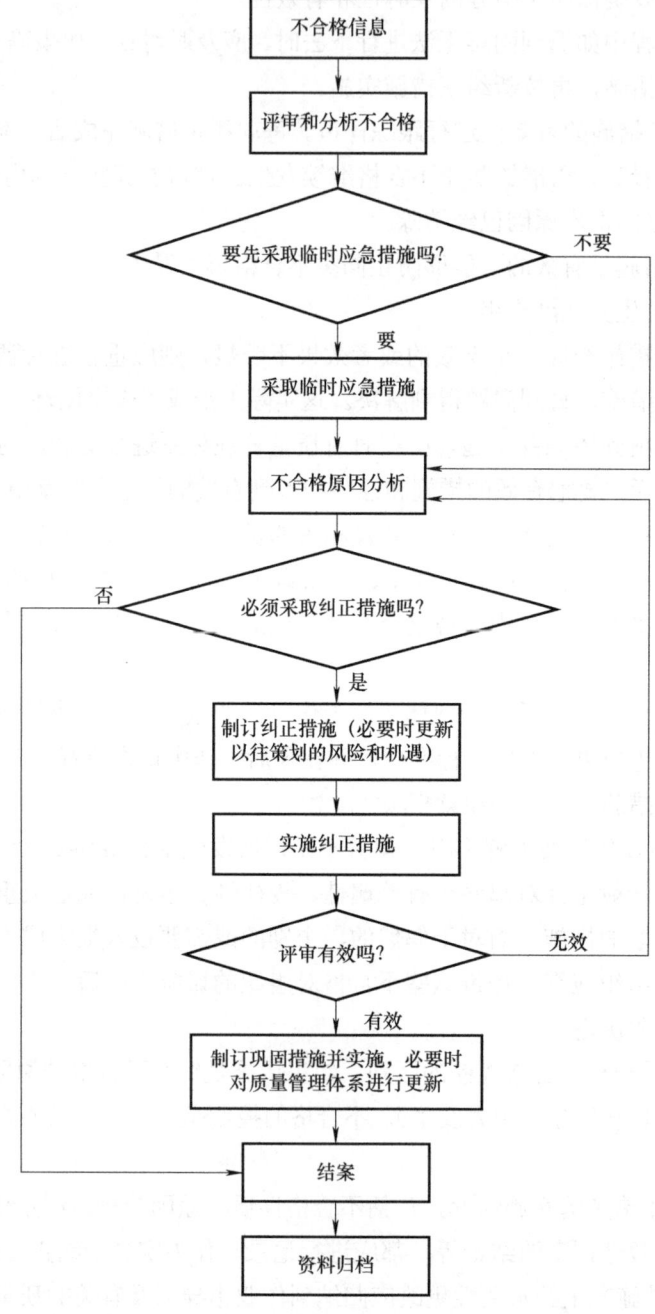

图 2-7　纠正措施实施流程图

2.9.3 持续改进（标准条款：10.3）

1. 标准条文

> **10.3 持续改进**
> 组织应持续改进质量管理体系的适宜性、充分性和有效性。
> 组织应考虑分析和评价的结果以及管理评审的输出，以确定是否存在需求和机遇，这些需求和机遇应作为持续改进的一部分加以应对。

2. 理解要点

（1）持续改进的概念

1）改进是"提高绩效的活动"。活动可以是循环的或一次性的。

2）持续改进是指"提高绩效的循环活动"。为改进制定目标和寻找机会的过程是一个通过利用审核发现和审核结论、数据分析、管理评审或其他方法的持续过程，通常会导致纠正措施或更新以往策划的风险和机遇及其应对措施。

持续改进是反复采取措施来实施商定的解决办法的过程，也是一个螺旋式提升的过程，是组织永无止境的追求、一个永恒的主题。

（2）为什么要进行持续改进

由于组织要以顾客为关注焦点，而顾客的要求是不断变化的，所以一个组织要想持续地满足顾客的要求、不断增强顾客满意的程度，就必须持续改进质量管理体系的适宜性、充分性和有效性。

（3）持续改进的实施

1）组织要建立一个有效的改进机制，包括指定责任部门负责改进的策划、实施和控制，规定相应的改进过程、程序和要求，建立激励改进的机制，营造一个全员参与、主动实施改进的氛围和环境，确保改进过程的有效实施和运行，为组织带来改进的绩效。

2）组织应结合对风险和机遇的识别，从多个方面确定持续改进的需求或机会。尤其应考虑分析与评价的结果，以及管理评审的输出，以确定是否需要实施持续改进。

3）组织应注重持续改进活动的结果和效果，例如对产品、服务、过程的改进和对质量管理体系绩效与有效性的改进。

第 2 部分

内部质量管理体系审核

第 3 章

审核概论

3.1 与审核有关的术语与定义

1. 审核

(1) 定义

为获得审核证据并对其进行客观的评价,以确定满足审核准则的程度所进行的系统的、独立的并形成文件的过程。

注1:内部审核,有时称第一方审核,由组织自己或以组织的名义进行,用于管理评审和其他内部目的(如确认管理体系的有效性或获得用于改进管理体系的信息),可作为组织自我合格声明的基础。在许多情况下,尤其在中小型组织内,可以由与正在被审核的活动无责任关系、无偏见以及无利益冲突的人员进行,以证实独立性。

注2:外部审核包括第二方审核和第三方审核,第二方审核由组织的相关方,如顾客或由其他人员以相关方的名义进行。第三方审核由独立的审核组织进行,如监管机构或提供认证或注册的机构。

注3:当两个或两个以上不同领域的管理体系(如质量、环境、职业健康安全)被一起审核时,称为结合审核。

注4:当两个或两个以上审核组织合作,共同审核同一个受审核方时,称为联合审核。

(2) 理解要点

1) 审核是获得审核证据并对其进行客观的评价,以确定满足审核准则的程度的过程。在审核过程中,审核员通过各种适宜的调查方法,收集与审核准则有关的定性或定量的审核证据,并依据审核准则对审核证据进行客观的评价,以判断其满足审核准则的程度,从而得出审核的结论。

2) 审核的特点是系统的、独立的和形成文件的。"系统的"是指审核活动是一项正式、有序的活动。"正式"指按合同,有授权;"有序"指有组织有计划地按规定的程序(从策划、准备、实施到跟踪验证以及记录、报告)进行的审核。"独立的"是指对审核证据的收集、分析和评价是客观的、公正的,应避免任何外来因素的影响以及审核员自身因素的影响,如要求审核的人员与受审核的活动无责任关系;"形成文件的"是指审核过程要有适当的文件支持,形成必要的文件,如审核策划阶段应形成审核计划、审核实施阶段应做好必要的记录、审核结束阶段应编制审核报告等。

3）审核的类型有内部审核（第一方审核）和外部审核（第二方、第三方审核）两大类。第一方审核（内审）是由组织自己或以组织的名义进行，用于组织内部进行体系评审的目的，也可作为组织自我合格声明的基础。第二方审核是组织对供方的审核，用于对供方选择、评价和重新评价的活动。第三方审核是由外部独立的，即独立于第一方和第二方之外的审核组织（如那些提供认证或注册服务的认证机构）对组织进行的审核。

4）结合审核和联合审核。当两个或更多的不同领域的管理体系被共同审核称之为结合审核。当两个或两个以上审核组织合作，共同审核同一个受审核方时，称为联合审核。

2. 审核准则

（1）定义

用于与审核证据进行比较的一组方针、程序或要求。

注：如果审核准则是法律法规要求，术语"合规"或"不合规"常用于审核发现。

（2）理解要点

1）审核准则的作用是作为判断审核证据符合性和有效性的依据。

2）审核准则可以是适用的方针、程序、标准、法律法规、管理体系要求、合同要求或行业规范等。

3）如果审核准则是法律法规要求，术语"合规"或"不合规"常用于审核发现。

4）针对一次具体的审核，审核准则应形成文件。

3. 审核证据

（1）定义

与审核准则有关并能够证实的记录、事实陈述或其他信息。

注：审核证据可以是定性的或定量的。

（2）理解要点

1）审核证据包括记录、事实陈述或其他信息，这些信息可以通过文件的方式（如各种记录）获取，也可以用通过陈述的方式（如面谈）或通过现场观察的方式等获取。

2）审核证据是能够被证实的信息，不能证实的信息不能作为审核证据，即这种信息应能够被证明是真实的、确实存在的。

3）审核证据是与审核准则有关的信息。例如对质量管理体系认证，审核准则包括质量管理体系要求，但不包括财务方面的要求，则财务方面的信息不能构成审核证据。

4）审核证据可以是定性的，如员工的质量意识；也可以是定量的，如不合格品率。

4. 审核发现

（1）定义

将收集的审核证据对照审核准则进行评价的结果。

注1：审核发现表明符合或不符合。

注2：审核发现可引导识别改进的机会或记录良好实践。

注3：如果审核准则选自法律法规要求或其他要求，审核发现可表述为合规或不合规。

（2）理解要点

1）审核发现是将已收集到的审核证据对照审核准则进行比较，从而得出评价的结果。需要注意的是审核发现中的"发现"是名词，而不是动词，评价的依据是审核准则，不能是其他，如某个人的看法或某单位的经验。

2）审核发现是一种符合性评价的结果，可能是符合，也可能是不符合。如果审核准则选自法律法规要求或其他要求，审核发现可表述为合规或不合规。

3）通过评价还可以发现哪些过程或活动需要改进或可以改进，因此当审核目的有规定时，审核发现可引导识别改进的机会或记录良好实践。

5. 审核结论

（1）定义

考虑了审核目标和所有审核发现后得出的审核结果。

（2）理解要点

1）审核准则、审核证据、审核发现和审核结论之间的关系。审核组通过收集和验证与审核准则有关的信息获得审核证据，并依据审核准则对审核证据进行评价获得审核发现，在综合汇总分析所有审核发现的基础上，考虑此次审核目的而做出最终的审核结论。由此可见，审核准则是判断审核证据符合性的依据，审核证据是获得审核发现的基础，审核发现是做出审核结论的基础。图3-1表示了审核证据、审核准则、审核发现和审核结论之间的关系。

2）审核结论是审核组得出的有关该次审核的审核结果，而不是审核组的某一个审核人员得出的审核结果。

3）审核结论以审核发现为基础，是在考虑了（包括系统地分析、研究）审核目的和所有审核发现的基础上得出的综合的、整体的审核结果。

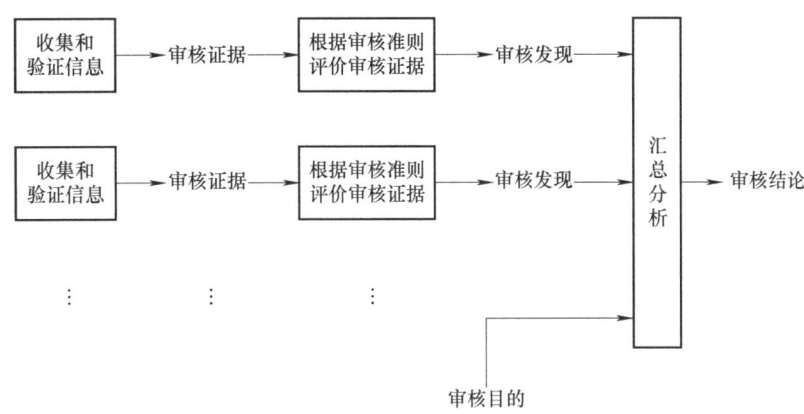

图 3-1 审核证据、审核准则、审核发现和审核结论之间的关系图

4）审核结论与审核目的有关，审核目的不同，审核结论也不同。如审核目的包括"识别管理体系潜在的改进方面"，审核结论则应包括提出改进的建议；如审核的目的是为了管理体系认证，审核结论则应确定管理体系符合审核准则的程度，提出是否推荐认证的建议。

5）管理体系的审核结论通常从符合性和有效性两方面做出。

6. 审核方案

（1）定义

针对特定时间段所策划并具有特定目标的一组（一次或多次）审核安排。

（2）理解要点

1）审核方案由审核方案管理人员制定，是指导审核的重要策划文件。

2）审核方案是审核策划的结果，是对具有特定时间段和特定目标的一组审核的安排。

3）审核方案具有以下特点：

① "特定时间段"，根据受审核组织的规模、性质和复杂程度，一个审核方案可以包括在某一时间段内发生的一次或多次审核，这个审核方案所覆盖的是这一时间段的一组审核。

② "特定目标"，每次审核都有其具体目标，一个审核方案要考虑的是针对这一特定时间段的一组审核所具有的总体目标。实现此目标的方式可以不同，可以针对受审核方某一管理体系的单一审核，也可以是结合审核或联合审核。

7. 审核计划

（1）定义

对审核活动和安排的描述。

（2）理解要点

1）审核计划描述的是一次具体的审核活动及活动的安排。审核计划是对一次具体的审核活动进行策划后形成的结果之一，通常应形成文件。

2）审核计划不同于审核方案，是每次审核活动的具体计划。审核计划的编制应满足审核方案的有关要求。

3）每次审核都要编制审核计划，审核计划由审核组长编制。审核计划的内容包括审核目标、审核范围、审核准则、审核组成员及分工、审核时间安排等。

8. 技术专家

（1）定义

向审核组提供特定知识或技术的人员。

注1：特定知识或技术是指与受审核的组织、过程或活动以及语言或文化有关的知识或技术。

注2：在审核组中，技术专家不作为审核员。

（2）理解要点

1）技术专家是指向审核组提供技术支持的人员。

2）技术专家可以在审核组中发挥其提供技术支持的作用，但应在审核员的指导下进行工作，技术专家是审核组成员，但不能作为审核员实施审核。

3）技术专家提供的技术支持的内容是指与受审核的组织、过程或活动，语言或文化有关的知识或技术，如提供有关专业方面的知识或技术，作为翻译提供语言（如少数民族语言）方面的支持等。

9. 向导

（1）定义

由受审核方指定的协助审核组的人员。

（2）理解要点

1）在第二方、第三方审核中受审核方应为每个审核小组配备一名向导。第一方审核视情况也可配备。

2）向导的作用：建立联系；安排特定部分的访问；确保审核组了解和遵守有关场所的安全规则；代表受审核方对审核进行见证；在收集信息过程中做出澄清或提供帮助。

10. 受审核方

定义：被审核的组织。

11. 能力

定义：应用知识和技能获得预期结果的本领。

注：本领表示在审核过程中个人行为的适当表现。

12. 审核范围

（1）定义

审核的内容和界限。

注：审核范围通常包括对实际位置、组织单元、活动和过程，以及审核所覆盖的时期的描述。

（2）理解要点

1）审核范围是指审核的内容和界限，也就是审核所覆盖的对象。审核范围的大小与审核的目的、受审核方的规模、性质、产品、活动和过程的特点等多方面的因素有关。

2）审核范围通常包括实际位置、组织单元、活动和过程及所覆盖的时期。

①"实际位置"是指受审核方所处的地理位置或其活动发生的场所位置，包括固定的、流动的和临时的位置。例如：某化工厂坐落的地址；某航空公司的航线；某施工单位的施工现场等。

②"组织单元"是指受审核的管理体系所涉及的组织的部门或职能或岗位，如组织的管理层、产品开发部、采购部、质量部、金工车间。或针对某一任务成立的某一项目部、课题组。

③"活动和过程"指的是受审核的管理体系所涉及的活动和过程，特别是管理体系所涉及的与产品有关的过程或活动，如设计、生产、安装、销售和服务等。

④"覆盖的时期"是指受审核的管理体系实施和运行的时间段，如某组织每年进行一次内审，则其每次内审所覆盖的时期至少为一年。

3）针对每一次具体的审核，审核范围应形成文件，包括对实际位置、组织单元、活动和过程以及所覆盖的时期的描述。

3.2 质量管理体系审核的目的

（1）第一方审核（内部审核）的目的

第一方审核又称为内部质量管理体系审核，是由组织的成员或其他人员以组织名义进行的审核。这种审核是组织建立的一种自我检查、自我完善的持续改进活动，可为有效的管理评审和纠正或持续改进措施提供信息。

内部质量管理体系审核的目的是：

1）保障质量管理体系正常运行和持续改进。组织在建立了文件化的质量管理体系之后，进入体系的正常运作。在运作过程中，文件化的体系能否正确实施，实施的效果如何，是否能达到方针目标的要求，这就需要组织建立一个自我发现问题、自我完善和自我改进的机制。事实证明，一个缺少监督检查机制的管理体系，不能保证持续有效运行，也不能持续改进提高。因此，有效的内部审核是克服组织内部的惰性、促使质量管理体系良性运作的动力。

2）为第二方和第三方审核做准备。在第二方或第三方审核前，组织安排进行内部审核，可及早发现不符合并进行整改，以便为顺利通过第二方或第三方审核扫清障碍，也可减少不必要的经济损失。

3）作为一种管理手段。内部审核通过对组织质量管理体系的运行情况进行评定，找出组织质量管理体系存在的问题，进而找出改进的途径，可为组织完善其质量管理体系提供依据。因而内部质量管理体系审核为组织的质量管理提供了有效的评价和检查手段。

（2）第二方审核的目的

第二方审核是在某种合同要求的情况下，由需方对供方实施的审核。

第二方审核的目的是：

1）选择合适的供应商或合作伙伴。随着顾客对质量的日益重视，有关法规也日益完善，组织为了自身的利益，在选择供应商或合作伙伴时，往往会对其提出质量管理的要求。一个拥有良好的质量管理体系的组织，将是顾客的优先选择对象。

2）证实供应商或合作伙伴满足规定要求。合同签订后，由组织或其委托的人员对供应商或合作伙伴的质量管理体系进行审核，以证实其质量管理体系持续满足规定要求，给组织以持续的信心。

3）促进供应商或合作伙伴改进质量管理体系。通过第二方审核，使供应商或合作伙伴了解组织对质量管理体系的要求，指出供应商或合作伙伴质量管理体系存在的不足之处，帮助其进行改进，使双方建立更为密切的互利关系。

（3）第三方审核的目的

第三方审核是由独立于受审核方且不受其经济利益制约或不存在行政隶属关系的第三方机构依据特定的审核准则，按规定的程序和方法对受审核方进行的审核。

在第三方审核中，由国家认可的认证机构依据认证制度的要求实施的以认证为目的的审核，又称为认证审核，有时简称认证。

第三方审核的目的是：

1）向外界展示组织的质量管理体系是符合要求的。通过第三方审核注册，为受审核方提供符合性的客观证明和书面保证，向所有的相关方证明组织的质量管理体系是符合规定要求的。这样可以为组织在社会上树立良好的形象，使组织在市场上更具有竞争力。

2）实施、保持和改进组织的质量管理体系。通过第三方的审核和年度的监督审核，促使组织坚持按照标准保持质量管理体系的有效运行，并可借助第三方专家的经验和专长，进一步改进和完善组织质量管理体系。

3）满足相关方的要求。当相关方要求组织通过质量管理体系认证时，组织通过认证审核，获得注册证书，以满足相关方的要求。

3.3 各类质量管理体系审核的区别

内部质量管理体系审核与外部质量管理体系审核从审核的目的、审核方组成、审核准则、审核人员以及审核后的处理均不同。表 3-1 列出了它们的区别。

表 3-1 内、外部质量管理体系审核的区别

	内部审核	外部审核	
	第一方审核	第二方审核	第三方审核
审核目的	审核质量管理体系的符合性、有效性，采取纠正措施，使体系正常运行和持续改进	选择合适的合作伙伴（供应商）；证实合作方持续满足规定要求；促进合作方改进质量管理体系	导致认证，注册
审核准则	ISO 9001 标准； 企业质量管理体系文件； 适用于组织的法律法规及其他要求	需方指定的产品标准和质量管理体系标准及适用的法律法规等	ISO 9001 标准；企业质量管理体系文件；适用于受审核方的法律法规及其他要求
审核计划	集中/滚动式审核	集中式审核	集中式审核
审核员	有资格的内审员，也可聘外部审核员	自己或外聘审核员	国家注册审核员
文件审查	根据需要安排	必须进行	必须进行
审核报告	提交不符合报告和采取纠正措施建议	只提不符合报告	只提不符合报告
纠正措施	重视纠正措施。内审员可对纠正措施的实施提供建议。对纠正措施完成情况不仅要跟踪验证，还要分析研究其有效性	可提出纠正措施的建议和要求；对纠正措施计划的实施要跟踪验证	对纠正措施不作建议；对纠正措施计划的实施要跟踪验证
争执处理	由质量管理体系负责人或最高管理者仲裁	按合同规定仲裁	由认证机构或国家认可委员会仲裁

3.4 质量管理体系审核的特点

（1）被审核的管理体系必须是正规的

ISO 9001 标准强调组织的质量管理体系要文件化，只有建立文件化的管理体系，管理体系才能规范运作，才有比较和评价的可能。文件化的质量管理体系是审核对象的必要条件。

（2）管理体系审核必须是一种正式的活动

管理体系审核的"正式"性，主要体现在：

1）无论是外审还是内审，都需要经过相关的管理者/委托方授权和批准才能进行，第三方审核还需根据合同进行。

2）管理体系审核有规范的程序和方法。从审核的准备到审核的实施和审核后的跟踪验证都有规范的程序和做法。

3）审核工作必须由经过培训且经资格认可的人员进行。不管是外部或是内部审核，审核人员都需经过正规的培训并取得相应的资格才能进行审核工作。

4）审核必须形成书面的文件。审核计划、审核表、审核记录、审核报告等都要形成书面文件。

（3）质量管理体系审核必须具有客观性、独立性和系统性

审核的客观性、独立性和系统性是开展审核的三个核心原则。

客观性是指审核员要以充分的证据为基础，公正、客观地评价审核对象，不能偏见、主观地给出审核结论。

独立性是指审核员要与被审核的领域无直接责任关系。在外部审核中，审核员应与受审核方无任何利益关系。在内部审核中，一般来说本部门人员不能审核本部门。

系统性是指审核员要按规定的程序全面审核和评价与审核对象有关的各项活动和结果。

（4）质量管理体系审核采用抽样方法

由于时间和人员的限制以及体系运行的连续性，审核工作要在规定的时间内完成对体系各个方面的审核工作，只能采取抽样检查的方法。抽样应做到随机抽样，要有代表性。但部门和体系过程（或要素）不能抽样。

3.5 质量管理体系审核原则

审核的特征在于其遵循若干原则。这些原则有助于使审核成为支持管理方针

和控制的有效与可靠的工具,并为组织提供可以改进其绩效的信息。遵循这些原则是得出相应和充分的审核结论的前提,也是审核员独立工作时,在相似的情况下得出相似结论的前提。

审核原则共有 6 项:诚实正直、公正表达、职业素养、保密性、独立性、基于证据的方法。

(1) 诚实正直:职业的基础

审核员和审核方案管理人员应:

1) 以诚实、勤勉和负责任的精神从事他们的工作。
2) 了解并遵守任何适用的法律法规要求。
3) 工作中体现他们的能力。
4) 以不偏不倚的态度从事工作,即对待所有事务保持公正和无偏见。
5) 在审核时,对可能影响其判断的任何因素保持警觉。

(2) 公正表达:真实、准确地报告的义务

审核发现、审核结论和审核报告应真实和准确地反映审核活动。应报告在审核过程中遇到的重大障碍以及在审核组和受审核方之间没有解决的分歧意见。沟通必须真实、准确、客观、及时、清楚和完整。

(3) 职业素养:在审核中勤奋并具有判断力

审核员应珍视他们所执行的任务的重要性以及审核委托方和其他相关方对他们的信任。在工作中具有职业素养的一个重要因素是能够在所有审核情况下做出合理的判断。

(4) 保密性:信息安全

审核员应审慎使用和保护在审核过程获得的信息。审核员或审核委托方不应为个人利益不适当地或以损害受审核方合法利益的方式使用审核信息。这个概念包括正确处理敏感的、保密的信息。

(5) 独立性:审核的公正性和审核结论的客观性的基础

审核员应独立于受审核的活动(只要可行时),并且在任何情况下都应不带偏见,没有利益上的冲突。对于内部审核,审核员应独立于被审核职能的运行管理人员。审核员在整个审核过程应保持客观性,以确保审核发现和审核结论仅建立在审核证据的基础上。

对于小型组织,内审员也许不可能完全独立于被审核的活动,但是应尽一切努力消除偏见和体现客观。

(6) 基于证据的方法:在一个系统的审核过程中,得出可信的和可重现的审核结论的合理的方法

审核证据应是能够验证的。由于审核是在有限的时间内并在有限的资源条件

下进行的,因此审核证据是建立在可获得信息的样本的基础上。应合理地进行抽样,因为这与审核结论的可信性密切相关。

3.6 内部质量管理体系审核的组织管理

组织在建立质量管理体系时,就应对内部质量管理体系审核做好总体安排和组织管理,在这方面有几个环节需要特别加以重视。

(1) 领导重视是做好内部质量管理体系审核的关键

内部质量管理体系审核对一个组织的质量管理体系的改进和产品质量的提高都具有重要的作用。但是要做好内部质量管理体系审核,关键在于领导对内审的重视。领导的质量意识不应仅表现在控制不合格产品,使之不能出厂,或是出了不合格品及时采取措施;更重要的还在于全面建立和实施一个合乎标准要求的质量管理体系。其中尤其重要的是要充分运用内部质量管理体系审核这个重要的管理手段和改进机制,使体系得到保持和改进。领导对内审工作的重视主要表现在领导层中认真研究如何建立内审的组织机构,任命干部,确定其职责和权限。其中重要一环是任命一个质量管理体系负责人(可以称为"管理者代表")。

(2) 质量管理体系负责人要亲自抓内部质量管理体系审核工作

质量管理体系负责人应是领导层的一名成员,所以一般不能任命一名中层干部作为质量管理体系负责人。质量管理体系负责人应确保按照 ISO 9001 标准的要求建立、实施和保持质量管理体系。因此具体领导内审工作的就是质量管理体系负责人。他应当通过一个职能部门(如质管办)建立内审的组织和程序,培训人员,制订计划,实施内部质量管理体系审核和审批审核报告。当审核组与被审部门发生争执时,应由他或通过他报请最高领导来进行仲裁。他又是全组织的各部门和职工就质量管理问题向最高领导层反映各种意见的重要渠道。

(3) 内部质量管理体系审核的具体工作需要有一个职能部门来管理

内部质量管理体系审核是一项长期的正规的工作,需要有一个常设机构来负责进行,而不能由一个临时性机构来从事此项工作。一般可由"质管办""质量管理部"这类职能机构来承担。这些机构可能还有许多其他的质量管理工作,但内审工作应是此部门的一项重要任务,而内审又完全可以与其他工作结合进行。

(4) 要组建一支合格的质量管理体系内部审核员队伍

内部质量管理体系审核需要一批合格、称职的审核员,因此培训审核员是一项重要的工作。应在组织内与质量管理有关的部门中选择一批熟悉组织的业务、了解质量管理的基本知识、有一定的学历、职称和工作经验、有交流表达能力和正直的人员进行培训，使之成为质量管理体系内部审核员。质量管理体系内部审核员要有一定的数量，足以应付例行的和特殊的内部质量管理体系审核的任务，还要考虑派往本组织的供方去做第二方审核。人员的分布也要适当分散，不可全部集中在质量管理部门。因为当审核到质管部门时，这些质管部门中的内审员均不得参与，因此必须从其他部门派遣内审员。一般情况下最好在采购、销售、技术、检验和生产部门中均能培养若干名兼职内审员供工作需要之用。所有经过一定培训的内审员需经考核后由组织领导正式任命，授予进行审核的权力。

（5）内部质量管理体系审核需要有一套正规的程序

内部质量管理体系审核需要有一套正规的做法。为此质量管理体系负责人应组织有关人员编制一份"内部审核程序"，明确内部质量管理体系审核的目的、范围、执行者的职责以及具体的实施方法。

（6）建立质量管理体系时应考虑内部质量管理体系审核工作

有许多企业和组织在建立质量管理体系时培养了一批骨干来编写质量管理体系文件，这批骨干同时也成为以后的内审员。或是在建立体系之初在培训骨干时就同时考虑建立内审组织并培训一批内审员，这些做法都是可以参考的。总之，内部质量管理体系审核工作需要本组织最高领导层的重视和支持，需要质量管理体系负责人和质量管理部门的精心策划和实施，需要有一批合格、称职的内审员的全力投入，也需要一套正规的、完善的程序和办法。

第 4 章

内部审核员

4.1 内审员的条件

内审员的注册不是强制性的,企业可以自己任命内审员,内审员一般应具备下列条件:

1) 教育程度。具有大专以上学历。
2) 培训。需接受有内审员培训资格的机构的培训,并取得培训合格证书。
3) 工作经历。四年以上工作经验,最好有一年质量管理的经验。
4) 个人素质。思路开阔,成熟,很强的判断和分析能力,看问题客观公正,坚持原则等。
5) 基本能力。了解 ISO 9001 标准,了解审核程序,方法和技巧;熟悉组织情况、管理体系文件;掌握基本的质量法规知识等。
6) 专业能力。熟练掌握质量管理的原则和技术,了解作业过程、产品和服务。

4.2 内审员的个人行为要求

审核员应具备必要的素质,能够按照审核原则(见 3.5 节)进行工作。审核员在从事审核活动时应展现职业素养,包括:

1) 有道德,即公正、可靠、忠诚、诚信和谨慎。
2) 思想开明,即愿意考虑不同意见或观点。
3) 善于交往,即灵活地与人交往。
4) 善于观察,即主动地认识周围环境和活动。
5) 有感知力,即能了解和理解处境。
6) 适应力强,即容易适应不同处境。
7) 坚定不移,即对实现目标坚持不懈。
8) 明断,即能够根据逻辑推理和分析及时得出结论。
9) 自立,即能够在同其他人有效交往中独立工作并发挥作用。

10）坚韧不拔，即能够采取负责任的及合理的行动，即使这些行动可能是非常规的和有时可能导致分歧或冲突。

11）与时俱进，即愿意学习，并力争获得更好的审核结果。

12）文化敏感，即善于观察和尊重受审核方的文化。

13）协同力，即有效地与其他人互动，包括审核组成员和受审核方人员。

4.3 内审员的作用

1）对组织质量管理体系是否符合策划的安排、ISO 9001标准的要求以及组织确定的要求做出评价，对组织质量管理体系的有效实施和持续改进起监督和推动作用。

2）受组织委派对供方质量管理体系进行审核。

3）在组织接受外部审核时，担任向导或负责联络。

4.4 内审员的知识和技能

审核员应具有达到审核预期结果的必要知识与技能。所有审核员应具有通用的知识和技能，还应具有一些特定领域与专业的知识和技能。审核组长还应具备更多的领导审核组的知识和技能。

4.4.1 管理体系审核员的通用知识和技能

审核员应具有下列方面的知识和技能。

（1）审核原则、程序和方法方面的知识和技能

这方面的知识和技能使审核员能将适用的原则、程序和方法应用于不同的审核并保证审核实施的一致性和系统性。审核员应能够：

1）运用审核原则、程序和方法。

2）对工作进行有效地策划和组织。

3）按商定的时间表进行审核。

4）优先关注重要问题。

5）通过有效的面谈、倾听、观察和对文件、记录和数据的评审来收集信息。

6）理解并考虑专家的意见。

7）理解审核中运用抽样技术的适宜性及其后果。

8）验证所收集信息的相关性和准确性。

9）确认审核证据的充分性和适宜性，以支持审核发现和审核结论。

10）评定影响审核发现和审核结论的可靠性的因素。

11）使用工作文件以记录审核活动。

12）将审核发现形成文件，并编制适宜的审核报告。

13）维护信息、数据、文件和记录的保密性和安全性。

14）直接或通过翻译人员，进行口头或书面的有效沟通。

15）理解与审核有关的各类风险。

（2）管理体系和引用文件方面的知识和技能

这方面的知识和技能使审核员能理解审核范围并运用审核准则，应包括：

1）管理体系标准或用作审核准则的其他文件。

2）适用时，受审核方和其他组织对管理体系标准的运用。

3）管理体系各组成部分之间的相互作用。

4）了解引用文件的层次关系。

5）引用文件在不同的审核情况下的运用。

（3）组织概况方面的知识和技能

这方面的知识和技能使审核员能理解受审核方的结构、业务和管理实践，应包括：

1）组织的类型、治理、规模、结构、职能和相互关系。

2）通用的业务和管理概念，过程和相关术语，包括策划、预算和人员管理。

3）受审核方的文化和社会习俗。

（4）适用的法律法规要求、合同要求和适用于受审核方的其他要求方面的知识和技能

这方面的知识和技能使审核员能了解适用于组织的法律法规和合同要求，并在此环境下开展工作。与法律责任或受审核方活动和产品有关的知识和技能包括：

1）法律、法规及其主管机构。

2）基本的法律术语。

3）合约及责任。

4.4.2 质量管理领域审核员的专业知识和技能

质量管理的相关知识和技能及其方法、技术、过程和实践的应用，应足以使审核员能够审核该管理体系并形成适当的审核发现和结论。

1）与质量、管理、组织、过程及产品、特性、符合性、文件、审核和测量过程相关的术语。

2）以顾客为关注焦点、与顾客相关的过程、顾客满意的监视和测量、投诉处理、行为规范、争议解决。

3）领导作用（最高管理者的作用），追求组织的持续成功（质量管理方法），通过质量管理实现财务和经济效益、质量管理体系和卓越模式。

4）人员参与、人员因素、能力、培训和意识。

5）过程方法、过程分析、能力和控制技术、风险处理方法。

6）管理的系统方法（质量管理体系的原理、质量管理体系和其他管理体系的关注点、质量管理体系文件）、类型和价值、项目、质量计划、技术状态管理。

7）持续改进、创新和学习。

8）基于事实的决策方法、风险评估技术（风险识别、分析和评价）、质量管理评价（审核、评审和自我评价）、测量和监视技术、对测量过程和测量设备的要求、根本原因分析、统计技术。

9）过程和产品（包括服务）的特性。

10）与供方互利的关系、质量管理体系要求和对产品的要求、不同行业对质量管理的特定要求。

4.4.3 审核组长的通用知识和技能

审核组长应当具有管理和领导审核组的知识和技能，以便审核能有效和高效地进行。审核组长应具有必备的知识和技能，以便：

1）平衡审核组成员的强项与弱项。

2）建立审核组成员间的和谐工作关系。

3）管理审核过程，包括：

① 对审核进行策划并在审核中有效地利用资源。

② 对达到审核目标的不确定性进行管理。

③ 在审核期间保护审核组成员的健康和安全，包括确保审核员遵守相关健康和安全、安保的要求。

④ 协调和指挥审核组成员。

⑤ 指导和指挥实习审核员。

⑥ 必要时，预防和解决冲突。

4）代表审核组与审核方案管理人员、审核委托方和受审核方进行沟通。

5）引导审核组得出审核结论。

6）编制和完成审核报告。

4.5 内审员的工作方法和技巧

4.5.1 审核工作方法

（1）面谈

面谈是一种重要的收集信息的方法，并且应以适于当时情境和受访人员的方式进行，面谈可以面对面进行，也可以通过其他沟通方法。面谈时，审核员应考虑如下事宜：

1）受访人员应来自承担审核范围涉及的活动或任务的适当的层次和职能部门。

2）通常在受访人员正常的工作时间和工作地点（可行时）进行。

3）在面谈之前和面谈期间应尽量使受访人员放松。

4）应解释面谈和做笔记的原因。

5）面谈可以从请受访人员描述其工作开始。

6）注意选择提问的方式（例如：开放式、封闭式、引导式提问）。

7）应控制谈话方向，珍惜有限的时间，尽量按预定时间完成每次的谈话计划。

8）少说多听，捕捉要点。在面谈时应尽量把有限的时间让被审核方多说，审核员应仔细聆听，以便从中捕捉所需要的信息。逐一核对事先考虑的检查要点，并追问遗漏点，直至获得全部检查要点的信息为止。

9）应与受访人员总结和评审面谈结果。

10）有时对于交谈所得到的信息，特别是涉及数据的一些信息，还应该通过其他渠道获取支持信息予以核实，如通过查阅记录、现场观察来核实面谈所得到的信息，以保证审核的客观性。

11）应感谢受访人员的参与和合作。

（2）查阅文件与记录

质量管理体系是一个文件化的体系，查阅文件和记录是现场审核中必须采用的方法，通过文件和记录可以了解体系的要求，可以追溯体系的发展及运行状况，审核中需查阅的主要记录包括：设计评审、验证、确认记录、供应商评价记录、培训记录、协商与沟通记录、文件控制记录、监测与测量记录、不符合、纠正措施记录、内审记录以及管理评审报告等。由于组织的同一类记录往往很多，不可能一一核查。审核员要善于从中选取代表性的样本进行审核。

（3）现场观察

审核员通过自己的眼睛看到的应是最真实的，所以审核员应当具备敏锐的观察力，现场观察的方法可用于判断组织在实际工作中是否遵守了程序文件和作业指导书的要求，这也要求审核员事先熟悉文件对现场的各项主要要求。同时，也不应拘泥于文件的要求，应善于自己发现问题。

现场观察中一个重要的内容是判断有无重要的生产过程被遗漏，要做好这一点，审核员就必须掌握有关的质量知识和法律、法规知识。

4.5.2 审核技巧

（1）提问的技巧

通过提问，有重点地收集和验证信息，采取不同的提问方式，灵活地运用合适的方法，从而获得满意的效果。

1）敞开式提问，以能得到较为广泛的信息为目的的提问方式。例如：你部门承担什么质量职能？如何进行质量控制的？缺点是花费较多时间。

2）封闭式提问，针对某项活动提出范围较窄的问题。例如：成品检验中有没有检验指导书，不合格品是否进行评审？这种提问方式容易使面谈对象紧张，有些问题并不是一个"是"和"不是"这样能简单定论的。

3）思考式提问，可围绕问题展开讨论以获得更多信息的提问方式，常有为什么？请告诉我……

4）刺激式提问，采用具有一定分量的语句和语气而又不失礼貌和仪态的提问方式，激发对方回答审核员想了解的问题。例如：经检验某外购件 20%不合格，被退了回去，您不认为采购部门有严重失控吗？

此外还有侧面式提问、澄清式提问、重复式提问、表情式提问等，要结合审核对象灵活地加以应用，取得好的效果，在提问时还应注意考虑被问者的背景，观察其神态表情，努力理解回答的问题，适时地点头，用神态表示理解、肯定，不能诱导和暗示某种答案，不说有情绪的话，不要连珠炮似的发问，不要问与审核无关的话题，并适时表示谢意等。

提问免不了要用疑问词，在审核中常用的疑问词主要有 6 个，称之为 5W1H：

1）什么（what）？

例如：你部门的质量职能是什么？

2）为什么（why）？

例如：为什么没有对供应商的质量保证能力进行评定？

3）何人（who）？

例如：工艺更改规定由谁负责审批？

4）何时（when）?

例如：多长时间对设备进行预保养一次？这台设备上一次预保养是在何时？

5）何地（where）?

例如：型式试验的样品抽自何处？

6）如何做（how）?

例如：这个特殊工序是如何控制的？

（2）倾听的技巧

要记住，信息是通过看、问、听获得的，不能从讲话中获得。

审核员要注意认真听取被访者的回答，并做出适当的反应。首先必须对回答表现出兴趣，保持眼神接触，用适当的口头认可的话语，如"是的""我明白了"来表明自己的理解，谈话时要注意观察对方的表情，在受审核方对提问产生误解或答非所问时，审核员应礼貌地加以引导，千万不要做出不恰当的反应。

（3）观察的技巧

常言说得好，耳听为虚，眼见为实，审核员判断某项质量活动的符合性和有效性，是以眼见的文件、记录、结果为客观证据的，观察和提问是审核中不可截然分开的调查方法，从提问中了解情况，从观察中获得证实。常有正向顺序观察法，按产品工艺路线去审核去观察，及逆向顺序观察法，先从产品最后一道过程向前推的观察方法，例如观察一个生产组织，先了解售后服务及用户的反映和投诉，然后再查检验、生产过程控制、采购、技术文件等反顺序进行观察。

（4）验证的技巧

在一般情况下，审核员在得到回答后，常采用"请给我看……"的语句，如果客观证据一时拿不出，审核员应记下此细节，以防遗忘。审核员不能凭某人说的就认为是客观事实而忽略对其进行验证。被访问人员（除当事人或负责人）的陈述，一般并不能作为客观证据。验证通常有以下思路：

1）有没有。不能因为回答得很圆满，审核就到此止步，还要按照审核依据验证应具备的文件、记录等是否存在，是否符合要求。

2）做没做。不能因文件、记录准备得好就认为符合要求了，还要进行现场观察、检查，判断实际上是否做了。

3）做得怎样。不能因为已按文件做了就认为符合要求，还要检查实际做的结果是否有效，是否真正进入了受控状态。

（5）记录的技巧

审核员应确保审核证据的可追溯性，为此必须详细地进行记录，如采用笔录、录音、照相等方式，所做的记录包括时间、地点、人物、事实描述、凭证材料、涉及的文件、各种标识。这些信息均应字迹清楚、准确具体，易于再查。只有所获取的记录准确、完整，才能为审核结果做出合理的判断。

（6）按过程方法审核的技巧

按过程方法审核时，要了解以下问题：

1）本过程有哪些主要活动？输入、输出是什么？

2）本过程由哪几个部门负责？

3）本过程的绩效指标是什么？

4）实现本过程需要哪些资源？

5）过程运行依据哪些文件？

6）过程运行有效的证据有哪些？

7）本过程如何进行监视和测量？

8）出现不符合如何处理？

9）是否针对不符合的原因采取了纠正措施？效果如何？

10）本过程的绩效指标达成没有？

11）准备或已经实施哪些改进？效果如何？

4.6 现场审核活动的控制

1. 审核计划的控制

1）依照计划和检查表进行审核。

2）如确因某些原因需要修改计划，需与受审核方商量。

3）当出现严重不符合时，经审核组长同意，可超出审核范围审查。

2. 审核进度的控制

1）按照规定的时间完成。

2）如果出现不能按预定时间完成的情况，审核组长应及时做出调整。

3. 审核气氛的控制

1）适当调节审核中出现的紧张气氛。

2）对于草率行事，应及时纠正。

4. 审核客观性的控制

1）审核组长每天对审核组成员发现的审核证据进行审查。

2）凡是不确实或不够明确的，不应作为审核证据予以记录。

3）审核组长经常或定期与受审核方代表交换意见，以取得对方对审核证据的确认。

4）对受审核方不能确认的证据，应再审查核对。

5. 审核范围的控制

1）内审时，常会发现扩大审核范围的情况。

2）改变审核范围时，应征得审核组长同意并与受审核方沟通。

6. 审核纪律的控制

1）审核组长关注审核员的工作。

2）及时纠正违反审核纪律的现象。

3）对不利于审核正常进行的言行及时纠正。

7. 审核结论的控制

1）做出审核结论以前，审核组长应组织全组讨论。

2）结论必须公正、客观和适宜。

3）避免错误或不恰当的结论。

4）审核目标无法实现时，审核组长应向委托方和受审核方报告原因，并采取适当措施。措施有终止审核和变更审核目标。

4.7 有利与有害的审核员特质

有利与有害的审核员特质见表 4-1。

表 4-1 有利与有害审核的特性

有助审核的特质	有害审核的特质
心胸开阔	心胸狭窄
态度委婉	随便
精力十足	懒惰
自律	主观
保密	泄密
公正、客观、廉洁	主观、不公正
诚实	不廉洁
善于倾听	渴望被喜欢
有耐心	胆怯
言辞清晰	无法沟通
善于沟通	没有耐性
好奇心	接受表面现象
不怕不受欢迎	不够专业
体谅	易受骗

4.8 内审员应克服的不良习惯

1）吹毛求疵。突出细小的缺点并喜欢深入无关紧要的细节。
2）"逮住你了"。千方百计寻找问题，非要找出问题不可。
3）傲慢。试图证明自己胜过其他审核员。
4）躲避生产车间，待在办公室里审核。
5）冲突。什么事都要争个你输我赢。
6）过多发表个人意见。
7）工作计划过多改动。

4.9 成功审核的几个要点

1）面谈时不应仅仅拘泥于所审体系的话题，要用其他话题引起对方兴趣。
2）要积极应对，在符合体系要求时要肯定对方。
3）以激励的方式交谈，让对方明白你已注意到对方的工作和作用。
4）提问时要求对方回答具体化。
5）不能为达到审核目的而对对方发出指示、命令。
6）要回避争论。
7）不要随意评价所得信息。
8）审核中发现不符合，应迅速记录，但不要过多评论，避免引起对方反感。
9）不能在说明审核情况时议论当事人。
10）要牢记发现不符合的目的是为了审核者和受审核者双方利益，目的是解决质量问题。

4.10 审核中可能见到的人物类型及对策

在现场观察中，有时会遇到一些人或出现一些情况，给现场检查工作带来一些困难，这时审核人员应坚定不移地继续工作，采取一些妥善措施，及时排除干扰。

下面介绍一些现场会遇到的一些人物类型及应采取的措施。

（1）"没问题"型

这类人只给审核人员看好的一面，对差的地方搪塞而过。

对这样的人采取的对策是：不要一带而过，要仔细并坚持对好的和差的逐点进行评估。

（2）"不用你告诉我如何做"型

这类人对审核人员的任何意见、疑问或发现的问题采取轻视、有时甚至是蔑视的态度，他们不接受任何批评或忠告，更不接受提供给他应该采取的纠正措施。

对这类人采取的对策是：保持冷静和坚强，清楚而详尽地报告检查中发现的不符合及证明其存在的证据。

（3）"真有那么大的关系吗？"型

这类人把审核看成是一种不得不应付的负担，对你发现的所有问题，都会用同样的回答："真有那么大的关系吗？这不会对我们的产品产生任何影响，你可以当成一个建议留给我们去研究，何必当成一个问题去处理呢！"

对这类人采取的对策是：对所有发现的问题，不论谁说什么，都要彻底处理。

（4）"生硬"型

这类人对审核人员只提供很少量情况，对问话只作简单回答，对人的态度很生硬。

对这类人采取的对策是：非常耐心地要求提供你需要的情况，一个问题要多问几遍，同类问题多换几个问法，要考虑到用三个问题得到一个回答就足够的情况。要耐心、容忍、坚持不懈、机动灵活。

（5）"不知道"型

有时候受审核方管理者，为审核组指派一名既不懂管理体系实施情况，又不承认他不了解管理体系的人作为陪同。这类人实际上对企业管理体系缺乏了解，因此他们通常提供一些含糊的、甚至会引人误入歧途的情况，使审核员浪费很多时间，影响审核工作的进程。

对这类人采取的对策是：说服他去找了解情况的人介绍其所不了解的情况，或者坚决要求换一个人作为陪同。在这种情况下，审核人员要坚持自己的意见，同时能正确地判断出现的情况。

（6）"专家"型

这类人不仅掌握质量管理的理论知识，而且有丰富的实践经验，他们往往认为审核人员的水平还没有他们高，因此他们总是想让审核人员听他们的话，按他们的意图去了解情况。这类人将使审核人员的工作停顿并彻底破坏原有的时间安排。

对这类人采取的对策是：明确地有意识地讲明你的问题和对情况进行调查的要求，毫不动摇地按审核计划的时间安排去做，决不能让这类人控制审核时间表。

（7）"停止一切"型

每次发现受检查部门的问题时，这类人都要求停止一切工作，并要求重新谈判审核项目，要求讨论因停工造成的大量额外成本问题。

对这类人采取的对策是：审核人员绝不介入合同、额外成本问题，将所有与审核无关的问题提给有关人员讨论，以便审核人员继续进行审核工作。

（8）"我正等着你来"型

这类人将立即向你倾诉受检查部门管理人员和同事们几十年来犯下的"错误"，把该部门说得一无是处。如不制止，他将会公布出无数的"错误"。

对这类人采取的对策是：不受影响，与陪同的人员讨论这些意见，避免个人恩怨，千万不要介入其中，只记录与审核有关的情况。

第 5 章

审核方案管理

5.1 审核方案管理概述

审核方案是"针对特定时间段所策划的并具有特定目标的一组（一次或多次）审核安排"。为了使审核工作有组织、有计划、有系统地进行，建立审核方案并对其进行管理是非常必要的。本章将以 ISO 19011《管理体系审核指南》为蓝本，详细讲解审核方案的建立与管理。

5.1.1 审核方案的内容

审核方案应包括在规定的期限内有效和高效地组织和实施审核所需的信息和资源，并可以包括以下内容：

1) 审核方案和每次审核的目标。审核方案的目标是为了确保受审核管理体系的有效性，每次审核的目标则因组织诉求的不同而不同，比如企业为了通过 ISO 9001，在认证前进行内审的目的是评价组织是否具备 ISO 9001 认证的条件；又比如某些组织在接收重大合同前对其质量管理体系进行审核，此时审核的目的是验证本组织对合同要求的符合性。

2) 审核的范围与程度（审核所有部门或是部分部门，审核 ISO 9001 的全部过程或是部分过程等，详见 5.3.3 节）、数量（审核方案包括多少次审核）、类型、持续时间、地点、日程安排（集中式或滚动式审核日程计划，详见 5.3.3 节 (4)）。

3) 审核方案的程序。对内部审核来说，审核方案程序可以包括：内部审核程序、审核人员管理程序等。

4) 审核准则。审核类型不同，审核准则也不同，审核方案中要予以明确。如内部审核的准则是 ISO 9001 标准、组织的质量管理体系文件、组织适用的法律法规及其他要求。详见 3.3 节表 3-1。

5) 审核方法。包括审核方式、获取证据的方法。审核方式包括是按部门审核或是按过程审核（详见 5.3.3 节 (3)）。获取证据的方法包括听、查、看、访、问（详见 4.5 节）。

6) 审核组的选择。包括审核组选择的原则、审核组基本要求、审核组组长确定、专业审核人员或专家的配备。

7)所需的资源。为顺利开展审核工作，需配置哪些资源。

8)处理保密性、信息安全、健康和安全，以及其他类似事宜的过程。包括在审核过程中获得的有关受审核方的经济和技术秘密的保密要求、对特定行业的信息安全要求，在审核中审核人员健康与安全方面的要求等。

5.1.2 审核方案管理概述

审核方案的管理与第 6 章所讲的审核实施是不一样的，审核方案的管理讲的是对组织一段时间内（一般是一年）的审核工作进行管理，而审核实施讲的是对一次具体的审核活动进行管理。审核方案的管理包括确立审核方案的目标、建立审核方案、实施审核方案、监视审核方案、评审和改进审核方案。图 5-1 所示为审核方案的管理流程。

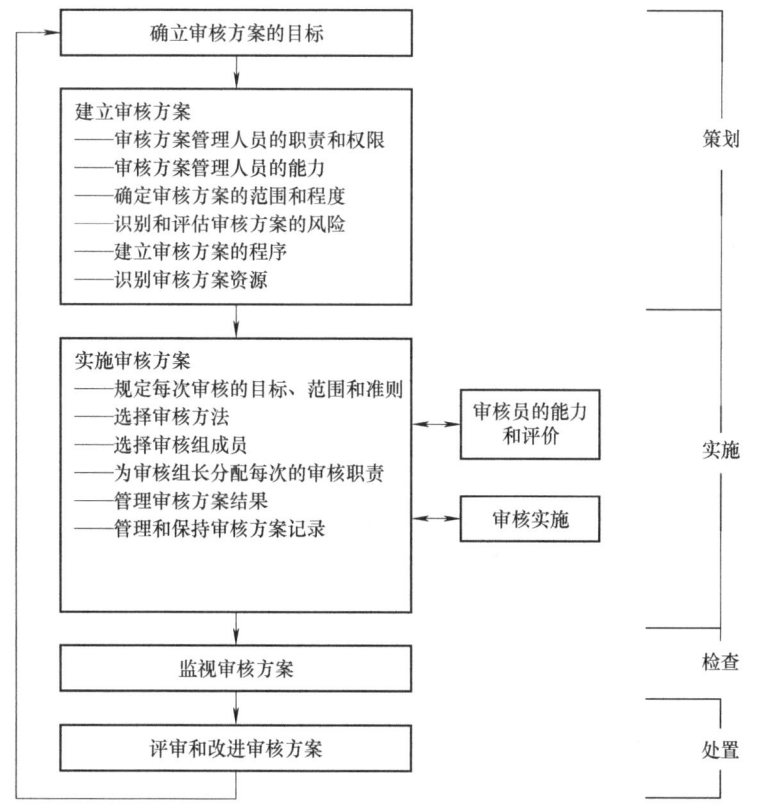

图 5-1 审核方案的管理流程

说明：图中"审核实施"见第 6 章。

5.2 确立审核方案的目标

审核方案的目标是指通过实施审核方案中的一组审核所要达到的目的。由于审核方案是一组审核的策划与安排,所以审核方案的目标是一组审核的目标。组织在编制审核方案前,要明确确定有关审核方案的目标。

5.2.1 确定审核方案目标时考虑的因素

为了确保审核方案的有效实施,审核方案的目标应与质量管理体系的方针和目标相一致,并支持方针和目标。

确定审核方案的目标时,可以考虑以下因素:

1) 管理的优先事项和重点项目。不同的时期,会有不同的工作重点,有需要优先考虑的、需要突出解决的问题。如当年重点是改善生产过程控制,则可以将加强生产过程的控制确定为审核方案的目标。

2) 商业意图和其他业务意图。如组织经常以对重大项目投标作为工作重点,力图多中标和切实履行合同或争取成为大企业的供方,则可以把满足顾客要求以及检查与顾客有关的过程确定为审核方案的目标。

3) 过程、产品和项目的特性,以及其变化。可以针对特定的产品、项目或合同开展专项审核,以确认该产品、项目或合同相关的管理体系要求是否得到满足;针对某一个或几个重要过程开展过程审核,以确定这些过程的要求是否得到满足。

4) 管理体系要求。如组织计划获得 ISO 9001 认证,那么审核方案的目标可以是检查质量管理体系是否具备 ISO 9001 认证的条件。

5) 法律法规和合同要求,以及组织承诺遵守的其他要求。国家有关规章规定组织生产的产品必须获得强制性产品认证,本组织决定当年内完成产品的认证工作,则可以将改进产品质量、建立符合产品认证规定的管理体系的要求确定为内审审核方案目标。

6) 供方评价的需要。为了保证供应商持续提供合格产品,可以对供应商进行审核,这样可以将促进供应商改进供货质量作为审核方案的目标。

7) 相关方(包括顾客)的需求和期望。可以将满足顾客要求作为本组织某项审核方案的目标。

8) 发生失效、事件和顾客投诉时所反映出的受审核方的绩效水平。可以将改善组织的薄弱环节,提高顾客满意度确定为审核方案目标。

9) 受审核方所面临的风险。

10）以往审核的结果。

11）受审核的管理体系的成熟度水平。可以将改善管理的薄弱环节，提高管理水平确定为审核方案目标。

5.2.2 审核方案目标示例

1）确定受审核方质量管理体系或其一部分与审核准则的符合程度。
2）促进管理体系及其绩效的改进。
3）验证本组织与合同要求的符合性。
4）满足外部要求，如招投标对管理体系的要求。
5）获得和保持对供方能力的信心。
6）确定管理体系实现规定目标的有效性。
7）评价管理体系的目标与管理体系方针、组织的总体目标的兼容性和一致性。

5.3 建立审核方案

对组织而言，一般一年编制一次审核方案，审核方案一般由质量管理体系负责人（管理者代表）编制，总经理批准。

编制、建立审核方案时应注意以下几个问题：

1）审核方案管理人员的作用和职责。
2）审核方案管理人员的能力。
3）确定审核方案的范围和详略程度。
4）识别和评估审核方案风险。
5）建立审核方案的程序。
6）识别审核方案资源。

5.3.1 审核方案管理人员的作用和职责

组织的最高管理者从组织的管理层中指定一名或多名审核方案管理人员。审核方案管理人员可以是质量管理体系负责人（管理者代表），也可以是负责内审归口管理部门的负责人员，其任务是负责建立、实施、监视、评审和改进审核方案。

审核方案管理人员应：

1）确定审核方案的范围和程度。
2）识别和评估审核方案的风险。
3）明确审核的责任。

4）建立审核方案的程序。

5）确定所需的资源。

6）确保审核方案的实施，包括明确每次审核的目标、范围和准则，确定审核方法，选择审核组和评价审核员。

7）确保管理和保持适当的审核方案记录。

8）监视、评审和改进审核方案。

审核方案的管理人员应将审核方案内容报告最高管理者，并在必要时获得批准。

5.3.2 审核方案管理人员的能力

审核方案管理人员应具备有效和高效管理审核方案及其相关风险的必要能力，并具备以下方面的知识和技能：

1）熟悉审核原则、程序和方法。

2）熟悉管理体系标准和引用文件。

3）了解受审核方的活动、产品和过程。

4）了解与受审核方活动、产品有关的适用的法律法规要求和其他要求。

5）了解受审核方的顾客、供方和其他相关方（适用时）。

审核方案管理人员应参加适当的持续专业发展活动，以保持管理审核方案所需的知识和技能。

5.3.3 确定审核方案的范围和详略程度

（1）确定审核方案的范围和详略程度

审核方案的范围是指审核所覆盖的过程、活动、产品、部门及场所，审核方案的详略程度是指审核方案内容的多与少、详细与简略。

审核方案管理人员应确定审核方案的范围和详略程度。审核方案的范围和详略程度取决于受审核方的规模和性质，受审核的管理体系的性质、功能、复杂程度和成熟度水平，以及其他重要事项。在某些情况下，根据受审核方的结构或活动，审核方案可能只包括一次审核，如一个小型项目活动。

影响审核方案范围和详略程度的其他因素包括：

1）每次审核的目标、范围、持续时间和审核次数，适用时，还包括审核后续活动。例如，对某部门审核次数较多，那么每次审核该部门的时间可以少一些。

2）受审核活动的数量、重要性、复杂性、相似性和地点。如对车间的审核比对人力资源部的审核复杂，审核方案中可要求增加审核车间的时间。

3）影响管理体系有效性的因素。例如，对管理体系中的关键因素，审核方案中可多安排审核次数、审核时间。

4）适用的审核准则，如有关管理标准的安排、法律法规要求、合同要求以及受审核方承诺的其他要求。例如，公司要申请3C认证，那么审核方案中可要求对与3C有关的要求严加审核。

5）以往的内部或外部审核的结论。例如，往年审核中发现研发部问题较多，那么当年的审核方案中可要求增加对研发部的审核次数。

6）以往的审核方案的评审结果。例如，往年审核方案的评审结果中认为内审员水平不行，那么当年的审核方案中可增加对内审员培训的要求。

7）语言、文化和社会因素。例如，供应商是美资企业，那么最好安排懂英语的审核员。

8）相关方的关注点，例如，顾客抱怨或不符合法律法规要求。相关方关心的问题，尤其是顾客关心的问题，应列为审核方案的内容，以便通过审核保证体系的实施，保证顾客满意。

9）受审核方或其运作的重大变化。例如，工艺有重大调整，那么审核方案中可增加对新工艺审核的要求。

10）支持审核活动的信息和沟通技术的可获得性，尤其是使用远程审核方法的情况。所谓远程审核是指在受审核方现场以外地方进行，审核方借助交互式的通信手段进行文件审核等。

11）内部和外部事件的发生，如产品故障、信息安全泄密事件、健康和安全事件、犯罪行为或环境事件。

（2）审核的频次与时机

内部质量管理体系审核分为例行的常规审核和特殊情况下的追加审核。

例行的常规审核按预先编制的年度审核方案进行。质量管理体系建立之初，频次可以多一些。至于各部门、ISO 9001各过程的审核频次，可以根据审核中发现问题的大小、多寡以及该部门的重要程度来决定。

在一年的审核中，应确保所有的部门、ISO 9001的所有过程至少被审核一次。

在下列特殊情况下，应修正年度审核方案，追加进行内部质量管理体系审核的次数：

1）法律、法规及其他外部要求发生变化。

2）相关方（用户）的要求或投诉。

3）发生重大质量事故。

4）质量管理体系大幅度变更，等等。

（3）审核方式

1）按部门审核的方式。这种方式是以部门为单位进行审核的，即在某一部门，针对涉及该部门的有关过程进行审核。这种方式为多数组织所采纳。这种审核方式强化了体系组织机构职能概念，例如对于生产型企业，其职能部门往往在质量管理体系当中担当某些过程的管理责任，而实施部门生产车间则承担若干运行操作工作，而这些管理职能和运行操作又存在着内在联系，通过部门审核则容易把握该部门的整体运行状况，而且由于审核时间较为集中，所以审核效率高，对受审核方正常的生产经营活动影响小，但缺点是审核内容比较分散，过程的覆盖可能不够全面。

2）按过程审核的方式。按过程审核是以过程为线索进行审核的，即针对同一过程的不同环节到各个部门进行审核，以便做出对该过程的审核结论。

这种方式的优点是目标集中，判断清晰，较好地把握了体系中各个过程的运行状况。但缺点是审核效率低，对受审核方正常的生产经营活动影响较大，审核一个过程往往要涉及许多部门，因而各个部门要重复接受多次审核才能完成任务。

对比以上两种审核方式，为了提高审核效率，ISO 9001 质量管理体系审核常采用部门审核的方式，而在追踪某一过程实施情况时，又采用过程审核的方式。

（4）审核日程计划

1）集中式年度审核日程计划。集中式年度审核日程计划（见表 5-1）适用于第一、第二、第三方审核。其特点是：

① 一年 1、2 次进行集中式审核，即集中几天内把各部门、各过程都审核完。

② 每次审核可针对 ISO 9001 全部适用的过程及相关部门，也可针对某些过程或部门。但要保证在一年中，所有的过程和部门都得到了审核。

③ 审核后的纠正行动及跟踪在限定时间内完成。

④ 特别适用于中、小型企业，无专职机构及人员的情况。

表 5-1 集中式年度审核日程计划

序号	受审核部门	月份											
		1	2	3	4	5	6	7	8	9	10	11	12
1	总经理				★						★		
2	管理者代表				★						★		
3	产品研发部				★						★		
4	工艺技术部				★						★		
5	生产部				★						★		
6	质量部				★						★		
7	仓库				★						★		
8	采购部				★						★		
9	人事行政部				★						★		
10	营销部				★						★		

2）滚动式年度审核日程计划。滚动式年度审核日程计划（见表 5-2）只适用于内审，不适用于第二、第三方审核。其特点是：

① 审核持续时间较长。逐月开展，每月对一个或几个部门或过程进行审核。

② 审核和审核后的纠正行动及其跟踪措施陆续展开。

③ 在一个审核周期内（一般为一年）应保证所有 ISO 9001 过程及相关部门得到审核。

④ 重要的过程和部门可安排多频次审核。

⑤ 适用于大、中型企业，设有专门内部审核机构或专职人员的情况。

表 5-2　滚动式年度审核日程计划

序号	受审核部门	月份											
		1	2	3	4	5	6	7	8	9	10	11	12
1	总经理	★											
2	管理者代表	★											
3	产品研发部				★				★				★
4	工艺技术部				★				★				★
5	生产部				★				★				★
6	质量部							★					
7	仓库							★					
8	采购部										★		
9	人事行政部										★		
10	营销部										★		

5.3.4　识别和评估审核方案风险

在建立、实施、监视和评审审核方案过程中存在多种风险，这些风险可能影响审核方案目标的实现。审核方案管理人员在制定审核方案时应考虑这些风险并采取应对措施。这些风险可能与下列事项相关：

1）方案策划，如未能设定合适的审核目标和未能确定审核方案的范围和程度。

2）资源配置，如没有足够的时间制定审核方案或实施审核。

3）审核组的选择，如审核组不具备有效地实施审核的整体能力。

4）方案实施，如没有有效地与受审核方沟通审核方案。

5）与审核方案有关的记录及其控制，如未能适宜地保护用于证明审核方案有效性的审核记录。

6）监视、评审和改进审核方案，如没有有效地监视审核方案的结果。

5.3.5　建立审核方案的程序

审核方案管理人员为了做好审核方案的管理，应建立一个或多个对审核方案进行管理的程序，用于规定下列事项（适用时）：

1）在考虑审核方案风险的基础上，策划和安排审核日程。
2）确保信息安全和保密性。
3）保证审核员和审核组长的能力。
4）选择适当的审核组并分配任务和职责。
5）实施审核，包括采用适当的抽样方法。
6）适用时，实施审核后续活动。主要是指纠正措施的验证。
7）向最高管理者报告审核方案的实施概况。
8）保持审核方案的记录。即有关内审审核方案制订、实施、评审、改进的记录的管理。
9）监视和评审审核方案的绩效和风险，提高审核方案的有效性。

一般而言，应将对审核方案进行管理的程序形成规范性的文件，每次编制审核方案时，引用即可。对审核方案进行管理的程序包括内部审核程序、特殊事项审核程序、审核人员管理程序等。对中小企业而言，编制一份内部审核程序即可。

某企业的年度审核方案见案例 5-1。

案例 5-1：年度审核方案

2016 年度审核方案

方案目的	1）检查本公司管理体系是否正常运行，评价管理体系的有效性和符合性 2）评价主要供应商的质量管理体系是否有持续提供合格产品的能力
审核范围	1）本公司质量管理体系覆盖的所有部门和过程 2）主要供应商的合同评审、设计和开发、采购、生产、检验、防护、售后服务过程
审核准则	1）本公司内部审核准则：ISO 9001 标准、质量手册、程序文件及其他相关文件、适用的法律法规及其他要求 2）供应商审核准则：采购合同、ISO 9001 标准
审核的程序及文件记录	内部审核按《内部审核程序》执行；供应商审核执行《供应商管理办法》
审核方式	按部门进行审核
审核频次、日程、审核组安排	1）2016 年 5 月份进行第一次内部质量管理体系审核（集中式审核），由曹某、袁某、周某组成审核组进行审核 2）2016 年 11 月份进行第二次内部质量管理体系审核（集中式审核），由刘某、孙某、鲁某组成审核组进行审核 3）2016 年 6 月份对 A 供应商进行审核，由曹某、袁某组成审核组进行审核 4）2016 年 8 月份对 B 供应商进行审核，由刘某、孙某组成审核组进行审核

(续)

所需资源	质量管理部在 2016 年 3 月份前购买 30 本内审员培训教材
审核方案的监视	1）审核计划的审核与批准。每次审核组长编制的审核计划，要由质量管理部经理负责审核，检查审核计划与审核方案、审核程序的符合性以及策划的合理性，最后由管理者代表批准后予以实施 2）审核实施过程的监视。每次审核时由质量管理部派体系专员监督审核实施情况，发现问题，及时解决。每次审核结束后，体系专员要对审核的实施情况进行总结并编写总结报告上交管理者代表、质量管理部经理 3）审核结果的监视。管理者代表参加每次审核的末次会议，为审核结论把关，并对实施改进措施提供指导 4）审核文件的监视。审核组完成审核后，要将审核的文件与记录交管理者代表，管理者代表按有关规定对其完整性和符合性进行评审
审核方案的评审	1）每次内审结束后，管理者代表召集审核组成员及受审核部门代表对审核工作进行总结，对审核工作是否按《内部审核程序》执行以及审核的有效性进行评价 2）12 月由管理者代表组织召集审核组长、部门负责人对一年来的审核方案实施情况进行总结，评审审核方案的合理性、审核方案实施的有效性以及审核工作对企业管理水平提高的贡献程度，并提出改进意见
内审员的评价与管理	1）质量管理部经理负责对所有内审员进行一次考核。考核不合格者，送相关机构培训 2）内审员数量不够。2016 年 4 月份之前由人力资源部请咨询公司的讲师来公司培训一批内审员，各部门主管要参加内审员培训
审核报告的分发	每次的内审报告要发至受审核部门、质量管理部、管理者代表、正副总经理
其 他	1）鉴于 2015 年最后一次审核中在产品研发部发现较多问题，因此 2016 年 5 月份进行本年度第一次内审时，需对产品研发部增加审核时间，并由质量管理部经理审核 2）应保证审核人员不审核自己的部门
编制/日期：	审核/日期： 批准/日期：

5.3.6 识别审核方案资源

识别审核方案资源时，审核方案管理人员应考虑：

1）开发、实施、管理和改进审核活动所必需的财务资源。

2）审核方法。指审核人员实施审核需要了解和掌握的审核技术和方法，如抽样技术、质量管理工具及运用、SPC 统计技术等。

3）能够胜任特定审核方案目标的审核员和技术专家。

4）审核方案范围和程度以及审核风险。如在美资企业审核时，可能需要英语翻译。

5）旅途时间和费用、食宿和其他审核需要。

6）信息和沟通技术的可获得性。

5.4 实施审核方案

审核方案管理人员应通过开展下列活动实施审核方案：

1）向有关方面沟通审核方案的相关部分，并定期通报进展情况。例如，向与审核有关的人员发放审核方案；在实施审核过程中若出现需调整审核方案的情况时，应报最高管理者批准。

2）确定每次审核的目标、范围和准则。

3）协调和安排审核日程以及其他与审核方案相关的活动。

4）确保选择具备所需能力的审核组。

5）为审核组提供必要的资源。

6）确保按照审核方案和协商一致的时间框架实施审核。

7）确保记录审核活动并且妥善管理和保持记录。

5.4.1 规定每次审核的目标、范围和准则

每次审核应基于形成文件的审核目标、范围和准则。这些应由审核方案管理人员加以规定，并与总体审核方案的目标相一致。

审核目标规定每次审核应完成什么，可以包括下列内容：

1）确定所审核的质量管理体系或其一部分与审核准则的符合程度。

2）确定活动、过程和产品与要求和质量管理体系程序的符合程度。

3）评价质量管理体系的能力，以确保满足法律法规和合同要求以及受审核方所承诺的其他要求。

4）评价质量管理体系在实现特定目标方面的有效性。

5）识别质量管理体系的潜在改进之处。

审核范围应与审核方案和审核目标相一致，包括诸如地址、组织单位、被审核的活动和过程以及审核覆盖的时期（审核覆盖的时期通常是指某次审核所覆盖的时间段）等内容。

审核准则作为确定合格的依据，可能包括适用的方针、程序、标准、法律法规要求、管理体系要求、合同要求、行业行为规范或其他策划的安排。

如果审核目标、范围或准则发生变化，应根据需要修改审核方案。

当对两个或更多的管理体系同时进行审核（结合审核）时，审核目标、范围和准则与相关审核方案的目标保持一致是非常重要的。

5.4.2 选择审核方法

审核方案的管理人员应根据规定的审核目标、范围和准则,选择和确定审核方法(包括面谈、文件查阅、现场观察等)以有效地实施审核。

当两个或多个审核组织对同一受审核方进行联合审核时,管理不同审核方案的人员应就审核方法达成一致,并考虑对审核资源和审核策划的影响。如果受审核方运行两个或多个领域的管理体系,审核方案也应包括结合审核的情况。

表 5-3 给出了适用的审核方法。

表 5-3 适用的审核方法

审核员与受审核方之间的相互作用程度	审核员的位置	
	现场	远程
有人员互动	进行面谈; 在受审核方参与的情况下完成检查表和问卷表; 在受审核方参与的情况下进行文件评审; 抽样	借助交互式的通信手段: ——进行交谈; ——完成检查表和问卷; ——在受审核方参与的情况下进行文件评审
无人员互动	进行文件评审(如记录、数据分析); 观察工作情况; 进行现场巡视; 完成检查表; 抽样(如产品)	进行文件评审(如记录、数据分析); 在考虑社会和法律法规要求的前提下,通过监视手段来观察工作情况; 分析数据

注:1. 现场审核活动在受审方的现场进行。远程审核活动在受审核方现场以外地方进行,无论距离远近。

2. 互动的审核活动包括受审核方人员和审核组之间的相互交流。非互动的审核活动不存在与受审核方代表的交流,但需要使用设备、设施和文件。

5.4.3 选择审核组成员

审核方案管理人员应指定审核组成员,包括审核组长和特定审核所需要的技术专家。

应在考虑实现规定范围内每次审核目标所需要的能力的基础上,选择审核组。如果只有一名审核员,该审核员应承担审核组长所适用的全部职责。

在确定特定审核的审核组的规模和组成时,应考虑下列因素:

1)考虑到审核范围和准则,实现审核目标所需要的审核组的整体能力。选择审核组时,要注意审核员的合理搭配,以确保审核组从整体上具备审核目的所需要的能力。

2）审核的复杂程度以及是否为结合审核或联合审核。越复杂的管理体系或组织对审核组的要求越高。

3）所选定的审核方法。

4）法律法规要求、合同要求和受审核方所承诺的其他要求。

5）确保审核组成员独立于被审核活动以及避免任何利害冲突的需要。也就是确保审核组的独立性与公正性，内审员不能审核自己有责任的部门。

6）审核组成员共同工作的能力以及与受审核方的代表有效协作的能力。

7）审核所用语言以及受审核方特定的社会和文化特性。这些方面可以通过审核员自身的技能或通过技术专家的支持予以解决。

为了保证审核组的整体能力，应采取下列步骤：

1）识别达到审核目标所需要的知识和技能。

2）选择审核组成员以使审核组具备所有必要的知识和技能。

如果审核组的审核员没有具备所有必要的能力，审核组应包含具备相关能力的技术专家。技术专家应在审核员的指导下工作，但不能作为审核员实施审核。

审核组可以包括实习审核员，但实习审核员应在审核员的指导和帮助下参与审核。初次参加审核的内审员一般不宜独立从事审核，要在一名有过一定审核经验的内审员的指导下进行审核。

在审核过程中，如出现了利益冲突和能力方面的问题，审核组的规模和组成可能有必要加以调整。如果出现这种情况，在调整前，有关方面（如审核组长、审核方案管理人员、审核委托方或受审核方）应进行讨论。

5.4.4 为审核组长分配每次的审核职责

审核方案管理人员应向审核组长分配实施每次审核的职责。

应在审核实施前的足够时间内分配职责，以确保有效地策划审核。

为确保有效地实施每次审核，应向审核组长提供下列信息：

1）审核目标。

2）审核准则和引用文件。

3）审核范围，包括需审核的组织单元、职能单元以及过程。

4）审核方法和程序。

5）审核组的组成。

6）受审核方的联系方式、审核活动的地点、日期和持续时间。

7）为实施审核所配置的适当资源。

8）评价和关注已识别的达到审核目标的风险所需的信息。

适用时，提供的信息还应包括下列内容：

1）在审核员和（或）受审核方的语言不同的情况下，审核工作和报告的语言。

2）审核方案要求的审核报告内容和分发范围。

3）如果审核方案有所要求，与保密和信息安全有关的事宜。

4）审核员的健康和安全要求。

5）安全和授权要求。

6）后续活动，如来自以往的审核（适用时）。

5.4.5 管理审核方案结果

审核方案管理人员应确保下列活动得到实施：

1）评审和批准审核报告，包括评价审核发现的适宜性和充分性。

2）评审根本原因分析以及纠正措施和预防措施的有效性。

3）将审核报告提交给最高管理者和其他有关方面。

4）确定后续审核的必要性。

5.4.6 管理和保持审核方案记录

审核方案管理人员应确保审核记录的形成、管理和保持，以证明审核方案的实施。应建立过程以确保与审核记录相关的保密需求得到规定。记录的形式和详细程度应证明达到了审核方案的目标。

记录应包括下列各项内容：

1）与审核方案相关的记录，例如：

① 形成文件的审核方案的目标、范围和程度。

② 阐述审核方案风险的记录。

③ 审核方案有效性的评审记录。

2）与每次审核相关的记录，例如：

① 审核计划和审核报告。

② 不符合报告。

③ 纠正措施和预防措施报告。

④ 审核后续活动报告（适用时）。

3）与审核人员相关的记录，例如：

① 审核组成员的能力和绩效评价。
② 审核组和审核组成员的选择。
③ 能力的保持和提高。能力保持一般可以通过内审员参与内审活动的记录予以证实，其能力提高的记录可以从对内审员的培训和其自学与内审和质量管理体系有关的知识的记录予以证实。

5.5 监视审核方案

5.5.1 审核方案监视的内容

审核方案管理人员应对审核方案的实施情况进行监视。监视的内容包括：
1）评价与审核方案、日程安排和审核目标的符合性。
2）评价审核组成员的绩效。
3）评价审核组实施审核计划的能力。
4）评价来自最高管理者、受审核方、审核员和其他相关方的反馈。

5.5.2 审核方案的修改

在对审核方案进行监视时，可能会发现审核方案与实际情况不相符，因此审核组要考虑修改审核方案。下列因素可能决定是否需要修改审核方案，例如：
1）审核发现。如审核时发现多个严重不符合，此时可能需要修改审核方案，增加审核次数。
2）经证实的管理体系有效性水平。
3）审核委托方或受审核方的管理体系的变化。如受审核方的组织结构进行了重大调整或企业进行了重组，此时都需修改审核方案。
4）标准要求、法律法规要求、合同要求和受审核方所承诺的其他要求的变化。
5）供方的变化。组织的供方发生可能影响产品质量的重大变化时，组织可能需要修改审核方案，增加对供应商审核的内容。

5.6 评审和改进审核方案

审核方案管理人员应评审审核方案，以评定是否达到目标。从审核方案评审中得到的经验教训应用于持续改进审核方案过程的输入。

审核方案评审应考虑下列各项：

1）审核方案监视的结果和趋势。

2）与审核方案程序的符合性。

3）相关方进一步的需求和期望。如对审核效果的要求等。

4）审核方案记录。

5）可替代的或新的审核方法。

6）解决与审核方案相关风险的措施的有效性。如果与审核方案相关风险有关的应对措施没有效果，则需改进审核方案以降低风险程度。

7）与审核方案有关的保密和信息安全事宜。审核方案实施中如出现泄密事件，则必须改进审核方案以防止泄密事件再次发生。

审核方案管理人员应评审审核方案的总体实施情况，识别改进区域，必要时修改审核方案，并向最高管理者报告审核方案的评审结果。

如果评审发现不能实现审核方案目标的原因是由于审核员的能力不足造成的，那么审核方案管理人员就要考虑采取措施以提高审核员的能力和素质。

案例 5-2 为内部质量管理体系审核控制程序。

案例 5-2：内部质量管理体系审核控制程序

内部质量管理体系审核控制程序

1. 目的

审核质量管理体系涉及的各部门所开展的质量活动及其结果是否符合要求，确保质量管理体系持续有效地运行，并为质量管理体系的改进提供依据。

2. 适用范围

本程序适用于公司内部质量管理体系审核工作。

3. 职责

3.1 管理者代表负责制订年度内部质量管理体系审核方案，经总经理批准后实施。

3.2 审核组长负责编写本次内审计划，选定审核员，编写每次内审报告。

3.3 审核员接受审核组长的安排，按职责分工编制内审检查表，完成审核工作，做好记录，编写不合格报告，跟踪验证纠正措施。

3.4 各部门对审核中发现的不合格项，负责制订纠正措施并组织实施。

---

4. 过程流程图（图 5-2）

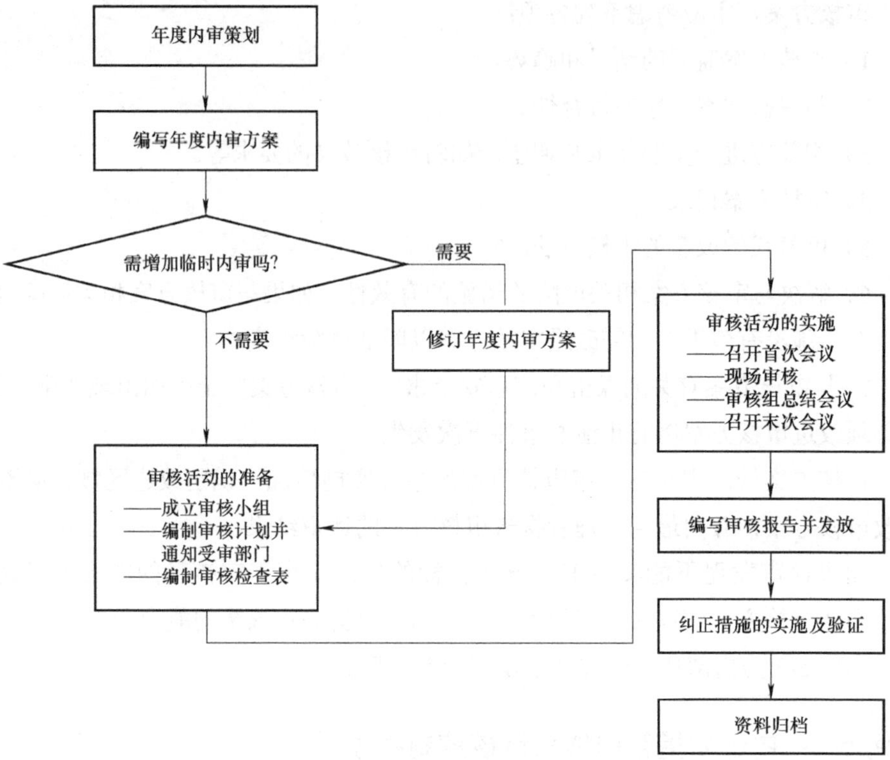

图 5-2 过程流程图

5. 控制要求

程序	工作内容	输出文件	责任部门
5.1 年度内审方案的编写	5.1.1 每年 1 月 15 号前，由管理者代表策划并编制本年度的内审方案，策划时要考虑拟审核的区域和过程的状况、重要性，对组织有影响的变更，以及以往审核的结果。应保证每个部门每年至少接受一次内部审核。年度内审方案的内容一般包括：审核目的、审核职责、审核准则、审核范围、审核频次、审核方法等	年度内审方案	管理者代表
	5.1.2 年度内审方案经总经理批准后下发		管理者代表
5.2 年度内审方案的修订	5.2.1 在质量管理体系发生重大变化、社会要求或环境条件发生变化或发生严重的质量问题等情况下，管理者代表应根据需要对年度内审方案进行修订，增加内审次数	年度内审方案	管理者代表
	5.2.2 修订后的年度内审方案经总经理批准后下发		管理者代表
5.3 审核活动的准备	5.3.1 由管理者代表指定审核组长，并成立审核小组。由审核组长分配审核小组成员的任务。在分配审核任务时应确保审核人员必须是与被审核领域无直接责任的人员		管理者代表 审核组长

(续)

程序	工作内容	输出文件	责任部门
5.3 审核活动的准备	5.3.2 审核组长负责制订内部审核实施计划,经管理者代表批准后,在审核前5天下发给受审部门 内部审核实施计划的内容包括: 1)受审核的部门、审核的目的、范围、日期 2)审核准则 3)审核的主要内容及时间安排 4)审核员分工	内部审核实施计划	审核组长
	5.3.3 受审部门收到内部审核实施计划以后,如果对审核日期和审核的主要项目有异议,可在两天之内通知审核组,经过协商可以再行安排		受审部门
	5.3.4 审核组长组织审核组成员编制审核检查表 1)由审核员负责编写评价质量管理体系要求的审核检查表 2)审核组长协助审核员准备并最终审定审核检查表	审核检查表	审核员
5.4 审核活动的实施	5.4.1 召开首次会议。召开有审核组全体人员、受审核部门代表、主要工作人员及其陪同人员、管理者代表、高层的管理者(必要时)参加的首次会议。首次会议由审核组长主持 首次会议的内容包括: 1)审核组长介绍审核组成员及其分工 2)重申审核的范围、准则和目的 3)简要介绍审核采用的方法 4)澄清审核实施计划中不明确的内容	首次会议签到表、首次会议记录	审核组长
	5.4.2 现场审核。按审核计划的安排进行现场审核 1)审核的具体内容按照"审核检查表"进行 2)审核员通过交谈,查阅文件、记录,检查现场,收集证据,检查质量体系的运行情况 3)现场发现问题时应当让该项工作负责人(或作业者)确认并记录在"审核检查表"中,以保证不合格项能够完全被理解,有利于纠正	填写了审核记录的"审核检查表"	审核员
	5.4.3 审核组总结会议。现场审核结束后,末次会议召开前,审核组长召集审核组成员召开审核组总结会议,汇总审核发现,确定所有"不合格项报告"	不合格项报告	审核组
	5.4.4 末次会议。由审核组长主持召开有审核组全体人员、受审核部门代表、主要工作人员及其陪同人员、管理者代表、高层的管理者(必要时)参加的末次会议,会议内容包括: 1)重申审核的范围、准则和目的 2)向受审核方说明审核发现,以使他们清楚理解审核结论 3)宣读并发出"不合格项报告表" 4)提出审核小组的结论和建议 5)审核组长说明对纠正措施采取的监督工作		审核组长

(续)

程序	工作内容	输出文件	责任部门
5.5 审核报告的编制与发放	5.5.1 由审核组长编写"审核报告"。"审核报告"的内容包括： 1) 受审核的部门、审核目的、范围、日期 2) 审核准则 3) 审核员、受审部门主要参加人员 4) 审核概况（审核发现，不合格项的数量，不合格项分布情况等） 5) 审核结论 6) 不合格项及纠正要求 7) 今后质量管理体系改进的建议	审核报告	审核组长
	5.5.2 "审核报告"经管理者代表批准后，由审核组长负责分发至正、副总经理、管理者代表、受审核部门、不合格项所涉及的相关部门		审核组长
5.6 纠正措施的实施与验证	5.6.1 纠正措施的制订。责任部门负责人接到"不合格项报告"后，组织对不合格原因进行分析，针对问题产生的原因，拟定纠正措施，交审核员认可，若审核员对纠正措施不予认可，则要求不合格责任部门重新拟定纠正措施	填写了纠正措施的"不合格项报告"	责任部门
	5.6.2 纠正措施的审批。纠正和预防措施经管理者代表批准后由责任部门执行		管理者代表
	5.6.3 纠正措施的验证。审核员接到纠正措施计划已完成的通知后，应对所采取的纠正措施有效性进行验证，填写验证记录。纠正措施采取不力或无效时，审核员报告审核组长或管理者代表，责令责任部门重新制定和实施纠正措施	填写了验证记录的"不合格项报告"	审核员
	5.6.4 验证有效的纠正措施，涉及文件修改时，应按《文件控制程序》的要求对文件进行修改控制	修改后的文件	责任部门
5.7 资料归档	审核结束后的 10 天内，审核组长应将本次审核的全部资料和记录（审核实施计划，首、末次会议的记录、签到表，审核检查表，不合格项报告及审核报告）全部移交给管理者代表保存，并执行《记录控制程序》		管理者代表

6. 过程绩效的监视

目标名称	计算公式（计算方法）	目标值	监视时机	监视单位
6.1 年度审核计划按时执行率	（按时完成的审核次数/审核总次数）×100%	100%	每年 12 月底进行统计	管理者代表
6.2 每次审核不合格项按时关闭率	（按计划时间关闭的不合格项/审核发现的总不合格项）×100%	≥98%	每次审核结束后的第 30 个工作日	管理者代表
6.3 不合格项重复发生率	（重复发生的不合格项/累计审核发现的不合格项）×100%	≤2%	每年 12 月底进行统计	管理者代表

7. 过程中的风险和机遇的控制

风险	应对措施	其他事项	执行时间	负责人	监视方法
7.1 审核组不具备有效地实施审核的整体能力	选择审核员时，要保证审核员不仅具备ISO 9001的知识、审核知识，而且要对受审核部门的工作很熟悉		每次审核都要严格执行	审核组长	每次审核组成审核组时，管理者代表要对审核员的资格进行审查

8. 支持性文件

8.1《记录控制程序》

8.2《文件控制程序》

9. 记录

9.1 内部审核方案

9.2 内部审核计划

9.3 内部审核检查表

9.4 不合格项报告表

9.5 内部审核报告

第 6 章

审核实施

6.1 审核实施概述

审核实施是审核方案管理的一部分,讲的是对一次具体的审核活动进行管理。依据 ISO 19011《管理体系审核指南》,内部质量管理体系审核可以划分为以下 6 个阶段:
1)审核的启动。
2)审核活动的准备。
3)审核活动的实施。
4)审核报告的编制与分发。
5)审核的完成。
6)审核后续活动的实施。

图 6-1 所示为审核实施的一般流程。

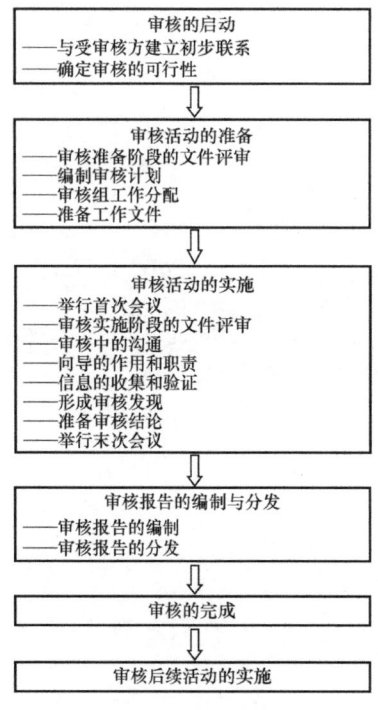

图 6-1 审核实施流程

6.2 审核的启动

从审核开始直到审核完成,指定的审核组长都应对审核的实施负责。

启动一项审核应考虑图 6-1 中的步骤。不过,根据受审核方、审核过程和具体情形的不同,审核实施的顺序可以有所不同。

6.2.1 与受审核方建立初步联系

审核前 3~5 日,审核组长应与受审核方就审核的实施进行初步联系,联系可以是正式的也可以是非正式的。建立初步联系的目的是:

1)与受审核方的代表建立沟通渠道。
2)确认实施审核的权限。
3)提供有关审核目标、范围、方法和审核组组成(包括技术专家)的信息。
4)请求有权使用用于策划审核的相关文件和记录。
5)确定与受审核方的活动和产品相关的适用法律法规要求、合同要求和其他要求。
6)确认与受审核方关于保密信息的披露程度和处理的协议。
7)对审核做出安排,包括日程安排。
8)确定特定场所的访问、安保、健康与安全或其他要求。
9)就观察员的到场和审核组向导的需求达成一致意见。
10)针对具体审核,确定受审核方的关注事项。

6.2.2 确定审核的可行性

审核组长应确定审核的可行性,以确信能够实现审核目标。

确定审核的可行性应考虑是否具备下列因素:

1)策划和实施审核所需的充分和适当的信息。例如,受审核方什么记录都没有,那么审核就没有意义。
2)受审核方的充分合作。例如,受审核方百般推脱,对审核抱抵触情绪,那么审核就是不可行的。
3)实施审核所需的足够时间和资源。例如,审核员能力不足,审核就不可行。

当审核不可行时,应向审核委托方(内审一般指管理体系负责人)提出替代建议并与受审核方协商一致。

6.3 审核活动的准备

审核活动的准备包括审核准备阶段的文件评审、编制审核计划、审核组工作分配、准备工作文件四项工作。

6.3.1 审核准备阶段的文件评审

审核之前，应评审受审核方的相关管理体系文件，以：

1）收集信息，如过程、职能方面的信息，以准备审核活动和适用的工作文件（见本章6.3.4节）。

2）了解体系文件范围和程度的概况以发现可能存在的差距。

适用时，文件可包括管理体系文件和记录，以及以往的审核报告。文件评审应考虑受审核方管理体系和组织的规模、性质和复杂程度以及审核目标和范围。

文件评审可由审核组长负责统一评审，也可由分工范围内的内审员自己评审自己分工范围的文件。

在进行文件评审时，审核员应该考虑：

1）文件中所提供的信息是否：

① 完整（文件中包含所有期望的内容）。

② 正确（内容符合标准和法规等可靠的来源）。

③ 一致（文件本身以及与相关文件都是一致的）。

④ 现行有效（内容是最新的）。

2）所评审的文件是否覆盖审核的范围并提供足够的信息来支持审核目标。

3）依据审核方法确定的对信息和通信技术的利用，是否有助于审核的高效实施。应依据适用的数据保护法规对信息安全予以特别关注（特别是包含在文件中但在审核范围之外的信息）。

一般而言，内部审核是在本组织已经建立文件化的管理体系并正常运行的情况下进行的，所以一般不需要对已有的文件重新进行审核，也就是说此步骤可省略。

6.3.2 编制审核计划

1. 审核计划与审核方案的区别

审核计划是"对审核活动和安排的描述"，是安排审核日程、审核人员分工等内容的文件。审核计划不同于审核方案，是每次审核活动的具体计划。审核方案和审核计划的主要联系和区别见表6-1。

表6-1 审核方案和审核计划的主要联系和区别

项目	审核方案	审核实施计划
定义	针对特定时间段所策划并具有特定目标的一组（一次或多次）审核安排	对（一次）审核活动和安排的描述
审核目标	一项审核方案涉及多次审核活动的目标，不同的审核活动也会有不同的目标	一次审核活动的具体目标，是审核方案目标的一部分
范围	一项审核方案可涉及全部体系、所有产品、所有过程	一项计划可能涉及全部体系、所有产品、所有过程，也可能涉及部分的体系、过程和产品
内容	特定时间段内具有特定目的的一组审核的安排	描述一次具体的审核活动和安排
建立/编制	审核方案管理人员	审核组长
关系	审核方案包括对审核计划的要求	审核计划应符合审核方案的规定要求

2. 审核计划的编写要求

1）审核组长应根据审核方案和受审核方提供的文件中包含的信息编制审核计划。审核计划应考虑审核活动对受审核方的过程的影响，并为审核委托方、审核组和受审核方之间就审核的实施达成一致提供依据。审核计划应便于有效地安排和协调审核活动，以达到目标。

2）审核计划的详细程度应反映审核的范围和复杂程度，以及实现审核目标的不确定因素。在编制审核计划时，审核组长应考虑以下方面：

① 适当的抽样技术。

② 审核组的组成及其整体能力。

③ 审核对组织形成的风险。

例如，对组织的风险可以来自审核组成员的到来对于健康安全、环境和质量方面的影响，以及他们的到来对受审核方的产品、服务、人员或基础设施（如对洁净室设施的污染）产生的威胁。

3）对于结合审核，应特别关注不同管理体系的操作过程与相互抵触的目标以及优先事项之间的相互作用。

3. 审核计划的内容

1）对于初次审核和随后的审核，审核计划的内容和详略程度可以有所不同。审核计划应具有充分的灵活性，以允许其随着审核活动的进展进行必要的调整。

审核计划应包括或涉及下列内容：

① 审核目标。

② 审核范围，包括受审核的组织单元、职能单元以及过程。

③ 审核准则和引用文件。
④ 实施审核活动的地点、日期、预期的时间和期限,包括与受审核方管理者的会议。
⑤ 使用的审核方法,包括所需的审核抽样的范围,以获得足够的审核证据,适用时还包括抽样方案的设计。
⑥ 审核组成员、向导的作用和职责。
⑦ 为审核的关键区域配置适当的资源。

2) 适当时,审核计划还可包括:
① 明确受审核方本次审核的代表。
② 当审核员和(或)受审核方的语言不同时,审核工作和审核报告所用的语言。
③ 审核报告的主题。
④ 后勤和沟通安排,包括受审核现场的特定安排。
⑤ 针对实现审核目标的不确定因素而采取的特定措施。
⑥ 保密和信息安全的相关事宜。
⑦ 来自以往审核的后续措施。
⑧ 审核跟踪验证活动的安排。

审核计划可由审核委托方评审和接受,并应提交受审核方。受审核方对审核计划的反对意见应在审核组长、受审核方和审核委托方之间得到解决。

案例 6-1 是一内部审核计划。

在编制审核实施计划、审核检查表时,应该明确在哪个部门审核哪些 ISO 9001 过程。这一工作是根据组织的职能分配矩阵表确定的。这里给出一个职能分配矩阵表实例(见案例 6-2),供读者参考。

案例 6-1:内部审核计划

2016 年第一次内部审核计划

编写/日期:张三(审核组长),2016/3/10   批准/日期:李四(管理者代表),2016/3/10

一、审核目的
检查质量管理体系是否正常运行,评价质量管理体系的有效性和符合性。

二、审核范围
质量手册所要求的相关活动及各有关职能部门,包括公司高层(总经理、管理者代表、副总经理)、产品研发部、质量部、生产部、采购部、营销部、人事行政部(文控中心)、仓库、工艺设备部。

三、审核准则

1）ISO 9001 标准。

2）质量手册、程序文件及其他相关文件。

3）组织适用的法律法规及其他要求。

四、审核组成员

审核组长：张三

审核员：张三、王生（A组）；刘生、赵生（B组）；谢生、钱生（C组）。

五、审核时间

2016 年 3 月 21 日~2016 年 3 月 22 日

六、受审核者需提供的资源

每个部门确定 1 名联络人员，负责联络工作与现场审核见证。

七、跟踪措施要求

审核中发生的任何不合格项，由发生不合格项部门的负责人牵头按规定的时间制定纠正措施并组织措施，审核组将组织纠正措施的跟踪验证。

八、审核报告发布日期及范围

审核报告将于 2016 年 3 月 25 日发布，发放范围为公司正、副总经理、各部门经理、管理者代表及审核组各成员。

九、审核日程安排与分工

日期/时间		审核小组	受审部门	主要活动及涉及的标准条款
3月21日	9:00~9:30	所有成员	所有部门	首次会议
	9:30~12:00	A	仓库	8.5.1、8.5.2、8.5.3、8.5.4、8.7
		C	生产部	7.1.5、8.5.1、8.5.2、8.5.4、8.5.6、8.6、8.7
	14:00~17:00	A	营销部	8.2、8.3、8.5.1、8.5.5、9.1.2
		B	采购部	8.4、8.7、9.1.3、10.2
		C	产品研发部	7.1.5、8.2、8.3、8.5.1、8.5.4、8.5.6、8.7
	17:00~17:30	所有成员		审核组内部会议（沟通一天审核情况）
3月22日	9:00~12:00	A	公司高层	4.1、4.2、4.3、4.4、5、6、7、8.1、9.1.1、9.1.3、9.2、9.3、10.1、10.3
		B	工艺设备部	7.1.3、7.1.4、8.3、8.5.1、8.5.4、8.5.6、8.7
		C	质量部	7.1.5、8.1、8.3、8.4、8.5.1、8.5.2、8.6、8.7、10.2
	14:00~16:00	B	行政人事部	7.1.2、7.1.6、7.2、7.3、7.5.2、7.5.3
	16:00~16:30	所有成员		审核组内部总结会议（整理审核结果、开不符合项报告）
	16:30~17:30	所有成员	所有部门	末次会议

注：ISO 9001 之 5.3、6.1、6.2、7.1.2、7.1.3、7.1.4、7.1.6、7.2、7.3、7.4、7.5.2、7.5.3、9.1.3、10.2、10.3 等为公用条款，在每个部门都可以审核。

案例 6-2：职能分配矩阵表

职能分配矩阵表

ISO 9001 标准要求	总经理	管理者代表	副总经理	仓库	质量部	产品研发部	生产部	营销部	采购部	工艺设备部	人事行政部
4 组织环境											
4.1 理解组织及其环境	■	◆	○								
4.2 理解相关方的需求和期望	■	◆	○								
4.3 确定质量管理体系的范围	■	◆	○								
4.4 质量管理体系及其过程	■	◆	○	○	○	○	○	○	○	○	○
5 领导作用											
5.1 领导作用和承诺											
5.1.1 总则	◆	○	○	○	○	○	○	○	○	○	○
5.1.2 以顾客为关注焦点	◆	○	○	○	○	○	○	○	○	○	○
5.2 方针	◆	○	○	○	○	○	○	○	○	○	○
5.3 组织岗位、职责和权限	■	◆									
6 策划											
6.1 应对风险和机遇的措施	○	■	○	○	◆	○	○	○	○	○	○
6.2 质量目标及其实现的策划	■	◆	○	○	○	○	○	○	○	○	○
6.3 变更的策划	■	◆	○	○	○	○	○	○	○	○	○
7 支持											
7.1 资源											
7.1.1 总则	■	○	◆	○	○	○	○	○	○	○	○
7.1.2 人员	○	○	■	○	○	○	○	○	○	○	◆
7.1.3 基础设施	○	○	■	○	○	○	○	○	○	◆	○
7.1.4 过程运行环境	○	○	■	○	○	○	○	○	○	◆	○
7.1.5 监视和测量资源			■		◆	○	○	○			
7.1.6 组织的知识	○	■	○	○	○	○	○	○	○	○	◆
7.2 能力	○	■	○	○	○	○	○	○	○	○	◆
7.3 意识	○	■	○	○	○	○	○	○	○	○	◆
7.4 沟通	■	◆									
7.5 形成文件的信息											
7.5.1 总则	■	◆	○	○	○	○	○	○	○	○	○

（续）

ISO 9001 标准要求	总经理	管理者代表	副总经理	仓库	质量部	产品研发部	生产部	营销部	采购部	工艺设备部	人事行政部
7.5.2 创建和更新	■	◆	○	○	○	○	○	○	○	○	○
7.5.3 形成文件的信息的控制	○	■	○	○	○	○	○	○	○	○	◆
8 运行											
8.1 运行策划和控制	■	◆	○	○	○	○	○	○	○	○	○
8.2 产品和服务的要求	○	○	■		○	○	○	◆	○		
8.3 产品和服务的设计和开发	○	○	■		○	◆	○	○	○		
8.4 外部提供过程、产品和服务的控制	○	○	■	○	○	○		○	◆		
8.5 生产和服务提供											
8.5.1 生产和服务提供的控制			■	○	○	○	◆		◆		
8.5.2 标识和可追溯性		■		◆	◆	○					
8.5.3 顾客或外部供方的财产			■	◆	○						
8.5.4 防护		○		■	◆	○	◆				
8.5.5 交付后的活动		○	■	○	○			◆			
8.5.6 更改控制		■		○	○	○			◆		
8.6 产品和服务的放行			■		◆	○					
8.7 不合格输出的控制			■	○	◆						
9 绩效评价											
9.1 监视、测量、分析与评价											
9.1.1 总则	○	◆	○	○	○	○	○	○	○	○	○
9.1.2 顾客满意		■	○		○			◆			
9.1.3 分析与评价	○	◆	○	○	○	○	○	○	○	○	○
9.2 内部审核	○	◆	○	○	○	○	○	○	○	○	○
9.3 管理评审	◆	○	○		○						
10 改进											
10.1 总则	○	◆	○		○						
10.2 不合格和纠正措施	○	■	○	○	◆	○					
10.3 持续改进	○	◆	○	○	○	○	○	○	○	○	○

注：■为归口领导，◆为主职能部门，○为配合部门。

6.3.3 审核组工作分配

1. 审核组工作分配

审核组长可在审核组内协商，将对具体的过程、活动、职能或场所的审核工作分配给审核组每位成员。分配审核组工作时，应考虑审核员的独立性和能力、资源的有效利用。

适当时，审核组长应适时召开审核组会议，以分配工作并决定可能的改变。为确保实现审核目标，可随着审核的进展调整所分配的工作。

2. 对审核员的职责要求

1）在确定的审核范围内进行工作。
2）收集和分析与受审核的管理体系有关并足以对其下结论的证据。
3）将观察结果整理成书面资料。
4）报告审核结果。
5）验证由审核结果导致的纠正措施的有效性。
6）收存、保管和呈送与审核有关的文件。
7）保守审核文件的机密。
8）谨慎处理特殊的信息。
9）在任何时候遵守职业道德，保持客观公正。
10）配合和支持审核组长的工作。

3. 对审核组长的职责要求

1）审核组长全面负责审核各阶段的工作。
2）协助选择审核组的成员。
3）制定审核计划，起草工作文件，给审核组成员布置工作。
4）代表审核组与受审核方领导接触。
5）及时向受审核方报告关键性的不符合情况。
6）报告审核过程中遇到的重大障碍。
7）审核组长有权对审核工作的开展和审核观察结果做出最后的决定。
8）清晰、明确地报告审核结果，不无故拖延。

6.3.4 准备工作文件

1. 准备工作文件的要求

审核组成员应收集和评审与其承担的审核工作有关的信息，并准备必要的工作文件，用于审核过程的参考和记录审核证据。这些工作文件可包括：

1）检查表。

2）审核抽样方案。

3）记录信息（如支持性证据、审核发现和会议记录）的表格。

检查表和表格的使用不应限制审核活动的范围和程度，因其可随着审核中收集信息的结果而发生变化。

工作文件，包括其使用后形成的记录，应至少保存到审核完成或审核计划规定的时限。审核组成员在任何时候都应妥善保管涉及保密或知识产权信息的工作文件。

当准备工作文件时，审核组应针对每份文件考虑下列问题：

1）使用这份工作文件时将产生哪些审核记录？

2）哪些审核活动与此特定的工作文件相关联？

3）谁将是此工作文件的使用者？

4）准备此工作文件需要哪些信息？

对于结合审核，准备的工作文件应通过下列活动避免审核活动的重复：

1）汇集不同准则的类似要求。

2）协调相关检查表和问卷的内容。

工作文件应充分关注审核范围内管理体系的所有要素，提供的形式可以是任何媒介。

2. 检查表的编写

（1）检查表的作用

1）明确与审核目标有关的样本。审核采用的主要方法是抽样检查。抽什么样本、每种样本应抽多少数量、如何抽样等问题都要通过编写检查表解决，而且这一切都要为达到审核目标服务。因此明确与审核目标有关的样本是检查表的首要作用。

2）使审核员保持明确的审核目标。现场审核中会出现各种各样的问题，这些问题会影响审核员的注意力，使其偏离审核方向。借助检查表，审核员可以保持审核主题方向。即使有些偏离审核方向时，检查表也可起到提醒和警示的作用。

3）确保审核工作的系统性和完整性。在审核组内，审核任务各有分工，只有结合起来才构成系统和完整的审核。审核组长正是通过对检查表的审查，来把握审核的总体情况。现场审核时，审核员则依据检查表审核，保证审核内容没有遗漏，从而确保审核工作的系统性和完整性。

4）保证审核的节奏和连续性。现场审核是一项高节奏而紧张的活动，由于审核时间有限，不允许在某个问题上或某个区域逗留时间过长，依据检查表的安排，审核员可以控制时间，掌握节奏，使审核连续进行，而不是跳跃式审核。

5）确保审核的正规化。依据检查表提问题，易于使审核保持连续性和系统化，使所提问题有的放矢，且使受审核方感到审核员的审核有针对性和有充分的准备，体现出审核员的专业性和正规性。

6）作为审核记录存档。检查表中一般都设有"审核记录"栏，以供审核员现场审核记录有关事实。通过检查表可以反映审核员审核的内容、审核的证据。检查表是审核档案中的重要原始资料。

（2）检查表设计要点

在编制检查表之前，应认真阅读受审核方的体系文件，了解受审核部门所从事的活动和体系文件对该部门的各项要求，查阅有关法律法规文件对有关活动的要求。

在编制检查表时，应注意以下要点：

1）要按照标准、法律法规的要求和质量管理体系文件的要求编制检查表。

2）要选择典型的问题。每个部门、每个过程的质量活动常有一些典型的质量问题。例如：销售部门忽视合同评审，采购部门不按满足质量要求选择供应商，设计部门不认真进行设计评审、设计验证和设计确认，等等。所以在检查表中可重点注意这些问题。有的过程（ISO 9001 条款）在不同部门也有不同的典型问题。例如：文件控制在设计部门常发生的问题是过多地保留已作废但有参考价值的技术资料而未注意做好标志；在生产车间则表现为作废版本的图样文件不撤走，最新的有效版本未获得，等等。这些在编检查表时也是要特别注意的。

3）要结合受审部门（或过程）的特点。检查表的精华就在于突出受审对象的特点。有特点才有必要为每一个对象编制一份有特色的检查表。例如：有的生产车间刚刚调整了生产线或采用某种新工艺，则可把工序控制和执行新的工艺规程或作业指导书作为检查重点；有的部门刚刚招收大批新职工，则在检查表中就培训问题应加以重点考虑，等等。

4）抽样要具有代表性。通常抽 3~4 个样本，最多以 12 个为限。样本的种类应有代表性，才能体现出检查的客观性和公正性。例如：审核对象是一个小型电动机厂的采购部门，那么在抽取订单样本时，对产品质量影响较大的原材料和零部件如硅钢片、电磁线、轴承、绝缘材料和铸件等的订单，可以每种选抽 5~10 张；而对胶木件、紧固件、锻件等订单，因其对产品影响较小，可各选 3~5 张。这样既有代表性，又有重点。

5）时间要留有余地。在编制检查表时，应估计所需的审核时间。此估计时间不但不应超过在一个部门的计划审核时间，而且还应留有一定的富裕时间，以便临时发生某些情况而需要增加审核内容或增加审核深度时可利用这些时间。这样不用修改审核计划或延长审核时间。

6）检查表应有可操作性。应有具体的抽样方法和检查方法，如选择什么样本、数量多少、问什么问题、问什么人、观察什么事物等。

7）检查表要注意审核的全面性。按 ISO 9001 质量管理体系所规定的过程（条款）编制的检查表，要考虑所涉及的部门。按部门编制的检查表，要考虑涉及的 ISO 9001 质量管理体系的过程（条款）。

8）应用过程方法的思路设计检查表。无论是要审核哪一过程，都可以采取以下思路：先查其是否确定过程和规定过程，再查其规定的程序是否得到实施，再查其规定的实施效果是否达到预期规定的目标，最后查证是否识别了改进的机会并予以实施。

（3）检查表的内容

一般包括以下内容：

1）受审核部门、审核时间、审核员。

2）审核内容。即查什么（列出审核要点，要保证审核覆盖面的完整性，不要遗漏）。

3）审核思路。即怎么查，包括审核步骤和方法，也就是要明确去哪查、找谁查、怎么查（如提问、查阅记录、现场观察、抽样量等）。

4）审核记录。供现场审核时记录审核结果。

（4）检查表的类型

1）按过程审核的检查表。凡编制过程检查表，对某一过程进行审核时，则检查表中要包括此过程所涉及的部门，有的是负责该过程的部门（如产品设计和开发过程是由产品开发部负责的），有的是协助办理的部门（如产品设计和开发过程，质量部是协办的部门），都应审核到。

2）按部门审核的检查表。对实施 ISO 9001 的企业，一般按部门编制检查表。凡去一个部门审核时，对此部门所涉及的过程（ISO 9001 条款）要加以审核，其中该部门负责实施的过程（如设计部门实施设计控制，销售部门负责合同评审等）是必须包括的；其他相关过程（如设计部门对于质量目标，销售部门对于文件控制等），则可有选择地加以审核。如何选择视具体情况而定，在审核实施计划中规定。

（5）使用检查表的注意事项

1）防止机械呆板，随时注意检查表以外有助于审核结论的内容。

2）询问、观察、验证相结合。

3）不应只采用是/否回答的方式。

4）不应机械地逐条照本宣科，应把提问、评价、记录结合起来。

5）根据实际情况，可以对检查表的内容进行调整和补充。

6）应把检查表的内容放在脑子里。

(6) 审核检查表案例

这里设计了一系列检查表，供读者使用时参考。

ISO 9001 标准的一些条款对各部门都适用，如 5.3 组织岗位、职责和权限、6.1 应对风险和机遇的措施、6.2 质量目标及其实现的策划、7.1.2 人员、7.1.3 基础设施、7.1.4 过程运行环境、7.1.6 组织的知识、7.2 能力、7.3 意识、7.4 沟通、7.5.3 形成文件的信息的控制、9.1.3 分析与评价、10.2 不合格和纠正措施、10.3 持续改进。案例 6-3 就是针对这些条款设计的检查表，此检查表可用于对各部门的检查。

案例 6-4、案例 6-5 以及附录 4 中的案例附 4-1~案例附 4-8 适合于企业各部门进行 ISO 9001 质量管理体系审核。

在设计某部门的审核检查表时，应包括与所审核部门有关的所有条款（过程）。这些与所审部门有关的条款（过程）在职能分配矩阵表（见前面案例 6-2）中有说明。

在一次审核中，也不一定要对这些有关的条款（过程）进行全部审核，具体要审核多少条款（过程），应在每一次的审核实施计划中规定。但要保证在一年中，与该部门有关的所有条款（过程）都得到审核。

在每次审核时，如果审核实施计划中安排要审核某个条款（过程），此时要在审核检查表的"是否适用"栏目中打上"√"符号，表示这一条款（过程）在此次审核中要审核。

检查表中"参考文件"栏目一般填写程序文件代号，必要时填写作业指导书代号及其名称。表中的"文件查阅"是指对所提出的问题，应查阅相关的文件、记录；表中的"现场检查"是指对所提出的问题，应通过现场观察、实地抽检去验证。

案例 6-6 以及附录 4 中的案例附 4-9～案例附 4-17 是用过程方法编制的审核检查表。在按此类审核检查表进行审核时，要同时检查人员的资质、过程需要的资源、过程管理的职责、过程运行的环境是否满足要求。

表中的"标准条款"填写与所提问题相对应的 ISO 9001 标准条款，"文件条款"填写与所提问题相对应的文件代号及条款（一般指程序文件），"文件查阅"是指对所提出的问题，应查阅相关的文件、记录；表中的"现场检查"是指对所提出的问题，应通过现场观察、实地抽检去验证。这些栏目在编制审核检查表时就应该完成。

表中"检查结果"一栏记录审核时发现的不符合项及潜在不符合项，在现场审核时填写。

案例 6-3：各部门通用审核检查表

各部门通用审核检查表

受审核部门：各部门			编制/日期：		批准/日期：		
审核准则：ISO 9001、体系文件、适用法律法规			审核日期：		审核员：		
ISO 9001 条款	检查内容	是否适用	参考文件	检查方法			检查结果记录
				提问	文件查阅	现场检查	
5.3 组织的岗位、职责和权限	◆职责、权限是否得到规定？有无形成文件 ◆职责、权限的沟通、理解情况			◆是否有清晰的部门组织结构图？ ◆受审部门的职责是什么？是否完整？ ◆部门岗位的职责是否得到规定并形成文件？ ◆各有关人员（抽3~5位）是否明确各自的职责、权限及与其他相关人员的相互关系？ ◆抽3~5位员工，看其是否知道向专门人员汇报与质量管理体系有关的问题？ ◆有无职责不清、权限不明或部门间职责互不协调的情况？	√ √ √ √ √	√ √ √ √	
6.1 应对风险和机遇的措施	◆风险的识别、分析与评价以及有关的风险应对措施 ◆风险应对措施的监控与改进			◆是否对本部门面临的风险进行了识别分析与评价？ ◆本部门面临哪些风险？有无风险应对措施？采取的符合性的潜在影响相适应？ ◆是否对风险应对措施进行了监督检查，并根据检查结果，适时对风险应对措施进行了改进？	√ √	√ √	

· 223 ·

受审核部门：各部门　　编制/日期：　　批准/日期：
审核准则：ISO 9001、体系文件、适用法律法规　　审核日期：　　审核员：

（续）

ISO 9001条款	检查内容	是否适用	参考文件	检查方法 提问	文件查阅	现场检查	检查结果记录
6.2 质量目标及其实现的策划	◆质量目标的建立			◆受审部门及其必要的岗位、过程是否有明确的质量目标？质量目标的内容是否具有可测量性？有无测量质量目标的方法？ ◆质量目标的内容是否包括产品、服务的符合性，以及增强顾客满意方面的内容？ ◆有无实施质量目标的措施计划？措施计划内容是否完善？	√		
	◆质量目标的实现			◆质量目标是否达到？ ◆质量目标没有达到时，是采取了改进措施？	√ √		
7.1.2 人员	◆人员的充足性			◆人员是否足够满足工作的需要？ ◆人员不足时，采取了哪些补充措施？	√	√	
7.1.3 基础设施	◆基础设施的充足性			◆配备的设施设备是否足够？有无设施设备台账？是否存在因基础设施不足造成产品和服务不符合？	√	√	
	◆基础设施的维护			◆有无必要的设施设备维护的规定？ ◆设施和设备是否得到了维护？	√	√	
7.1.4 过程运行环境	◆过程运行环境的适宜性			◆过程运行环境是否满足工作的需要？是否存在因过程运行环境不适宜而造成产品和服务不符合的规定？	√	√	
	◆过程运行环境的管理			◆有无必要的过程运行环境管理的规定？ ◆过程运行环境是否得到了维护？	√	√	

第6章 审核实施

（续）

受审核部门：各部门				编制/日期：		批准/日期：		
审核准则：ISO 9001、体系文件、适用法律法规				审核日期：		审核员：		
ISO 9001 条款	检查内容	是否适用	参考文件	提问	检查方法			检查结果记录
					文件查阅	现场检查		
7.1.6 组织的知识	◆知识的确定与保持			◆是否确定了过程运行以及达到产品和服务符合性所必要的知识？组织如何收集知识并将知识整理成可使用的信息？员工是否能方便地获取知识？	√			
	◆知识的使用			◆知识是否得到合理的使用和共享？	√	√		
	◆知识的评估与更新			◆是否对知识适时进行评估与更新？	√	√		
7.2 能力	◆人员能力要求			◆岗位描述中是否对人员能力满足要求（包括教育、培训、经验的要求）做出了规定？ ◆人员能力是否实人员能力的证据？是否针对能力的需求提供相应培训或采取其他措施？是否对所采取措施的有效性进行了评估？	√	√		
	◆人员培训情况			◆受审部门负责人如何对其部门员工进行培训？ ◆员工上岗前，受审部门负责人是否对其人员进行了上岗前培训（抽3～12名员工，查看其培训记录）？有无开展提高员工技能的培训？	√	√		
7.3 意识	◆员工是否有良好意识			◆询问员工，看其是否理解公司的质量方针？ ◆询问员工，看其是否了解与其有关的质量目标？ ◆员工是否知道实现质量目标的措施？是否按措施要求工作？ ◆员工是否知道自己的工作对质量管理体系有效性的质献，以及改进质量绩效的益处？ ◆员工是否知道偏离质量管理体系要求的后果？	√	√		

· 225 ·

(续)

受审核部门：各部门　　　　　编制/日期：　　　　　批准/日期：
审核准则：ISO 9001、体系文件、适用法律法规　　　审核日期：　　　　　审核员：

ISO 9001条款	检查内容	是否适用	参考文件	检查方法 提问	文件查阅	现场检查	检查结果记录
7.4 沟通	◆沟通的管理			◆受审核部门哪些方面需要进行内部或外部沟通？受审部门是否就内外部的沟通建立了沟通过程？沟通过程是否明确了沟通的对象、内容、方法、时机和实施者？ ◆受审部门的成员能否表取其所需要得到的任何质量信息？ ◆信息通报采取何种方式？"信息联络单"内容是否完善（抽3～5份）？"信息联络单"通报？实际沟通过程是否有效？	√	√	
7.5.2 创建和更新	◆规范性文件的标识和说明、格式和媒介			◆文件的标识和说明，如名称标识、编号标识、版本标识、时间标识、文件作者等，是否便于检索、识别和使用？ ◆文件的格式（文件的格式、图像、视频等）和媒介（纸质、电子格式等）是否便于文件的利用？	√		
	◆规范性文件的评审和批准			◆规范性文件发布前是否进行了审查和批准？ ◆是否规定了规范性文件进行评审的时机并实施评审？是否根据评审结果对规范性文件修改后是否重新批准？	√	√	
	◆证据性文件（记录）的标识和说明、格式和媒介			◆证据性文件的标识和说明，如名称标识、部门标识、编号标识等，是否便于检索，能否做到唯一可追溯？ ◆证据性文件的格式和媒介是否适宜？	√	√	
	◆证据性文件的签署、更正			◆是否只有签署完整的证据性文件（记录）才可以按要求发出？ ◆填写记录出现涂笔误以后如何更改？是否符合要求？	√	√	

第6章 审核实施

(续)

受审核部门：各部门 编制/日期： 批准日期：
审核准则：ISO 9001、体系文件、适用法律法规 审核日期： 审核员：

ISO 9001 条款	检查内容	是否适用	参考文件	检查方法			检查结果记录
				提问	文件查阅	现场检查	
7.5.3 形成文件的信息的控制	◆规范性文件的控制			◆文件是否发至使用场所或岗位？使用处是否都使用适用文件的有效版本？ ◆文件的查找是否方便？ ◆文件保管是否指定设施、场所、人员，是否能确保文件不损坏、不丢失和及时提供？ ◆是否从发放或使用场所及时收回作废的文件？是否在现场发现了作废文件	√	√ √ √	
	◆证据性文件的控制			◆记录是否填写正确、字迹清楚？有无涂改？ ◆贮存是否便于存取和检索？ ◆过期记录是否按要求进行处置？ ◆现行记录是否完整？能否提供足够信息？信息是否可靠、可见证？	√ √ √	√ √	
9.1.3 分析与评价	◆受审部门进行数据和信息分析与评价的情况			◆受审部门对哪些数据和信息进行了分析与评价？对分析与评价的方法有无必要的规定？ ◆受审部门是否利用数据和信息分析与评价的结果确定： 1）部门工作的绩效、符合性、有效性 2）部门所管风险应对措施实施的有效性 3）部门工作计划得到落实 4）部门工作改进的需求，等等 ◆数据和信息分析与评价的结果是否及时传递给相关的部门？	√	√	

· 227 ·

受审核部门：各部门　　　　　　　　　　　　　编制/日期：　　　　　　　　　　　　批准/日期：
审核准则：ISO 9001、体系文件、适用法律法规　　审核日期：　　　　　　　　　　　　审核员：

ISO 9001条款	检查内容	是否适用	参考文件	提问 检查方法	文件查阅	现场检查	检查结果记录
10.2 不合格和纠正措施	◆不合格的控制和纠正			◆发生不合格时，是否采取措施控制和纠正不合格？效果如何？	√	√	
	◆纠正措施的实施			◆是否采取措施消除不合格产生的影响？	√	√	
				◆采取纠正措施时，是否进行了下列工作： 1）评审不合格 2）分析并确定不合格原因，同时考虑发生或可能发生的类似不合格 3）评价纠正措施的需求 4）制订纠正措施并更新或制订相关的风险控制措施 5）实施纠正措施并评审其效果 6）制订巩固措施，必要时对质量管理体系进行更新	√		
				◆是否保留纠正措施实施的形成文件的信息，包括不合格性质、原因分析、纠正措施的内容、完成情况、有效性评审的结论等？	√		
				◆纠正措施引起的文件更改是否执行了文件控制程序？	√	√	
10.3 持续改进	◆持续改进的实施			◆受审部门是否形成了持续改进的机制？该机制是否创造了一种氛围，使每个人员都有参与改进的意识和机会？	√		
				◆受审部门是否通过使用与评价的结果以及管理评审输出，识别改进的需要和机会？	√	√	
				◆有无充分的、可靠的事实或数据对比实证组织进行了持续改进？	√	√	

案例 6-4：产品研发部审核检查表

产品研发部审核检查表

受审核部门：产品研发部			编制/日期：		审核日期：		批准/日期：		
审核准则：ISO 9001、体系文件、适用法律法规							审核员：		
ISO 9001 条款	检查内容	是否适用	参考文件	提问		检查方法			检查结果记录
						文件查阅	现场检查		
7.1.5 监视和测量资源	◆ 测量设备的使用与管理			◆ 是否根据需要为研发人员配备了充分的测量设备？测量设备的测量能力是否满足规定要求？ ◆ 测量设备是否在有效的校准、检定周期内？校准状态如何识别？ ◆ 是否规定并实施了防止校准失效的调整方法？ ◆ 测量设备搬运、维护和贮存期间，如何进行保护？		√ √ √	√ √ √		
8.2 产品和服务要求	◆ 参加合同评审情况			◆ 如何参加销售合同的评审？有无因产品研发部评审不当造成违约情况或产品开发的合同评审记录遗失？（抽 3～5 份带有研发的合同评审记录进行检查）？ ◆ 如何将合同规定转化为设计输入？		√			
8.3 产品和服务的设计和开发	◆ 设计和开发策划的管理			◆ 是否对每项设计开发活动进行了策划（产品研发部根据"项目建议书"，成立项目小组，编写"设计和开发计划书"）策划时是否考虑了下列内容： 1）设计和开发的阶段、周期 2）评审、验证和确认活动 3）设计和开发所需的内外部资源		√			

受审核部门：产品研发部				编制/日期：		批准/日期：	
审核准则：ISO 9001、体系文件、适用法律法规				审核日期：		审核员：	
ISO 9001 条款	检查内容	是否适用	参考文件	检查方法			检查结果记录
				提问	文件查阅	现场检查	
8.3 产品和服务的设计和开发	◆ 设计和开发策划的管理			4）各项活动的职责			
				5）接口控制的要求			
				6）顾客或用户参与设计和开发过程的需求			
				7）对后续生产和服务提供的要求			
				8）顾客和其他相关方对设计和开发过程所期望的控制水平			
				9）设计和开发过程中应形成的文件的信息	√		
				◆ 策划输出的文件，记录是否完整、正确（查3～5种新产品的"设计和开发计划书"）？	√		
				◆ 不同部门之间的接口管理是否有恰当的规定？不同部门之间互提供的条件和信息是否形成相应的文件、记录加以传递	√		
				◆ "设计和开发计划书"是否根据设计和开发的进展情况适时修改（查3～5种新产品的"设计和开发计划书"）	√	√	
				◆ 设计和开发所需资源是否充分？人员能力是否胜任？	√		
	◆ 设计输入的完整性、正确性			◆ 设计输入要求是如何确定的？设计输入的形式是什么？	√		
				◆ "设计和开发任务书（设计输入的形式）"的内容是否完整，是否考虑下列内容：	√	√	
				1）功能和性能要求			
				2）来自以前类似设计和开发活动的信息			
				3）法律法规要求			

第6章　审核实施

（续）

受审核部门：产品研发部　　编制/日期：　　批准/日期：
审核准则：ISO 9001、体系文件、适用法律法规　　审核日期：　　审核员：

ISO 9001条款	检查内容	是否适用	参考文件	检查方法 提问	文件查阅	现场检查	检查结果记录
8.3 产品和服务的设计和开发	◆设计输入的完整性、正确性			4) 组织承诺执行的标准或行业规范 5) 因产品和服务的性质而导致的潜在失效后果 ◆"设计和开发任务书"有无与法律、法规、合同等文件相矛盾和含糊不清之处，矛盾与含糊不清之处是否得到解决？ ◆"设计和开发任务书"是否通过评审？其内容是否正确、完整、明确？相关部门的人员是否参加了评审？	√ √		
	◆设计和开发控制——设计和开发评审的实施			◆是否在适当阶段对设计和开发进行了系统的评审？ ◆评审的内容是否适当？评审有无做到： 1) 对设计结果满足要求的能力做出评价 2) 识别和发现设计中的问题和不足，并提出解决措施 ◆参加人员是否包括设计和开发有关的职能代表？ ◆评审结果及任何必要措施是否予以保持？ ◆查看各阶段评审结论是否在下阶段中得到贯彻，样品试验中发现的问题在定型设计中是否得到解决？	√ √ √	√	
	◆设计和开发控制——设计和开发验证的实施			◆是否按策划的安排对设计和开发进行了验证？ ◆验证的方法有哪些（型式试验等）？验证的方法与产品特点是否相适？ ◆是否将验证的结果及任何必要的措施记录下来？ ◆验证后的结果是否得到贯彻？	√ √ √	√ √	

(续)

受审核部门：产品研发部				编制/日期：		批准/日期：		
审核准则：ISO 9001、体系文件、适用法律法规				审核日期：		审核员：		
ISO 9001 条款	检查内容	是否适用	参考文件	提问	检查方法			检查结果记录
					文件查阅	现场检查		
8.3 产品和服务的设计和开发	◆ 设计和开发控制——设计和开发确认的实施			◆ 是否按策划的安排对设计和开发进行了确认？ ◆ 确认的方法有哪些（定型鉴定、客户确认等）？确认的方法与产品特点是否相适宜？ ◆ 确认的时机、内容是否适宜，对确认后的产品，有无使用者觉得不符合要求？ ◆ 是否将确认的结果及任何必要的措施记录下来？ ◆ 确认后的结果是否得到贯彻？	√ √ √ √	√ √ √		
	◆ 设计和开发输出的完整性与正确性			◆ 设计和开发输出的形式（图样等）是什么？设计和开发输入中的法律法规要求及主要性能指标是否满足？ ◆ 设计和开发输出的文件是否符合《设计文件完整性要求》（查3~5种新产品）？能否充分地满足后续产品和服务提供过程的需要？是否包括：技术图样；BOM；产品标准技术条件（含包装标准）；采购物资技术要求（材料标准）；产品（关键特性、重要特性）清单（必要时）；工艺文件、包装图、使用说明书等包装图样及包装文件，等等 ◆ 设计和开发输出的文件是否包括产品的检验、测试规范、产品的接收准则？	√	√		

第6章 审核实施

（续）

受审核部门：产品研发部				编制/日期：		批准/日期：	
审核准则：ISO 9001、体系文件、适用法律法规				审核日期：		审核员：	
ISO 9001条款	检查内容	是否适用	参考文件	检查方法（提问）	文件查阅	现场检查	检查结果记录
	◆设计和开发输出的完整性与正确性			◆设计和开发输出文件是否指明了对于预期目的及其安全和正常使用至关重要的产品特性？是否按要求在设计文件中做好了标记？ ◆使用说明书中是否有安全、操作、维护等方面的内容？ ◆设计和开发输出文件发放前是否得到了批准？是否满足设计和开发输入的要求？	√ √ √		
8.3 产品和服务的设计和开发	◆变更的控制			◆设计和开发的更改是否形成文件？ ◆是否对更改进行了评审？评审是否包括评价更改对采购在途品、在制零部件、已完工入库零部件、成品以及已交付产品的影响？ ◆是否保持与设计和开发更改相关的记录？记录中包括更改的原因、更改的内容、更改的评审、采取的预防负面影响的措施、更改的批准人等	√ √ √ √		
8.4 外部提供的过程、产品和服务的控制	◆参与采购控制			◆产品研发部在协助采购部选择供应商时起什么作用？ ◆设计更改涉及采购资料和/或采购物资时，是否用"设计更改通知单"将相关的措施通知到采购部？能否保证采购部的采购资料与相关的设计同步更新？ ◆采购部提出物料代用时，产品研发部如何配合？	√ √ √	√	

· 233 ·

(续)

受审核部门：产品研发部　　　编制/日期：　　　批准/日期：
审核准则：ISO 9001、体系文件、适用法律法规　　　审核日期：　　　审核员：

ISO 9001条款	检查内容	是否适用	参考文件	检查方法（提问）	文件查阅	现场检查	检查结果记录
8.5.1 生产和服务提供的控制	参与工艺控制与特殊过程确认			◆产品设计如何确保其工艺性？ ◆如何根据生产部门的意见修改设计？ ◆产品研发部应和生产部、工艺设备部、质量部一道对特殊过程进行确认。确认合格后，产品研发部应在"特殊过程确认报告"中签字批准，请问是否这样做了？	√ √ √	√	
8.5.4 防护	产品设计对包装、搬运、储存等的影响			◆包装设计是否满足产品包装的要求？ ◆产品设计时是否考虑了搬运、储存等方面的要求？这些要求是否得到落实？	√	√ √	
8.5.6 更改控制	工艺更改控制			◆设计更改引起工艺更改时，如何与工艺部等部门进行沟通？ ◆有无因工艺更改导致设计更改的情况？工艺部提出产品工艺问题时，产品研发部如何配合？ ◆工艺更改实施前，产品研发部是否参与会签？	√ √		
8.7 不合格输出的控制	参与不合格品的处理			◆如何参加不合格品的评审和处理？	√		

第6章 审核实施

案例 6-5：质量部审核检查表

受审核部门： 质量部
审核准则： ISO 9001、体系文件、适用法律法规
编制/日期：　　　　**审核日期：**　　　　**批准/日期：**　　　　**审核员：**

质量部审核检查表

ISO 9001 条款	检查内容	是否适用	参考文件	检查方法 提问	检查方法 文件查阅	检查方法 现场检查	检查结果记录
6.1 应对风险和机遇的措施	◆ 风险的识别、分析与评价以及有关的风险应对措施 ◆ 风险应对措施的监控与改进			◆ 是否对本公司面临的风险进行了识别分析与评价？ ◆ 本公司面临哪些风险？有无风险应对措施？采取的风险应对措施是否与风险对产品、服务的符合性的潜在影响相适应？ ◆ 是否对风险应对措施进行了监督检查，并根据检查结果，适时对风险应对措施进行了改进？	√ √ √	 √ √	
7.1.5 监视和测量资源	◆ 监测设备的配置			◆ 如何选择所需准确度和精度的监测设备？能否证明监测设备能够满足监视和测量活动的需要？ ◆ 采购时，是否有"监测设备采购申请单"（查 3～5 种量具）？ ◆ 监测设备购回后，是否进行了验收并填写了"监测设备开箱验收单"？ ◆ 质量部是否对所有监测设备进行了编号，并填写了"监测设备管理台账"？ ◆ 领用部门领用监测设备时，是否在"监测设备领用登记表"上登记？	√ √ √ √ √		

受审核部门：质量部　　　　　　　　编制日期：　　　　　　　　　批准/日期：

审核准则：ISO 9001、体系文件、适用法律法规　　　　　审核日期：　　　　　　　　　审核员：

（续）

ISO 9001 条款	检查内容	是否适用	参考文件	检查方法		检查结果记录
				提问	文件查阅 / 现场检查	

ISO 9001 条款	检查内容	是否适用	参考文件	提问	文件查阅	现场检查	检查结果记录
7.1.5 监视和测量资源	◆监测设备的校准（测量的可追溯性）	√		◆是否在使用前或按规定的周期对监测设备进行校准或检定（或确认）？其依据是否可追溯到国家标准或国际标准？无标准时是否有可依据的校准规程？	√	√	
				◆是否保存了检定、校准的记录？内校是否有"监测设备内部校准记录表"？	√		
				◆是否编制了"监测设备校准周期一览表"？	√		
				◆是否编制了年度"监测设备校准计划"并实施？	√	√	
				◆校准人员有无培训合格？现场要求校准人员进行操作演示）？校准状态标签是否在有效期内？	√	√	
				◆有无校准状态标签？如何识别校准状态？	√	√	
				◆不适合贴标签时，校准状态如何识别？			
				◆校准的环境（温度、湿度）是否符合规定？	√	√	
	◆监测设备的使用、保管			是否建立了对测量人员、测试环境进行控制的过程，是否明确了监测设备管理的责任部门和责任人？	√		
				◆是否有必要规定的监测测试设备使用说明书/作业指导书？	√		
				◆是否按规定调整测试设备，如何防止因调整不当引起校准失效或测量结果无效？	√	√	
				◆测试人员有无培训合格？	√		
				◆有无防止监测设备在使用、搬运、维护和贮存期间损坏或失效的措施（包括工作环境、贮存条件等）？	√		
				◆监测设备停用时要贴"封存证"标签，报废时，应填写"监测设备报废申请单"。请问是否这样做了？	√		

（续）

受审核部门：质量部　　　　　　　　编制/日期：　　　　　　　　批准日期：
审核准则：ISO 9001、体系文件、适用法律法规　　审核日期：　　　　审核员：

ISO 9001条款	检查内容	是否适用	参考文件	检查方法 提问	文件查阅	现场检查	检查结果记录
7.1.5 监视和测量资源	◆监测设备不合格时的处理	√		◆发现监测设备不合格时，是否对已测产品或监测设备进行了评价，并填写了"监测评价报告"？ ◆是否根据评价结果，采取了相应的处置措施？ ◆监测设备修理后是否进行了校准？	√ √ √		
8.3 产品和服务的设计和开发	◆如何参加新产品研发的评审、验证、确认工作？	√		◆质量部是否参加设计评审并在"设计评审报告"上签名？主要评审什么？有无评审不当之处？ ◆针对设计和开发验证，质量部做了哪些工作？是否对试制样机与生产样机进行了检验？有无检验报告？ ◆质量部如何参加样机鉴定与产品定型鉴定？是否在"样机鉴定报告""产品鉴定报告"上签名？	√ √ √		
8.4 外部提供的过程、产品和服务的控制	◆参与采购控制			◆质量部在协助采购部选择供应商时应起什么作用？ ◆质量部每月是否对供应商供货的质量情况进行统计分析？ ◆如何开展对供应商的质量管理体系进行审核？	√ √ √		
8.5.1 生产和服务提供的控制	◆参与生产过程控制与特殊过程确认			◆为生产车间配置的监测点的适宜位置设置了检验站（点）？能否确保过程和过程输出的输出满足要求？ ◆是否在生产过程中放行、交付前进行了检验？ ◆质量部应和生产部、工艺部、产品研发部一道对特殊过程进行确认。确认合格后，质量部在"特殊过程确认报告"中签字，请问是否这样做？做的情况如何？	√ √ √	√ √	

(续)

受审核部门：质量部
审核准则：ISO 9001、体系文件、适用法律法规

编制/日期：　　　　　　　批准/日期：
审核日期：　　　　　　　　审核员：

ISO 9001 条款	检查内容	是否适用	参考文件	检查方法			检查结果记录
				提问	文件查阅	现场检查	
8.5.2 标识和可追溯性	◆产品检验状态标识			◆如何进行进货物料检验状态的标识？ ◆半成品检验状态的标识如何做？ ◆完成品检验状态的标识如何做？ ◆包装出货产品检验状态的标识如何做？ ◆是否保护好了检验状态标识？		√ √ √	
	◆进货检验			◆是否进行了进料检查，是否按要求做好了相应的"进料检验记录"（抽12份）？ ◆供应商是否按要求提供合格证据？	√ √		
	◆过程检验			◆是否按要求进行了巡检并填写了巡检记录？ ◆是否按要求在检验工序对正在加工的产品进行了检验并填写了相关记录（如有的话）？	√ √	√ ?	
	◆成品检验			◆是否对已完工成品进行了检验，并填写了"产品检验报告"？ ◆产品放行时，是否所有规定的验证活动已经完成？	√ √	√	
8.6 产品和服务的放行	◆例外放行			◆例外放行是否得到有关授权人员的批准（必要时得到顾客的批准）？ ◆例外放行/让步放行有无影响到产品质量，是否便于检索？	√	√	
	◆检验记录的管理			◆记录是否项目清楚，数据齐全，存放的地点、条件是否适宜？ ◆检验记录是否标明负责产品放行的授权责任者？	√	√	

受审核部门：质量部　　编制/日期：　　批准/日期：

审核准则：ISO 9001、体系文件、适用法律法规　　审核日期：　　审核员：

ISO 9001条款	检查内容	是否适用	参考文件	检查方法（提问）	文件查阅	现场检查	检查结果记录
8.7 不合格输出的控制	◆不合格输出控制的职责和权限			● 是否明确了不合格输出控制（标识、评审、处置等）的职责和权限？ ● 对让步处置是否做出了规定？	√		
	◆不合格输出的处置			● 当发现进料整批或部分零部件不合格时，如何进行处理？ ● 生产过程中发现不合格时，如何进行处理？ ● 成品检验整批是否不合格，如何进行处理？ ● 不合格输出的处理方式是否与不合格的性质及其对产品和服务符合性的影响相适应？ ● 是否对不合格的状况（状况记录可能涉及时间、地点、批次、产品编号、缺陷描述等）、评审结论、处置措施进行了记录？ ● 当发现发给顾客的产品纠正之后是否再次验证？ ● 不合格品得到纠正后发现的不合格，本公司是否通知了顾客？ ● 交付或使用后发现的不合格品，本公司是否给予修理、调换或赔偿？	√ √ √ √ √ √	√ √ √	
	◆让步放行			● 让步放行是否得到有关授权人员的批准（必要时得到顾客的批准）？ ● 有无让步放行记录，记录上有无指明授权让步放行的责任人？	√ √		

（续）

(续)

受审核部门：质量部　　编制/日期：　　批准/日期：
审核准则：ISO 9001、体系文件、适用法律法规　　审核日期：　　审核员：

ISO 9001条款	检查内容	是否适用	参考文件	检查方法 提问	文件查阅	现场检查	检查结果记录
9.1.3 分析与评价	◆质量数据分析			◆质量部每月对质量检验信息进行统计分析，编制"月度质量分析报告"，内容包括进料检验、过程检验、成品检验中产品的质量状况和趋势等。"月度质量分析报告"报总经理、管理者代表及有关部门。请问质量部是否这样做？在分析报告里，是否根据分析结论提出了必要的纠正措施建议？	√		
10.3 持续改进				◆质量部是否按要求每月对过程绩效指标的达标情况进行了统计分析？是否根据分析提出必要的纠正措施建议？	√		
				◆质量部是否按要求每季度对风险控制措施的有效性进行了分析与评价？是否根据分析提出了必要的纠正措施建议？	√		
				◆质量部是否根据分析情况每月对顾客投诉、退货情况提出了必要的纠正措施建议？	√		
9.1.3 分析与评价	◆统计技术的使用及效果			◆使用了哪些统计技术（查看"统计技术应用明细表"）？	√		
				◆统计技术使用的场合是否恰当？统计技术使用是否正确？	√	√	
				◆如何检查统计技术的应用效果（查看"统计技术应用检查报告"）？	√	√	
10.2 不合格和纠正措施	◆对不合格做出的响应			◆发生不合格时，是否采取措施控制和纠正不合格？	√	√	
				◆是否采取措施消除不合格产生的影响？	√	√	

第6章 审核实施

受审核部门：质量部

审核准则：ISO 9001、体系文件、适用法律法规

编制/日期： 批准日期：

审核日期： 审核员：

ISO 9001条款	检查内容	是否适用	参考文件	检查方法			检查结果记录
				提问	文件查阅	现场检查	
	◆纠正措施实施的时机	√		◆当同一供应商同一种产品连续两批（次）被判为不合格（拒收）或在生产过程中发现来料严重不合格时，质量部是否向该供应商发出"供货质量反馈单"，要求其采取纠正措施？ ◆过程、产品出现重大质量问题时（这些质量问题来自检验报告、工作联系单等），质量部是否向责任部门发出"纠正和预防措施通知单"？ ◆当成品出现翻箱时，质量部是否向责任部门发出"纠正和预防措施通知单"？ ◆顾客投诉，如属于产品质量问题，质量部是否向责任部门发出了"纠正和预防措施通知单"？	√ √ √ √		
10.2 不合格和纠正措施	◆纠正措施的实施			◆采取纠正措施时，是否进行了下列工作： 1) 评审不合格 2) 分析并确定不合格原因 3) 评价纠正措施的需求 4) 制订纠正措施并评审其效果 5) 实施纠正措施并评审其效果 ◆必要时，是否对质量管理体系进行了更新？是否将成功措施引起的更改纳入文件？ ◆是否保存纠正措施实施的记录，记录中包括不合格性质、原因分析、纠正措施的内容、完成情况、有效性评审的结论等？	√ √ √		

案例 6-6："产品设计和开发过程"审核检查表

"产品设计和开发过程"审核检查表

受审核过程：产品设计和开发 编制/日期： 批准日期：
审核员： 审核/日期： 依据文件：产品设计和开发控制程序、设计文件完整性规定

检查项目		提问	检查方法				检查结果
			标准条款	文件条款	文件查阅	现场检查	审核地点
1. 任务下达	1.1 产品开发小组的成立	◆公司总经理是否根据公司内外反馈的信息下达"产品设计和开发指令单"？			√		研发部
	1.2 产品设计和开发计划书的编制与下达	◆产品开发小组成员是否体现跨部门的特点？"产品设计和开发计划书"是否完整？有无提出设计目标？			√		研发部
2. 计划和确定项目阶段	2.1 顾客信息的收集与研究	◆营销部是否进行了市场调研并提交了"市场调研分析报告"给产品开发小组？			√		研发部
	2.2 标杆分析	◆产品开发小组是否对竞争企业进行了标杆分析并填写了"标杆分析报告"？			√		研发部
	2.3 产品的初步构思	◆产品开发小组是否对产品进行初步构思并形成"产品的初步构思方案"，送副总经理批准后下发？			√		研发部
	2.4 立项可行性分析	◆是否编写了"产品立项可行性分析报告"？			√		研发部
	2.5 产品开发立项的批准	◆"产品立项可行性分析报告"是否经总经理批准？			√		研发部
	2.6 产品设计任务书的编制与评审	◆规定了设计的目标和要求？是否明确设计任务书？ ◆产品开发小组长是否组织有关人员对"产品设计任务书"进行了评审？			√		研发部

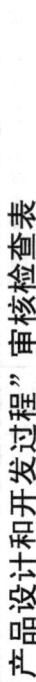

第6章 审核实施

（续）

受审核过程：产品设计和开发　　　　编制/日期：　　　　批准/日期：
审核员：　　　　审核日期：　　　　依据文件：产品设计和开发控制程序、设计文件完整性规定

检查项目	提问	检查方法			检查结果
		标准条款	文件条款	文件查阅	现场检查	审核地点	

检查项目	提问	标准条款	文件条款	文件查阅	现场检查	审核地点	检查结果
2. 计划和确定项目阶段	2.7 计划和确定项目阶段的总结	◆产品开发小组在计划和确定项目阶段的工作结束时，是否对这一阶段的工作进行了总结评审并形成了"项目计划与确定阶段总结报告"？ ◆是否将"项目计划与确定阶段总结报告"送有关管理人员？			√		研发部 研发部	
3. 产品设计和开发阶段	3.1 方案设计	◆设计时，是否考虑了产品的可制造性（DFM）和可装配性（DFA）？ ◆"设计方案说明书"内容是否完整？ ◆设计计算是否正确？ ◆方案设计总体图、线路图（原理图）是否规范？ ◆是否进行了设计失效模式及后果分析（DFMEA）？			√ √ √ √ √		研发部 研发部 研发部 研发部 研发部	
	3.2 方案设计评审	◆产品研发部是否组织产品开发小组以及其他有关的职能部门对方案设计进行了评审并形成了"设计评审报告"？			√		研发部	
	3.3 工作图设计	◆技术图样是否完整？是否将特殊特性标识在相关图样及设计文件中？ ◆产品标准（含包装标准）内容是否正确、完整？ ◆采购物资技术要求（材料标准）是否可操作？ ◆有无产品和过程特殊特性清单？ ◆包装图样及包装文件是否完整、正确？ ◆全套图样及设计文件是否经过产品研发部经理的批准？			√ √ √ √ √ √		研发部 研发部 研发部 研发部 研发部 研发部	

· 243 ·

（续）

受审核过程：产品设计和开发　　　编制/日期：　　　　　批准/日期：

审核员：　　　审核日期：　　　依据文件：产品设计和开发控制程序、设计文件完整性规定

检查项目		提问	检查方法			审核地点	检查结果
			标准条款	文件条款	文件查阅	现场检查	
3.产品设计和开发阶段	3.4 编制样件制造控制计划	◆是否编制了"样件制造控制计划"？产品开发小组是否用"控制计划检查表"对"样件制造控制计划"的完整性进行了检查？			√		研发部
	3.5 提出所需的新设施、设备和工装	◆是否编制了"新增或改进的设施、设备和工装的制造、采购计划"？			√		生产技术部
	3.6 提出所需的新量具、试验设备	◆是否编制了"新增或改进的量试验设备的制造、采购计划"？			√		质量部
	3.7 样机试制与设计验证	◆质量部是否对样机进行了型式试验，并出具了"型式试验报告"给产品研发部？ ◆产品研发部是否根据样机试制情况及型式试验报告，编写了"设计验证报告"？			√		研发部
	3.8 向客户送样	◆营销部是否将样机与相关资料送交顾客，并将顾客对样机的评价报告送交给产品开发小组及相关部门？			√		研发部
	3.9 样机鉴定	◆研发部是否组织进行了样机鉴定并整理出了"样机鉴定报告"？鉴定中的问题有无解决？			√		研发部
	3.10 产品设计和开发阶段的总结评审	◆产品开发小组是否在产品设计和开发阶段结束时安排了正式的总结评审，并将总结评审的结论形成了"产品设计和开发阶段总结报告"？			√		研发部

受审核过程：产品设计和开发	编制/日期：	批准/日期：
审核员：	审核日期：	依据文件：产品设计和开发控制程序、设计文件完整性规定

检查项目		提问	检查方法			审核地点	检查结果
			标准条款	文件条款	文件查阅	现场检查	
4. 过程设计和开发阶段	4.1 编制正式的工艺流程图	◆ 是否编制了正式的工艺流程图？ ◆ 产品开发小组是否用"过程流程图检查表"对工艺流程图进行了评价？			√ √		生产技术部 生产技术部	
	4.2 编制车间平面布置图	◆ 是否编制了车间平面布置图？ ◆ 产品开发小组是否用"车间平面布置检查表"对车间平面布置图进行了检查？			√ √		生产技术部 生产技术部	
	4.3 过程失效模式及后果分析（PFMEA）	◆ 是否进行了过程失效模式及后果分析？ ◆ 产品开发小组是否用"PFMEA检查表"对PFMEA的完整性进行了检查？			√ √		生产技术部 生产技术部	
	4.4 编制试生产控制计划	◆ 是否编制了"试生产控制计划"？ ◆ 产品开发小组是否用"控制计划检查表"对试生产控制计划的完整性进行了检查？			√ √		生产技术部 生产技术部	
	4.5 编制过程作业指导书	◆ 是否编制了生产、工艺管理作业指导书？ ◆ 是否编制了包装作业指导书？ ◆ 是否编制了检验作业指导书？			√ √ √		生产技术部 生产技术部 质量部	
	4.6 过程设计和开发阶段的总结评审	◆ 产品开发小组是否在正式过程设计和开发结束时安排了过程设计和开发总结评审，并将总结评审的结论形成了"过程设计和开发阶段总结报告"？			√		生产技术部	

(续)

受审核过程：产品设计和开发　　编制/日期：　　批准/日期：

审核员：　　审核日期：　　依据文件：产品设计和开发控制程序、设计文件完整性规定

检查项目		提问	检查方法			审核地点	检查结果
			标准条款	文件条款	文件查阅	现场检查	
5.产品和过程确认阶段	5.1 试生产	◆产品开发小组是否发"产品试制通知单"给相关部门？			√		生产技术部
		◆产品开发小组是否使用"新设备、工装和试验设备检查表"检查了新设备、工装和试验设备的准备情况？			√		生产技术部
		◆是否对试制工作进行了总结，并编写"产品试制总结报告"？			√		生产技术部
	5.2 进行生产确认试验	◆是否对所有生产的产品进行了常规检测？是否抽1~3台（顾客有要求时，抽取顾客要求的数量）进行了定型式确认试验并出具了定型式试验报告？			√		质量部
	5.3 进行包装评价工作（必要时）	◆是否采用试运装和合架试验的方式对产品包装进行了试验，出具了"包装试验报告"？			√		质量部
	5.4 产品定型鉴定（设计型时）	◆是否进行了产品定型鉴定并形成了"产品鉴定报告"？确认中的问题是否得到解决？			√		研发部
	5.5 编制生产控制计划	◆是否编制了供批量生产用的"生产控制计划"？对"生产控制计划"表"对"生产控制计划"的完整性进行了检查？			√		生产技术部
	5.6 整个产品设计和开发工作的总结评审	◆产品开发小组是否在整个产品设计和开发工作结束时安排了正式的总结评审，并将总结评审的结论形成了"整个产品设计和开发工作总结报告"？			√		研发部

第6章 审核实施

(续)

受审核过程：产品设计和开发			编制/日期：		批准/日期：			
审核员：			审核日期：		依据文件：产品设计和开发控制程序、设计文件完整性规定			
		检查项目	提问	检查方法			审核地点	检查结果
				标准条款	文件条款	文件查阅	现场检查	
6. 反馈和纠正措施阶段		6.1 收集生产、产品使用、交付服务中的信息，以改进产品设计和开发中的不足	◆是否收集生产、产品使用、交付服务中的信息，以改进产品设计和开发中的不足？			√		研发部
7. 设计和开发过程绩效的实现情况		7.1 产品鉴定一次通过	◆产品鉴定是否一次通过？如果没通过，原因是什么？有无采取改进措施？			√		研发部
		7.2 设计和开发输出资料完整、差错率≤5%	◆设计和开发输出资料的差错率是否≤5%？缺少哪些资料？原因是什么？有无采取改进措施？			√		研发部
		7.3 延长的时间不超过计划总时间的10%	◆按时完成任务吗？延长了多长时间？原因是什么？有无采取改进措施？			√		研发部
8. 设计和开发过程风险控制情况		8.1 过程风险——设计因设计输入不完整导致开发出来的产品不符合顾客要求	◆风险是如何控制的？风险控制有效吗？是否存在因设计输入不完整导致开发出来的产品不符合顾客要求的情况？			√		研发部

6.4 审核活动的实施

6.4.1 举行首次会议

1. 首次会议的目的

在审核开始前,审核组应与受审核方管理者及适当的受审核的职能、过程的负责人一起召开首次会议。在会议期间,应给受审核方提供询问的机会。首次会议由审核组长主持召开。首次会议的目的是:

1)确认所有有关方(如受审核方、审核组)对审核计划的安排达成一致。
2)介绍审核组成员。
3)确保所策划的审核活动能够实施。

2. 首次会议的要求

1)首次会议应准时、简短、明了。
2)首次会议时间以不超过半小时为宜。
3)获得受审部门的理解与支持。
4)与会人员都要签名。

3. 参加会议的人员

1)审核组全体成员。
2)高层管理者(必要时)。
3)质量管理体系负责人(管理者代表)。
4)受审核部门领导及主要工作人员。
5)陪同人员。
6)来自其他部门的观察员(应征得受审核方的同意)。

4. 首次会议内容

适当时,首次会议应包括以下内容:

1)介绍与会者,包括观察员和向导,并概述与会者的职责。
2)确认审核目标、范围和准则。
3)与受审核方确认审核计划和其他相关安排,如末次会议的日期和时间,审核组和受审核方管理者之间的临时会议以及任何新的变动。
4)告知审核中所用的方法,包括告知受审核方审核证据将基于可获得信息的样本。
5)介绍由于审核组成员的到场对组织可能形成的风险的管理方法。
6)确认审核组和受审核方之间的正式沟通渠道。

7）确认审核所使用的语言。

8）确认在审核中将及时向受审核方通报审核进展情况。

9）确认已具备审核组所需的资源和设施。

10）确认有关保密和信息安全事宜。

11）确认审核组的健康安全事项、应急和安全程序。

12）报告审核发现的方法，包括任何分级的信息。

13）有关审核可能被终止的条件的信息。

14）有关末次会议的信息。

15）有关如何处理审核期间可能的审核发现的信息。

16）有关受审核方对审核发现、审核结论（包括抱怨和申诉）的反馈渠道的信息。

5. 首次会议案例

见案例 6-7：首次会议怎么开。

案例 6-7：首次会议怎么开？

首次会议提纲

首次会议由审核组长主持。

1. 签到与人员介绍

大家早上好！

公司内部管理体系审核首次会议现在开始。

请到会的人员在签到单上签到。

这是公司 2016 年的第一次内部质量管理体系审核。现在我介绍一下审核小组成员及其分工。

注：如是外审，还需请受审核方总经理或授权人介绍公司主要管理人员。

2. 确认本次审核的目的和范围

审核目的：检查质量管理体系是否正常运行，评价质量管理体系的有效性和符合性。

审核范围：公司所有部门（过程）。

3. 确认审核准则

审核准则：ISO 9001 标准；质量手册、程序文件等质量管理体系文件；适用的法规及其他要求。

4. 确认审核计划

现场审核计划已经下发给各位，请问有无变动或其他问题？希望受审部门主要负责人在计划的时间里在场等待。

注：如是外审，还需请受审核方质量管理体系负责人简介企业管理体系建立与运行情况（掌握在 10min 内）。

5. 审核方法和程序介绍

（1）审核工作介绍　审核是一个抽样调查的过程，有一定的风险和局限。审核员尽可能做到抽样的代表性、公正性、客观性，以减少风险。审核中不提供咨询，但可对工作的改进与发展提出建议。

1）对质量方针、目标的审核将在部门内部或生产现场抽一部分人员询问。

2）在部门内抽部分人员询问其职责。

3）根据要求及记录重要性抽 3~12 份记录。

4）对各类标识按使用情况，在现场进行抽查。

（2）审核方式　按部门进行审核。

（3）审核员工作方法　采用提问、观察、查阅记录、现场确认等方法。

（4）审核中不符合的处理　对审核中发现的不符合项将开列不符合报告，并要求受审核部门确认不符合事实和提出纠正措施计划。

不符合的类型：

1）严重不符合。出现下列情况之一，原则上可构成严重不符合项。

① 体系出现系统性失效。如某个要素或某个关键过程在多个部门重复出现失效现象。例如，在多个部门或多个活动现场均发现有不同版本的文件同时使用，这说明整个系统文件管理失控。

② 体系运行区域性失效（可能由多个轻微不符合组成）。如某一部门或场所的全面失效现象。例如，某成品仓库出现了账、卡、物不符，标识不清，状态不明，库房漏雨，出库交付手续混乱等全面失效现象。

③ 可能产生严重的后果。例如：可能产生严重质量事故；可能导致不合格品装运；可能导致产品或服务失效或预期的使用性能严重降低；可能严重降低对产品和过程的控制能力。

④ 组织违反法律法规或其他要求的行为较严重。

⑤ 一般不符合项没有按期纠正。

⑥ 目标未实现，且没有通过评审采取必要的措施。

2）轻微不符合。出现下列情况之一，原则上可构成轻微不符合项。

① 对满足质量管理体系过程或体系文件的要求而言，是个别的、偶然的、孤立的、性质轻微的不符合。

② 对所审核范围的体系而言，是个次要的问题。

（5）说明　本次审核是公司 2016 年进行的第一次全面的、系统的审核，目的在于发现问题，因而希望各部门主管及有关人员积极配合，客观地回答审核中的问题，并正确对待不符合项（承认有疏忽的地方）。

（6）强调审核的客观公正　审核员将以客观、公正的事实为依据，反映公司管理体系存在的问题。

（7）澄清疑问　在会上对有疑问的问题予以澄清。

6. 说明审核将得出的结论

由于本次审核是例行审核，其目的在于检查质量管理体系是否正常运行，因而将根据审核发现做出如下结论中的一种：

1）质量管理体系符合 ISO 9001 标准的要求，体系运行有效。

2）质量管理体系有效运行，但有一些地方不符合 ISO 9001 标准的要求，希望有关部门针对不符合项采取纠正措施。

3）质量管理体系基本不按 ISO 9001 标准运行，希望引起公司领导重视，确保公司的质量管理体系回归到 ISO 9001 标准上来。

7. 确定陪同人员

陪同人员职责：联络、向导、见证（记录）。

8. 落实末次会议时间、地点、参加人员

注：如是外审，还需说明下列事情。

1）请受审方有关人员说明哪些区域及交谈人员为限制性的。

2）保密声明（包括技术秘密和审核信息），递交保证书。

3）现场审核路线及安全注意事项（安全帽）。

4）落实临时办公地点、复印、交通、工作餐安排。

9. 审核组长致谢，首次会议结束，转入现场审核

6.4.2　审核实施阶段的文件评审

在审核实施阶段还要对体系文件进行评审，以：

1）确定文件所述的体系与审核准则的符合性。

2）收集信息以支持审核活动。

在进行文件评审时，审核员应该考虑：

1）文件中所提供的信息是否：

① 完整（文件中包含所有期望的内容）。

② 正确（内容符合标准和法规等可靠的来源）。

③ 一致（文件本身以及与相关文件都是一致的）。

④ 现行有效（内容是最新的）。

2）所评审的文件是否覆盖审核的范围并提供足够的信息来支持审核目标。

只要不影响审核实施的有效性，文件评审可以与其他审核活动相结合，并贯穿审核的全过程。

如果在审核计划所规定的时间框架内提供的文件不适宜、不充分，审核组长应告知审核方案管理人员和受审核方。应根据审核目标和范围决定审核是否继续进行或暂停，直到有关文件的问题得到解决。

内审时，如果对文件很熟悉，那么本步骤可以省略。

6.4.3 审核中的沟通

现场审核中要注意做好审核组内部、审核组与受审核部门之间、审核组与内审管理部门之间的沟通安排，便于就审核中遇到的有关事项进行充分协商，取得一致意见，顺利完成审核任务。

1. 审核组内部的沟通

在审核过程中，审核组成员之间应及时进行沟通。沟通的方式可以采用审核组内部会议或其他适宜的方式。通过内部沟通，使审核组成员之间能够交换信息、评定审核进展情况，在需要时重新分派审核组成员的工作。

审核组内部的沟通通常可以包括：每天现场审核结束后的沟通和全部现场审核活动结束后的沟通。除此之外，在审核过程中，审核员之间也可以根据需要就某些信息或问题进行沟通。审核组内部沟通的内容通常可以包括：

1）审核计划的安排是否合适？是否适应受审核方的实际情况，是否需要调整？

2）审核组的分工是否合理，是否需要调整？

3）审核的关注点及注意事项。

4）上次审核的不符合及纠正措施有效性情况。

5）审核是否按计划进行？是否完成了预期的进展？

6）审核中出现的异常情况的应对措施。

7）审核组成员从不同渠道所获得的信息汇总及相互补充验证，以获得审核证据形成审核发现。

8）评审审核发现，包括确定不符合。

9）对审核结论达成一致。

10）当有要求时，对受审核方管理改进的建议。

2. 审核组与受审核方的沟通

在审核过程中，审核组应及时向受审核方通报审核的进展及相关情况，并就有关信息进行沟通。

审核组与受审核方的沟通通常可以包括：与有关过程的责任人的沟通、每天现场审核结束后与受审核方代表的沟通和末次会议前与受审核方高层管理者的沟通等。除此之外，审核过程中，审核组也可就一些特殊情况或发现的特殊问题与受审核方进行及时沟通。

审核组与受审核方沟通的内容通常可以包括：

1）审核计划的实施情况和审核活动的进展，包括审核过程中发现的异常情况。

2）需要受审核方提供进一步配合和支持的活动。

3）对可能需要调整的审核活动安排（包括审核计划和审核组成员任务分工的变化）进行沟通和协商。

4）当审核组收集的证据显示有可能发生紧急和重大质量风险时，应立即与受审核方沟通。

5）审核组发现的超出审核范围之外的应引起关注的问题。

6）当审核组获得的审核证据表明不能达到审核目的时，审核组长应向受审核方说明相关情况和理由，并协商确定适当的措施。这些措施可包括：重新确认或修改审核计划，改变审核的目的，改变审核的范围，终止审核等。

7）可能会导致审核范围发生变更的任何情况。

8）简要介绍审核的整体情况，说明审核发现，请受审核方代表确认不符合项的不符合事实，需要时，就受审核方存在的异议进行沟通和澄清，解决双方的分歧达成共识。

9）通报审核组对受审核方质量管理体系符合性和有效性的评价及做出的审核结论。

10）需要时，沟通审核后续活动的安排。

3. 审核组与内审管理部门的沟通

审核组与内审管理部门的沟通包括：

1）审核中出现的异常情况，如审核中遇到困难和障碍、审核时间不够。

2）审核中收集的证据表明存在紧急和重大风险时的情况报告。

3）随着审核活动的进展，出现需要改变审核范围、审核目的、审核持续时间或需要终止审核时。

6.4.4 向导的作用和职责

向导是"由受审核方指定的协助审核组的人员"。向导可以陪同审核组，但向导不应影响或干扰审核的进行。

受审核方指派的向导应协助审核组并根据审核组长的要求行动。他们的职责可包括：

1）协助审核员确定面谈的人员并确认时间安排。
2）安排访问受审核方的特定场所。
3）确保审核组成员和观察员了解和遵守有关场所的安全规则和安全程序。

向导的作用也可包括以下方面：

1）代表受审核方对审核进行见证。
2）在审核员收集信息的过程中，做出澄清或提供帮助。

组织在内审时是否需要指定向导，可根据其具体情况和内审活动的实际需要而确定，如部门较小、职责简单、人员很少也可不设向导。

6.4.5 信息的收集和验证（现场审核）

首次会议结束后，审核组成员即开始进行现场审核。现场审核是使用抽样检查的方法，收集并验证与审核目的、范围和准则有关的信息，从而获得审核证据的过程。现场审核在整个审核工作中占有非常重要的地位，审核发现以及最终的审核结论都是依据现场审核的结果得出的，因此，在现场审核过程中运用适宜的审核方法收集并验证信息，获得能够证实的审核证据是成功审核的关键。图 6-2 展示了从收集信息到得出审核结论的过程。

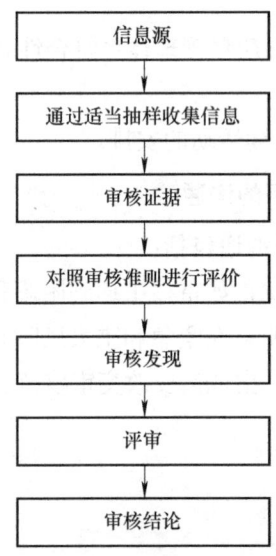

图 6-2　从收集信息到得出审核结论的过程

第6章 审核实施

1. 收集和验证信息，获得审核证据

在现场审核过程中，审核组需确定充分适宜的信息源，通过适当的抽样收集与审核目的、范围和准则有关的信息，并对这些信息进行验证，从而获得审核证据。只有与审核准则有关的并且能够证实的信息才能作为审核证据。

（1）确定信息源　可根据审核的范围和复杂性选择不同的信息源。信息源可能包括：

1）与员工和其他人员交谈。

2）观察活动和周围的工作环境与条件。

3）文件，如方针、目标、计划、程序、标准、指导书、执照和许可证、规范、图样、合同和订单。

4）记录，如检验记录、会议纪要、审核报告、监视方案和测量结果的记录。

5）数据汇总、分析和绩效指标。

6）有关受审核方抽样方案和抽样、测量过程的控制程序的信息。

7）其他来源的报告，如顾客的反馈、外部调查与测量、来自外部机构和供应商评级的其他信息。

8）数据库和网站，等等。

（2）信息收集的方法和技巧　审核是在有限的时间内，有限的资源下进行的，因此审核是基于抽样的过程。审核抽样的采用决定了审核证据基于获得的信息的样本，因此审核中存在不确定性，这也反映了审核的局限性。

为了降低抽样造成的不确定性，审核抽样遵循"明确主体，合理抽样"的原则。审核员在编制检查表时就应明确审核的对象和抽样的总体，并对拟抽取的样本进行策划。到现场审核时，审核员才能根据实际情况真正明确审核对象的总体量，并根据具体情况抽取足够数量的具有代表性的样本，以获得审核所需的审核证据。

具体收集信息的方法，包括面谈、文件和记录的查阅与评审、现场观察等。本书在第4章4.5.1节进行了详细说明。

（3）验证信息，获得审核证据　审核证据是"与审核准则有关并能证实的记录、事实陈述或其他信息"。在审核过程中，审核员通过运用适宜的方法和技巧收集到的信息很多，但只有与审核准则有关并且能够证实的信息才能成为审核证据。当然，在实际审核中不要求也没必要对获得的信息进行逐一证实，但在需要时这些信息应该是能够被证实的，以确保作为审核证据的信息是真实的、客观存在的。道听途说、假设、主观臆断、猜测等不能证实的信息不能作为审核证据。

为获得审核证据，审核员在需要时应对收集的信息进行验证，验证方法通常可包括：

1）观察实际操作情况与文件规定的符合性验证。

2）审核记录与文件规定的符合性的验证。

3）听相关人员描述的情况与文件规定符合性及记录的一致性验证。

4）在某一场所、部门或对某一人员的审核与对另一场所、部门和人员审核获得情况一致性的验证。

5）通过必要的实际测量来证实活动和过程的结果或记录的符合性、有效性和真实性。

6）现场访问顾客或相关方对符合性进行验证。

具体的审核证据可以是：

1）客观证据是存在的客观事实。主观分析、推断、臆测要发生的事不能成为客观证据。

2）被访问的、对被审核的质量活动负有责任的人的事实陈述可以成为证据，而传闻、陪同人员或其他与被审核的质量活动无关人员的谈话不能成为证据。

3）现行有效的质量文件中的规定和质量记录可以成为证实当前发生的质量活动的证据，而对已作废的质量文件中的规定和经擅自修改过的记录不能成为证实当前发生的质量活动的证据。

4）其他与审核准则有关的可用于证实的信息，如审核中观察或测量的结果等。

（4）记录审核证据　审核员应将获得的审核证据进行记录，记录时应注意以下几个方面：

1）记录的内容可包括审核取证的时间、地点、面谈的对象、主题事件、主要过程和活动实施概要、观察到的事实、凭证材料、涉及的文件、记录、标识等。

2）记录的审核证据应全面反映审核的情况。不应只记录有问题的信息，也应记录审核中能够证实受审核方质量管理体系符合要求和有效运行的信息，特别是主要过程和关键活动的符合性和有效性信息，并能为审核报告中相应的评价和结论提供依据。

3）对于审核中发现有问题的有关信息，审核员应确保所记录的反映不符合事实的主要情节清楚，包括实现可追溯性的必要信息，如时间、地点、面谈的对象、涉及的文件、记录、标识等，是否需要记录具体数据，由审核员依据不符合事实的性质决定。

4）记录的信息应清楚、准确、具体、具有重查性，只有完整、准确的信息才能作为做出正确判断的依据。

2. 现场审核中的注意事项

1）要相信样本。样本选定后，按样本去寻找客观证据。如果找到的是合格的客观证据，就应相信结果就是合格的；如果找到的是不合格的客观证据，就可以认为这一项不合格。

2）要随机抽样，样本的选择要有代表性，样本量一般为 3~12 个。

3）要依靠检查表，调整检查表要小心。

4）要把重点放在关键过程/关键岗位及其所在的现场；要注意关键岗位和体系运行的主要问题。

5）要从问题的各种表现形式去寻找客观证据。有的不合格项问题比较复杂，要从多方面去取证。例如：某个操作者未按作业指导书操作，但原因可能出于操作者未经培训；也可能操作者无法见到该作业指导书等，那么判断的依据就不同了。

6）当发现不合格时，要调查研究到必要的深度。如在抽样检查一批订单时，发现铸件的 6 张订单中有 1 张不合格，而其他元器件、原材料的订单均无问题。此时可扩大铸件订单的样本（如再抽 6 张铸件订单）；或追溯铸件的进货检验报告中去检查是否因订单没有明确技术、质量或验收标准而导致铸件不符合要求，还是供方的质量管理体系发生了退步等。

7）要注意收集质量管理体系运行有效性的证据。质量管理体系的审核不仅应关注体系的符合性，还应关注体系的有效性，以便持续改进，不断地改善质量绩效。评价质量管理体系的有效性可考虑以下内容：

① 方针和目标的实现情况。
② 人力资源、基础设施、工作环境满足要求的能力。
③ 主要过程、关键活动、风险有效控制的情况。
④ 产品与顾客、法律法规要求的符合性和稳定性。
⑤ 产品质量的控制效果。
⑥ 数据的收集、分析与利用，持续改进措施的有效性。
⑦ 内审、管理评审、纠正措施等自我完善机制的有效性。
⑧ 员工质量意识的提高，遵守规章制度的自觉性。
⑨ 顾客的满意程度。
⑩ 国家、行业/地方监督抽查结果。

8）与被审方负责人共同确认事实。

9）有效控制审核时间。

10）始终保持客观、公正和有礼貌。

6.4.6 形成审核发现

1. 形成审核发现

审核发现是"将收集的审核证据对照审核准则进行评价的结果"。内审员通过现场调查，获取了大量的审核证据，将获得的审核证据与审核准则进行比较评价，得出审核发现。

审核组要在现场审核的适当阶段（如每天审核结束后和／或全部审核活动完成后）对审核证据进行评审，确定审核发现和审核发现的符合性。要将不符合审核准则的审核发现确定为不符合项。符合审核准则的审核发现体现了受审核方质量管理体系中符合的和有效的方面，为审核组对受审核方的质量管理体系进行总体评价提供了正面的信息基础，也为审核组做出适宜的审核结论提供了依据。

应记录不符合及支持不符合的审核证据。可以对不符合进行分级。应与受审核方一起评审不符合，以获得承认，并确认审核证据的准确性，使受审核方理解不符合。应努力解决对审核证据或审核发现有分歧的问题，并记录尚未解决的问题。

2. 不符合项和不符合报告

不合格项指的是不符合审核准则的事项。而审核准则是用于与审核证据进行比较的一组方针、程序或要求。

在内审中，"要求"来自有关的法律、法规、质量标准、质量手册、合同、各种书面程序和作业指导书等必须遵循的文件。未满足上述要求即构成不合格。

（1）确定不符合的原则

1）不符合的确定，应严格遵守依据审核证据的原则。

2）凡依据不足的，不能判为不符合。

3）有意见分歧的不符合项，可通过协商和重新审核来决定。

（2）形成不符合项的3种情况

1）文件规定不符合标准（即写的不符合规定）。质量管理体系文件与有关的法律、法规、质量标准、合同等的要求不符。

2）现状不符合文件规定（即做的不符合规定）。过程运行不符合相应规定。

3）没有达到预期的效果／目标（即做的没有效果）。有时质量管理体系文件规定是符合标准或其他文件要求的，也确实实施了，但由于实施不够认真，没有达到预期目的。

（3）不符合的类型（按严重程度分）

1）严重不符合。出现下列情况之一，原则上可构成严重不符合项：

① 体系出现系统性失效。如某个要素或某个关键过程在多个部门重复出现失效现象。例如，在多个部门或多个活动现场均发现有不同版本的文件同时使用，这说明整个系统文件管理失控。

② 体系运行区域性失效（可能由多个轻微不符合组成）。如某一部门或场所的全面失效现象。例如，某成品仓库出现了账、卡、物不符，标识不清，状态不明，库房漏雨，出库交付手续混乱等全面失效现象。

③ 可能产生严重的后果。例如：可能产生严重质量事故；可能导致不合格品装运；可能导致产品或服务失效或预期的使用性能严重降低；可能严重降低对产品和过程的控制能力。

2）一般不符合。出现下列情况之一，原则上可构成轻微不符合项：

① 对满足质量管理体系过程或体系文件的要求而言，是个别的、偶然的、孤立的、性质轻微的不符合。如某次检验记录，检验员漏签名。

② 对所审核范围的体系而言，是个次要的问题。如文件控制过程出现了 3 个不符合项，但对于整个质量管理体系文件的控制效果影响是轻微的，没有构成系统性失效。

（4）不符合判别准则　根据发现的不符合项，判定它不符合 ISO 9001 的哪个过程（或条款），应依据以下准则：

1）以客观事实为依据。

2）就近不就远。所谓就近不就远的原则是指在审核判定中，有适用的具体条款，就不再用综合性条款。例如：设计验证没有记录，就应判定不符合 ISO 9001 之 8.3.4（设计和开发控制）条款，而不应判定不符合 ISO 9001 之 7.5.3（形成文件的信息的控制）条款。

3）由表及里。审核中查出不符合事实，又发现不符合原因，应按原因适用的条款判定。如操作人员未按规定程序操作，跟踪审核查明是由于没有岗前或换岗培训造成的，则判定不符合 ISO 9001 之 7.2c)（能力）条款。

4）该细则细。如计量器具因调整而失效，应判定不符合 ISO 9001 之 7.1.5.2 c)条款，而不应笼统判定不符合 ISO 9001 之 7.1.5.2 条款。

5）切忌片面性（透过表象抓实质）。某一问题重复出现，可能是培训不到位造成，此时应判定不符合 ISO 9001 之 7.2c)条款。

6）严格区分易混淆的条款。使用适宜的设备中的问题，判定不符合 ISO 9001 之 8.5.1d。设备管理中的问题，判定不符合 ISO 9001 之 7.1.3 条款。产品放行检验、验证无章可循，判定不符合 ISO 9001 之 8.1b）条款。有产品放行检验、验证规定但不执行，判定不符合 ISO 9001 之 8.6 条款。生产和服务过程中未按规定进行监视和测量，判定不符合 ISO 9001 之 8.5.1c）条款。监测设备的管理问题，判定不符合 ISO 9001 之 7.1.5 条款。生产过程中使用监测设备不正确，判定不符合 ISO 9001 之 8.5.1b）条款。生产过程中的人员不胜任，判定不符合 ISO 9001 之 8.5.1e）条款。人员管理中的问题，可能不符合 ISO 9001 之 7.1.2 或 7.2 或 7.3 条款。生产过程有了作业指导书未执行或执行不到位，判定不符合 ISO 9001 之 8.5.1 条款。因没有作业指导书或作业指导书不正确而导致错误，判定不符合 ISO 9001 之 8.1b）条款。顾客抱怨不处理，判定不符合 ISO 9001 之 10.2.1 条款。重复发生同类不合格，判定不符合 ISO 9001 之 10.2.1 条款。

7）合理不合法，以法为准。在质量管理体系文件中，已做出规定的条款就是一个组织的"法规"，不是可执行也可不执行的，写到要做到，不能放空炮。对一些因客观条件变化，某些条文不尽合理的，在未修改前仍应按原规定执行。

8）综合性条款判断时要慎重（如 ISO 9001 之 4.4、5.3、7.1.1、7.5.1 等条款）。要判定综合性的条款不符合时，一定要慎重，是什么问题就指明是什么，不能以偏概全，全面否定。

（5）不符合报告的内容

1）受审核方的部门或人员。

2）审核员、陪同人员。

3）审核日期。

4）不符合事实描述。内容要具体，如事情发生的地点、时间、当事人、涉及的文件号、记录号等；文字要简明扼要。

5）不符合的审核准则（违反文件的章节号或条文以及 ISO 9001 标准的条款）。

6）不符合严重程度。

7）受审核方的确认签字。

8）不符合原因分析。

9）拟采取的纠正措施及完成的日期。

10）纠正措施完成情况及验证。

案例 6-8 为一不符合报告案例。

案例 6-8：不符合报告

不符合报告

受审核区域/负责人：机械加工车间/孙某	审核日期：2016.××.××
审核员：刘某　　　　向导：周某	描述不合格项的检查表：检查表 No.0007

不合格陈述：

机械加工车间在半年内（2016 年××月至××月）连续发生三起类似的质量问题，即加工完的齿轮箱内有切屑以及工件未倒角，锐边切伤工人手指等，每次都采取扣奖金及教育的办法，未能收到避免再发生的效果。

不符合　　文件：　COP36《纠正措施控制程序》（A/1）
　　　　　标准：　ISO 9001 之 10.2.1 条款

不合格类型：□严重　　■一般

审核员/日期：_____　　责任部门负责人/日期：_____

原因分析：

1. 箱体加工后缺少一道检验工序来检查内部清洁。
2. 锐边倒角未纳入设计图样及工艺文件。
3. 工时定额过紧，工人为追求定额而放松质量。

纠正措施计划：

1. 建议检验规程中增加检查工件内部清洁的检验工序。
2. 建议设计图样上一律注明需倒角的地方。
3. 建议工艺文件中增加倒角工序。
4. 请人事行政部研究箱体加工及其他零件加工工时定额是否过紧，是否需要调整。

纠正措施预计完成时间：_____

责任部门负责人/日期：_____　　管理者代表/日期：_____

纠正措施验证结果：

1. 检验科已在有关检验规程中增加检查加工后清洁度的工序，已于××月××日完成。
2. 设计科已开始全面检查各产品零件图样，如发现未注明锐边倒角之处，均增加 1×45°或 1.5×45°倒角的字样，此工作可望在××月××日前完成。
3. 工艺科已开始全面检查工艺文件，在机械加工工艺卡中增加倒角程序，此工作可望在××月××日前完成。
4. 人事行政部研究后认为工时定额不算太紧，无调整的必要。

审核员/日期：_____

6.4.7 准备审核结论

1. 汇总分析审核结果

在末次会议之前要召开审核组总结会。在总结会上要对审核发现及收集到的综合信息进行一次汇总分析，目的是对质量管理体系符合性、有效性进行评价，并做出审核结论。

1）对不符合项进行统计分析。对不符合项的总数进行统计，并按 ISO 9001 条款和部门对不符合项进行分类（见 6.5 节案例 6-11 不符合项分布表）。有了这些数据，就可以大致说明薄弱环节在哪个部门或哪个过程（或条款）上面。

2）纵向比较。与上次内审比，质量管理是进步了，还是退步了。

3）其他信息分析。

① 管理者对存在问题的态度。

② 两次内审期间发生的质量事故，相关部门的责任有多大，领导的态度如何？

③ 两次内审期间发生问题的纠正措施实施情况。

④ 总结质量管理工作优缺点。

通过以上分析，可对受审部门做出好的、基本上好的、问题较多的、有待改进等结论性意见。

对滚动式审核方案而言，汇总分析是针对某一个部门的或某个过程（或条款）的。在年度审核方案完成后，应进行一次全年的总分析，写出一份全面的审核报告。

对集中式审核方案而言，汇总分析是针对整个体系的，因而是一次全面的汇总分析，应就此对整个体系的运行情况进行判断。

2. 形成审核结论

审核结论是"考虑了审核目标和所有审核发现后得出的审核结果"。审核结论可陈述诸如以下内容：

1）管理体系与审核准则的符合程度和其稳健程度，包括管理体系满足所声称的目标的有效性。

2）管理体系的有效实施、保持和改进。

3）管理评审过程在确保管理体系持续的适宜性、充分性、有效性和改进方面的能力。

4）审核目标的完成情况、审核范围的覆盖情况，以及审核准则的履行情况。

5）审核发现的根本原因（如果审核计划中有要求）。

6）为识别趋势从其他受审核领域获得的相似的审核发现。

如果审核计划中有规定，审核结论可提出改进的建议或今后审核活动的建议。

6.4.8 举行末次会议

1. 末次会议内容

1）提出审核发现与审核结论。

2）提出后续工作要求（纠正措施、跟踪审核等）。

3）必要时，审核组长应告知受审核方在审核中遇到的可能降低审核结论可信度的情况。所有的审核都具有一定的不确定因素。由于审核是利用有限资源在有限时间内开展工作，因此审核期间所收集的信息不可避免地只是建立在对可获得信息的抽样基础上。这就导致了所有的审核都具有一定的不确定因素，审核结论的使用者应对这种不确定性加以关注。

4）审核目的规定时，提出改进的建议。

5）解决对审核发现与审核结论的分歧意见。

2. 末次会议要求

1）末次会议由审核组长主持，时间不超过 1h，

2）参加人员包括受审核方领导、受审核方部门负责人、代表、向导、管理者代表（质量管理体系负责人）、最高管理者（必要时）、审核组全体人员等。

3）末次会议的重点应围绕不合格项提出纠正措施及要求。

4）为了避免在末次会议上审核组与受审核部门对不合格报告争执不休，一般在会前及时沟通。如争论确实难以协调，只能提请管理者代表（质量管理体系负责人）解决。

5）末次会议应适当肯定受审核方取得的成功经验和好的做法，不要一味谈问题。

6）宣读不合格项报告或对受审核方不利结论时，应充分准备，选择适当措辞，防止陷入"僵局"。

7）末次会议应做好记录并保存，记录包括与会人员签到表。

8）使受审核方了解审核发现和审核结论。

3. 末次会议的议程

1）与会者签到。

2）向受审核方致谢。

3）重申审核目的、范围和准则。考虑到参加末次会议的人员不一定参加过首次会议，所以审核组长应重申审核目的、范围和准则。另一方面，在现场审核时，可能由于种种原因导致审核的目的和范围发生了改变，审核组长应说明改变的原因，申明改变之后的审核目的和范围，并得到受审核方的确认。

4）简述审核过程并宣布审核发现（不符合报告）。审核组长应总体说明审核的大概情况，宣布审核发现（包括符合的和不符合的），肯定受审核方质量管理体系的优势，指出薄弱环节和主要问题。不符合报告可由审核组长指派审核组成员宣读，审核组成员可以对相关内容做出必要的解释和说明。对受审核方不理解或有疑问的内容进行解释和澄清，以使受审核方理解和认同。如果受审核方对审核发现有不同的意见，双方应进行讨论和澄清，尽量解决分歧达成共识；如果未能解决，审核组应记录所有的意见。

5）由受审核部门澄清宣布的不符合报告。对于宣布的不符合项允许受审核部门的代表予以澄清或解释，对于有不同意见的地方，审核组要给予耐心的解说，并可以采取举证的解释。如确实属于内审员的判定有误，也应实事求是地予以改正。

6）宣布审核结论。审核组长应就受审核部门在确保整个组织的质量管理体系的有效运行，实现总的质量目标和本部门的质量目标的有效性方面提出审核结论。适当时结论应表扬相关受审核部门质量工作的优点。如果受审核方对审核结论有不同的意见，双方应进行讨论和澄清，尽量解决分歧达成共识；如果未能解决，审核组应记录所有的意见。

7）提出纠正措施要求。审核组向受审核方提出采取纠正措施的要求，包括确定措施的时间，完成纠正措施的限期，验证纠正措施的方法等。

8）说明审核抽样的局限性。说明审核抽样的局限性的主要目的是告诉受审核部门没有发现不符合项的部门不一定没有不符合项，这些部门要自觉按体系文件的要求进行自我检查，确保组织的质量管理体系良好运行。

9）再次重申保密。

10）受审核方领导表态。

11）再次感谢。

12）宣布现场审核结束。

案例 6-9 是一末次会议示例。

案例6-9：末次会议怎样开？

末次会议议程（示范）

末次会议由审核组长主持。

（1）大家好！现场审核末次会议现在开始，请参加会议的人员在我们的签到单上签到。

（2）两天来，大家对审核活动提供了很好的配合和支持，使审核工作得以顺利地完成。为此我代表审核小组表示衷心的感谢。

（3）现在我重申一下这次审核的目的和范围（略）。

（4）审核小组在两天的时间内对×个部门进行了审核，我们观察到企业的质量管理体系正在有效运行，做得较好的是××部门。我们也发现了质量管理体系运行中的薄弱环节。经过审核小组的分析、归纳，共提出 × 个不符合项，均为轻微不符合项，分布情况是××××。下面请审核员宣读不符合报告。

这些不符合报告在会前已经过陪同人员和管理者代表（质量管理体系负责人）的确认。

现在我代表审核组宣布审核结论：

1）公司的质量管理体系*基本符合*ISO 9001标准的要求。

2）公司的质量管理体系*运行有效*。

（5）审核是一种抽样活动，有一定的风险性和局限性，不符合报告所述的区域是发现不符合项的地方，未必是唯一的地方。不符合的原因需要进行分析确定。其他有不符合项的地方未必被查到。审核只能对样本负责，但我们已经尽量做到公正、客观和准确，尽可能减少风险。希望企业能举一反三改进管理体系。

（6）纠正措施要求。

1）纠正措施的完成时间和验证。

2）实施纠正措施的部门必须注意提供充足的证据。

（7）说明发布审核报告的时间、方式及后续工作的要求。

（8）受审核方领导表态：表示感谢，对审核结论和纠正措施要求作简短的表态，并适当说明今后的打算。

（9）审核组长再次表示感谢，宣布末次会议结束。

6.5 审核报告的编制和分发

6.5.1 审核报告的编制

1. 审核报告的内容

1）审核目标和范围。

2）明确审核组和受审核方在审核中的参与人员。

3）审核日期、地点。

4）审核准则。

5）审核发现。一般合格的审核发现不需要做一一的描述，而是在质量管理体系有效性评价意见中给予总结和肯定。不符合的审核发现的数量、性质、在部门和过程中分布情况要做出综合描述，并应将不符合报告作为审核报告的附件予以记载。

6）审核结论。审核结论可以是下面的一种或几种：

① 本组织质量管理体系的符合性、有效性如何？

② 本组织的质量管理体系是否具备接受外审的条件？

③ 本组织的质量管理体系哪些方面做得好，哪些方面还需要改进？

适当时，审核报告还可以包括或引用以下内容。

1）包括日程安排的审核计划。

2）审核过程综述，包括遇到可能降低审核结论可靠性的障碍。

3）确认在审核范围内，已按审核计划达到审核目标。

4）尽管在审核范围内，但没有覆盖到的区域。

5）审核结论综述及支持审核结论的主要审核发现。

6）审核组和受审核方之间没有解决的分歧意见。

7）改进的机会（如果审核计划有规定）。

8）识别的良好实践。

9）商定的后续行动计划（如果有）。

10）关于内容保密性质的声明。

11）对审核方案或后续审核的影响。

12）审核报告的分发清单。

注：审核报告可以在末次会议之前编制。

2. 审核报告编写时的注意事项

审核报告中应避免：

1）面谈中言及的机密。

2）末次会议未谈及的事情。

3）主观意见。

4）模糊不清的论述。

5）引发争论的语句文词。

6.5.2 审核报告的分发

将批准后的审核报告按规定的日期分发给受审核方和相关人员。

案例 6-10 是一审核报告示例；案例 6-11 是一不符合项分布表。

案例 6-10：审核报告

审核报告

1. 审核目的

检查质量管理体系是否正常运行，评价质量管理体系的有效性和符合性。

2. 审核范围

质量管理体系覆盖的所有部门及工作现场，包括总经理、管理者代表/副总经理、产品研发部、质量部、生产部、仓库、营销部、人事行政部、工艺设备部。

3. 审核准则

1）ISO 9001 标准。

2）质量手册、程序文件。

3）相关法律法规及其他要求。

4. 审核组

组长：张生

第一组：张生、李四

第二组：王二、张三

5. 审核日期

20××年 6 月 18 日~6 月 20 日

6. 审核过程综述（含审核发现）

按公司计划，审核组 4 人于 6 月 18 日开始进行了为期 3 天的现场审核。

公司对这次审核很重视，正、副总经理等出席了首、末次会议，并为审核提供了支持和方便，审核过程中也得到公司各有关部门主管和全体人员的积极配合，整个审核过程是在认真、求实、坦诚的气氛中进行的。由于大家的共同努力，使审核活动能按计划圆满完成。

在 3 天的审核中，审核组检查了与公司质量管理体系有关的各个部门，包括总经理、管理者代表/副总经理、产品研发部、质量部、生产部、仓库、营销部、人事行政部、工艺设备部。同时查看了生产现场和各项设施，同公司领导、管理者代表、部门主管以及普通员工等 20 多人进行了交谈。对 ISO 9001 的所有要求作了抽查证实。

通过检查，审核组发现：公司的质量管理体系在文件规定和实际运行方面完全按照 ISO 9001 标准的要求进行，但各部门对 ISO 9001 标准、程序文件的熟悉方面尚有一定差距，需进一步完善与提高。

在审核中发现了 1 个严重不符合项、7 个一般不合格项，填写了 8 张不合格报告单，分别涉及 ISO 9001 之产品和服务的设计和开发（8.3）、外部提供过程、产品和服务的控制（8.4）、生产和服务提供的控制（8.5.1）、标识和可追溯性（8.5.2）、防护（8.5.4）、交付后的活动（8.5.5）、产品和服务的放行（8.6）、不合格输出的控制（8.7）等过程。这些不合格项分布在产品研发部、采购部、生产部、仓库、营销部、质量部等 6 个部门。这些不符合报告已得到了责任部门的确认，并提出了纠正措施的完成期限。

需要指出的是，审核是抽样进行的，可能有些实际存在的问题未被发现。在一些部门发现不符合，并不意味着这些部门搞得不好，没发现或发现很少不符合，也不表示这些部门工作不存在问题。对没审核到的，各部门应按标准和规定的质量管理体系要求进行自查。在采取改进措施时，要做到举一反三，切忌"头疼医头、脚疼医脚"，应从整体着手，系统地改进和不断完善自身的质量管理体系，使之更趋完善和协调。

7. 审核结论

审核组认为：

（1）公司的质量管理体系**基本符合** ISO 9001 标准的要求。

（2）公司的质量管理体系**运行有效**，具体表现在：

1）过程识别充分。

2）法律、法规和其他要求的识别很充分，并能在工作中得到认真遵守。

3）质量方针得到全面贯彻。

4）质量目标得到全面落实。

5）文件化体系得到有效的实施。

6）人力资源、基础设施、工作环境充分，知识管理得到实现。

7）主要过程、关键活动、风险得到有效控制，过程绩效逐步提高（可附上过程绩效统计表作为附件）。

8）产品一次交付合格率逐月提高（可附上产品一次交付合格率统计表作为附件）。

9）员工质量意识得到了提高，能自觉地遵守与本岗位有关的程序和作业文件的规定。

10）顾客投诉能得到及时处理，顾客满意度达到公司的要求。

11）质量管理体系通过了 A、B、C 等公司的第二方审核，并达到了这些公司的优秀供应商的水平。

12）内审、管理评审、纠正措施等自我完善机制运行有效，能及时发现问题并改进。

注：审核结论中必须有符合性、有效性方面的结论。

8. 纠正措施实施要求和期限

要求各个部门于 20×× 年 7 月 10 日前完成纠正措施并向审核组长提交书面报告，审核组将采取书面与现场相结合的方式予以验证。

9. 本审核报告分发范围

1）正、副总经理、管理者代表、质量部。

2）受审核部门。

3）审核组成员。

附件：

1）不符合项分布表。

2）……

编写（审核组长）/日期：_____ 批准（管理者代表）/日期 _____

案例 6-11：不符合项分布表

不符合项分布表

ISO 9001 标准要求	各部门不符合项数量										合计	
	总经理	管理者代表	副总经理	仓库	质量部	产品研发部	生产部	营销部	采购部	工艺设备部	人事行政部	一般不符合	严重不符合
4 组织环境													
4.1 理解组织及其环境													
4.2 理解相关方的需求和期望													
4.3 确定质量管理体系的范围													
4.4 质量管理体系及其过程													
5 领导作用													
5.1 领导作用和承诺													
5.1.1 总则													
5.1.2 以顾客为关注焦点													
5.2 方针													
5.3 组织岗位、职责和权限													
6 策划													
6.1 应对风险和机遇的措施													
6.2 质量目标及其实现的策划													
6.3 变更的策划													
7 支持													
7.1 资源													

(续)

ISO 9001 标准要求	各部门不符合项数量											合计	
	总经理	管理者代表	副总经理	仓库	质量部	产品研发部	生产部	营销部	采购部	工艺设备部	人事行政部	一般不符合	严重不符合
7.1.1 总则													
7.1.2 人员													
7.1.3 基础设施													
7.1.4 过程运行环境													
7.1.5 监视和测量资源													
7.1.6 组织的知识													
7.2 能力													
7.3 意识													
7.4 沟通													
7.5 形成文件的信息													
7.5.1 总则													
7.5.2 创建和更新													
7.5.3 形成文件的信息的控制													
8 运行													
8.1 运行策划和控制													
8.2 产品和服务的要求													
8.3 产品和服务的设计和开发						★							1
8.4 外部提供过程、产品和服务的控制									×			1	
8.5 生产和服务提供													
8.5.1 生产和服务提供的控制							×					1	
8.5.2 标识和可追溯性							×					1	
8.5.3 顾客或外部供方的财产													
8.5.4 防护					×							1	
8.5.5 交付后的活动								×				1	
8.5.6 更改控制													
8.6 产品和服务的放行					×							1	
8.7 不合格输出的控制					×							1	
9 绩效评价													
9.1 监视、测量、分析和评价													
9.1.1 总则													

（续）

ISO 9001 标准要求	各部门不符合项数量											合计	
	总经理	管理者代表	副总经理	仓库	质量部	产品研发部	生产部	营销部	采购部	工艺设备部	人事行政部	一般不符合	严重不符合
9.1.2 顾客满意													
9.1.3 分析与评价													
9.2 内部审核													
9.3 管理评审													
10 改进													
10.1 总则													
10.2 不合格和纠正措施													
10.3 持续改进													
合计　一般不符合				1	2		2	1	1			7	
严重不符合						1							1

说明：×表示一般不符合项，★表示严重不符合项。

6.6 审核的完成

当审核计划中的所有活动均已完成，并分发了经批准的审核报告时，审核即告结束。

6.7 审核后续活动的实施

根据审核目标，审核结论可以表明采取纠正、纠正措施和改进措施的需要。此类措施通常由受审核方确定并在商定的期限内实施。适当时，受审核方应将这些措施的实施状况告知审核方案管理人员和审核组。

审核组或审核方案管理人员应对措施的完成情况及有效性进行验证。验证可以是后续审核活动的一部分。

6.7.1 纠正措施在内部审核中的重要性

在内部质量管理体系审核中，纠正措施具有特别重要的意义。这是内部质量管理体系审核的目的决定的。内审目的的重点在于发现质量管理体系的问题，查出原因，采取纠正措施加以消除，以免重犯类似不合格，使质量管理体系得到不断改进。

内部质量管理体系审核既然如此重视纠正措施，因此内部质量管理体系审核在现场审核完成以及审核报告发布后，审核组或审核方案管理人员仍要花许多精力促进纠正措施计划的有效实施。

6.7.2 纠正措施要求的提出

1）内审中发现的不符合项均要采取纠正措施。由内审员向受审方开具不符合项报告，要求受审方采取纠正措施。

2）受审方分析不符合原因，在原因分析的基础上提出要实施的纠正措施。

3）内审员可提出纠正措施的建议，但不能代替受审核部门具体制定纠正措施，更不能承担纠正措施实施后果不良的责任。

4）纠正措施实施期限一般规定为15天，具体期限视各单位情况而定。

6.7.3 纠正措施的批准

1）为确保纠正措施的适宜性，纠正措施实施前应由管理者代表（质量管理体系负责人）批准认可。认可的目的主要在于审查该纠正措施是否是针对了不合格的原因、是否具有可行性及适宜性。例如，某一塑料制品车间在搬运过程中造成许多损坏，车间主任提出的纠正措施建议是"召开大会、小组提保证、个人写保证书"就不会被批准，因为这种纠正措施不是针对造成不合格的原因，而只是在表面上做文章，是不可能生效的。如果车间主任提出的纠正措施是"改建厂房，增设一套悬挂式输送机系统"，则这样的纠正措施也是不现实的，不仅投资大，建设时间长，而且必要性也不大，因而可行性不强，这种纠正措施也不会被批准。

2）必要时，纠正措施计划要经过管理者代表（质量管理体系负责人）批准。经过管理者代表（质量管理体系负责人）批准的纠正措施，若涉及整个组织或牵涉到几个部门，管理者代表（质量管理体系负责人）可能还要请示最高管理者决定后，办理批准手续。经管理者代表（质量管理体系负责人）或最高管理者批准后，该措施计划方可正式实施。

6.7.4 纠正措施的实施

纠正措施实施过程中如发现问题，导致不能按期完成时，受审部门应向管理者代表（质量管理体系负责人）说明原因，请求延期。

如在实施中发生困难,非一个部门自身力量能解决,则应向管理者代表(质量管理体系负责人)提出,请最高领导解决。

如在实施中,几个有关部门之间对实施问题有争执,难以解决,也应提请管理者代表(质量管理体系负责人)协调或仲裁。

应保存纠正措施实施情况的有关记录。

6.7.5 纠正措施的跟踪和验证

1. 跟踪

1)审核组成员应关心和经常过问纠正措施的完成情况。

2)纠正措施执行中的问题应及时向管理者代表(质量管理体系负责人)及有关部门反映。

2. 验证

纠正措施完成后,审核员(或审核方案管理人员)应进行验证并报告验证结果,验证内容包括:

1)计划是否按规定日期完成?

2)计划中的措施是否都已完成?

3)完成的各项效果如何?

4)实施情况是否有记录可查。

5)引起的文件更改,是否按文件控制程序办理了修改手续?

如果验证发现所采取的措施没有明显效果,则应采取更有效的纠正措施。

如果某些效果要更长的时间才能体现,可留作问题待下一次例行审核时再检查。

纠正措施的验证结果一般都记录在不符合报告中,见前面 6.4.6 节案例 6-8。

第 3 部分

管理评审

第 7 章

管理评审

7.1 管理评审概述

（1）管理评审的目的

确保质量管理体系的持续适宜性、充分性、有效性，并与组织的战略方向一致。

适宜性指质量管理体系对所处客观环境的适应能力。适宜性是对组织的实际状况而言的，与组织内、外部环境变化有关。

充分性指质量管理体系满足市场、相关方要求及期望的能力，也可指质量管理体系各个过程是否充分展开，资源是否充分利用。充分性是对组织质量管理是否全面和系统而言的，也与组织内、外部环境变化有关。

有效性指质量管理体系运行的结果达到所设定的质量目标的程度。有效性是对质量管理体系过程的结果而言的，对有效性的评审可以监测结果为依据。

一致性指质量管理体系达成的目标与组织战略方向的吻合程度。一致性是对质量管理体系是否有助组织战略方向的实现而言的。

（2）管理评审的对象

质量管理体系。

（3）管理评审的内容

管理评审的内容针对的是质量管理体系的适宜性、充分性、有效性以及与组织战略方向的一致性（见表 7-1）。评审质量管理体系是否适宜？是否充分？是否有效？是否与战略方向一致？在这四个方面，质量管理体系需要进行哪些改进和变更？

（4）管理评审的实施者

应由最高管理者组织实施管理评审，各部门负责人参加。

（5）管理评审的输入

管理评审输入是为管理评审提供的信息，是有效实施管理评审的前提条件，也是最高管理者评价质量管理体系适宜性、充分性、有效性和一致性的依据。

表 7-1　管理评审的内容

评审项目	评审内容
适宜性	质量方针、质量目标及质量管理体系的过程及文件要求是否符合当前组织的现状？特别是在组织的内、外部环境变化时是否仍能符合组织的实际？适宜性方面需要进行哪些改进和变更？
充分性	组织是否已在质量管理体系建立时识别了与质量有关的全部过程？随组织内、外部环境的变化而进行的改进中是否考虑了对过程的补充与完善？过程是否充分细化展开？过程职责特别是过程的接口职责是否都已明确？资源（人员、资金、设施、设备、技术、方法、工作环境等）的配置是否充分？文件是否充分？顾客的需求和期望，特别是顾客潜在的需求和未来的需求是否充分识别清楚了？在组织内、外部环境变化引发产品、过程、资源需求增加时，原来系统、全面的体系是否还能保持充分性？充分性方面需要进行哪些改进和变更？
有效性	质量方针是否得到有效贯彻？质量目标是否实现？对产品质量的控制是否有效？质量管理体系过程及其相互关系是否得到有效控制？产品质量是否得到改善和提高？顾客是否满意？顾客满意度是否提高？员工的能力、质量意识有无改善和提高？员工是否自觉遵守与本职工作有关的文件规定？组织自我监督、自我改进和自我完善的机制是否运行有效（可以监测结果为依据，通过监测和测量、不合格品控制、纠正措施、内部审核、管理评审等活动的实施状况和效果来判断）？风险控制措施是否有效？有效性方面需要进行哪些改进和变更？
一致性	质量管理体系与其他管理体系是否具有兼容性？质量管理体系的实施是否有助于组织战略方向的实现？一致性方面需要进行哪些改进和变更？

一次完整的管理评审的输入信息至少包括：

1）以往管理评审所采取措施的实施情况。

2）与质量管理体系相关的内外部因素的变化（ISO 9001 之 4.1 条款）。

3）有关质量管理体系绩效和有效性的信息，包括其趋势：

① 顾客满意和相关方的反馈（ISO 9001 之 9.1.2 条款）。

② 质量目标的实现程度（ISO 9001 之 6.2 条款）。

③ 过程绩效以及产品和服务的符合性（ISO 9001 之 4.4、8.6 条款）。

④ 不合格以及纠正措施（ISO 9001 之 10.2 条款）。

⑤ 监视和测量结果（ISO 9001 之 9.1.1 条款）。

⑥ 内、外部审核结果（ISO 9001 之 9.2 条款）。

⑦ 外部供方的绩效（ISO 9001 之 8.4 条款）。

4）资源的充分性（ISO 9001 之 7.1 条款）。

5）应对风险和机遇所采取措施的有效性（ISO 9001 之 6.1 条款）。

6）改进的机会、意见和建议（ISO 9001 之 10.1 条款）。

（6）管理评审的时机

定期进行管理评审，每年进行一次是适宜的。发生下列情况之一时，应根据需要适时进行管理评审：

1）新的质量管理体系进入正式运行时。

2）在第三方认证前。

3）企业内、外部环境发生较大变化时。例如，组织结构、产品结构有重大调整，资源有重大改变，标准、法律法规发生变更等。

4）最高管理者认为必要时。如发生重大质量事故。

（7）管理评审的方式

管理评审一般以会议的形式进行。会议由最高管理者主持，相关部门负责人参加，与会者就评审输入的信息进行比较和评价。

（8）管理评审的输出

管理评审的输出是管理评审活动的结果，包括与下列事项相关的决定和措施：

1）改进的机会。

2）质量管理体系所需的变更。

3）资源需求。

管理评审的输出（管理评审的结论）应写入管理评审报告。

管理评审报告的内容有：

1）评审目的。

2）评审时间。

3）评审内容。

4）组织人与参与人员名单。

5）管理评审的结论：

① 质量管理体系的适宜性、充分性、有效性和一致性的结论。

② 组织机构是否需要调整？

③ 方针、目标是否适宜？是否需要修改？

④ 质量管理体系是否需要变更？质量管理体系文件（主要指质量手册、程序文件）是否需要修改？

⑤ 资源配备是否充足，是否需要调整增加。

⑥ 过程、产品、风险控制及其他方面改进的决定和措施。

⑦ 制订下一年度质量目标的建议。

（9）管理评审的后续管理

对管理评审结论中的纠正措施进行跟踪验证，验证的结果应记录并上报。

（10）记录

管理评审的结果应予以记录并保存。如管理评审计划、各种输入报告、管理评审报告、纠正措施及其验证报告表等。

7.2 管理评审与质量管理体系审核的比较

管理评审与质量管理体系审核是有区别的。管理评审主要是确保质量管理体系的持续适宜性，而质量管理体系审核主要是确保质量管理体系运行的符合性。二者的区别详见表 7-2。

表 7-2 质量管理体系审核和管理评审的比较

	质量管理体系审核	管理评审
目 的	确保质量管理体系运行的符合性、有效性	确保质量管理体系的持续适宜性、充分性、有效性，以及与组织战略方向的一致性
类 型	第一方、第二方、第三方	第一方
依 据	ISO 9001 标准、体系文件、法律法规	法律法规、相关方（顾客）的期望、质量管理体系审核的结论
结 果	第一方：提出纠正措施，并跟踪实现 第二方：选择合适的合作伙伴（供应商） 第三方：导致认证、注册	改进质量管理体系，提高质量管理水平
执行者	与被审核领域无直接关系的审核员	最高管理者

7.3 管理评审的实施过程

图 7-1 所示为管理评审的过程。

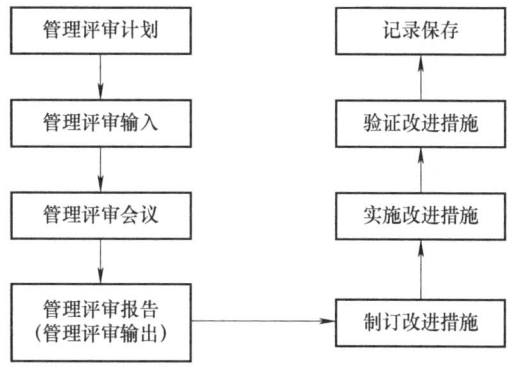

图 7-1 管理评审的过程

7.4 管理评审案例

见案例 7-1《管理评审计划》、案例 7-2《管理评审会议议程》、案例 7-3《管理评审报告》。

案例 7-1：管理评审计划

管理评审计划

编制/日期：_____ 批准/日期：_____

1. 评审目的

确保质量管理体系的持续适宜性、充分性、有效性，并与组织的战略方向一致。

2. 评审内容

1）质量管理体系的适宜性：质量方针、质量目标及质量管理体系的过程及文件要求是否符合当前组织的现状？特别是在组织的内、外部环境变化时是否仍能符合组织的实际？

2）质量管理体系的充分性：组织是否已在质量管理体系建立时识别了与质量有关的全部过程？随组织内、外部环境的变化而进行改进的同时是否考虑了对过程的补充与完善？过程是否充分细化展开？过程职责特别是过程的接口职责是否都已明确？资源（人员、资金、设施、设备、技术、方法、工作环境等）的配置是否充分？文件是否充分？顾客的需求和期望，特别是顾客潜在的需求和未来的需求是否充分识别清楚了？在组织内、外部环境变化引发产品、过程、资源需求增加时，原来系统、全面的体系是否还能保持充分性？

3）质量管理体系的有效性：质量方针是否得到有效贯彻？质量目标是否实现？对产品质量的控制是否有效？质量管理体系过程及其相互关系是否得到有效控制？产品质量是否得到改善和提高？顾客是否满意？顾客满意度是否提高？员工的能力、质量意识有无改善和提高？员工是否自觉遵守与本职工作有关的文件规定？组织自我监督、自我改进和自我完善的机制是否运行有效（可以监测结果为依据，通过监测和测量、不合格品控制、纠正措施、内部审核、管理评审等活动的实施状况和效果来判断）？风险控制措施是否有效？

4）质量管理体系与组织战略方向的一致性：质量管理体系与其他管理体系是否具有兼容性？质量管理体系的实施是否有助组织战略方向的实现？

5）质量管理体系适宜性、充分性、有效性、与组织战略方向的一致性方面需要进行哪些改进和变更？

3. 管理评审的方式

采用召开管理评审会议的方式，对评审的内容进行讨论、分析、评价，最后确认结果并形成管理评审报告。

4. 评审人员及分工

1）管理评审会议由总经理主持，质量管理体系负责人（管理者代表）协助。

2）各部门经理/主管参加管理评审。

3）总经理指定的其他人员：……

5. 管理评审的时间安排及地点

2016年12月28日在三号会议室进行2016年度管理评审。

6. 评审输入的准备

各部门/人员准备下列报告，并在12月20日前提交给管理者代表：

注：各部门可将下列多份报告的内容汇总在一份报告里。

（1）质量部

1）产品质量检验统计分析报告（包括重大质量事故、客户退货等情况）。

2）不合格、纠正措施实施情况报告。

3）风险控制措施的有效性。

4）改进建议、本部门质量目标实施情况报告。

注：改进建议可涉及组织结构、体系、过程、产品、文件、资源配置等方面，下同。

（2）产品研发部

1）新产品开发情况报告。

2）产品改进落实情况报告。

3）改进建议、本部门质量目标实施情况报告。

（3）工艺设备部

1）工艺设计与改进情况总结。

2）工艺检查情况报告（包括特殊过程的确认及监控情况，工艺纪律的执行情况等）。

3）设备维修保养情况报告。

4）改进建议、本部门质量目标实施情况报告。

（4）生产部

1）生产计划的执行情况报告。

2）生产成本、物料耗损情况报告。

3）生产现场控制情况报告。

4）劳动纪律、生产安全执行情况报告。

5）改进建议、本部门质量目标实施情况报告。

（5）仓库

1）仓库管理、产品贮存状况报告。

2）改进建议、本部门质量目标实施情况报告。

（6）采购部

1）供应商业绩情况报告。

2）改进建议、本部门质量目标实施情况报告。

（7）人事行政部

1）组织机构、职责分配、人力资源的总体分析报告。

2）人员培训情况报告。

3）知识管理情况总结。

4）改进建议（包括员工合理化建议）、本部门质量目标实施情况报告。

（8）营销部

1）服务情况报告（包括顾客的满意度、顾客投诉处理的情况以及顾客反馈的其他信息等）。

2）本年度销售及市场分析报告（包括市场环境的变化等）。

3）合同的执行状况报告。

4）新产品开发建议。

5）改进建议、本部门质量目标实施情况报告。

（9）生产车间

1）各车间生产计划完成情况报告。

2）生产过程质量控制情况报告。

3）生产现场控制情况报告。

4）改进建议、本部门质量目标实施情况报告。

（10）总经理

必要时，总经理就企业实力（市场占有率、社会信誉、开发能力、管理水平）的评价、企业发展战略、营销策略的要求提交报告。

（11）管理者代表

管理者代表对各部门提交的报告进行分析，并在此基础上编写"质量管理体系运行情况总结报告"，内容包括：

1）公司质量方针、目标实施情况。

2）过程绩效指标的实现情况。

3）前次管理评审跟踪措施的落实情况和效果评价。

4）内、外部质量审核的总结及分析。

5）质量管理体系文件的变动、组织结构的变动以及其他内、外部环境的变化。

6）资源的充分性分析。

7）质量管理体系适宜性、充分性、有效性以及与组织战略方向的一致性的初步总体评价。

8）改进建议。

案例7-2：管理评审会议议程

管理评审会议议程

（1）总经理主持会议，说明管理评审的有关事项（9：00~9：10）

（2）各部门负责人报告本部门负责的事项，在部门报告后，与会者对该部门工作的有效性、充分性、适宜性、与组织战略方向的一致性及其提出的改进建议进行评价并做出改进决策。

  1）管理者代表（汇报质量管理体系运行情况，公司方针、目标实施情况，过程绩效的实现情况，前次管理评审跟踪措施的落实情况和效果评价，内、外部审核的总结及分析，可能引起质量管理体系变化的企业内部和外部环境，资源的充分性分析，质量管理体系适宜性、充分性、有效性、与组织战略方向的一致性的初步总体评价，以及改进的建议）（9：10~9：25）

  2）质量部（9：25~9：40）（报告的内容见评审输入，这里不再详述）

  3）生产部（9：40~9：55）

  4）工艺设备部（9：55~10：10）

  5）营销部（10：10~10：25）

  6）采购部（10：25~10：40）

（休息20分钟）

  7）产品研发部（11：00~11：15）

  8）行政人事部（11：15~11：30）

  9）仓库（11：30~11：45）

（午餐和午休）

  10）各生产车间（14：00~14：40）

（3）对质量管理体系实施和保持的整体效果进行评审（14：40~15：20）

1）对质量管理体系的适宜性、充分性、有效性、与组织战略方向的一致性进行评审；

2）对质量方针、目标的适宜性进行评审；

3）对组织结构、职责分配、资源配备是否适宜进行评审；

4）对质量手册及其支持性文件是否需要修改进行评审。

（4）总经理总结评审结果（15：20~15：40）

1）质量管理体系的适宜性、充分性、有效性、与组织战略方向的一致性的结论。

2）组织机构是否需要调整，质量管理体系及其过程是否需要改进？

3）质量管理体系文件（主要指质量手册、程序文件）是否需要修改？

4）资源配备是否充足，是否需要调整增加？

5）产品是否需要改进？

6）风险控制措施是否需要改进？

7）质量方针、目标是否适宜？是否需要修改？

8）提出相应的纠正措施的要求。

注：每次的管理评审会议，可酌情增删内容和调整时间分配。

案例 7-3：管理评审报告

评审目的：确保质量管理体系的持续适宜性、充分性、有效性，并与组织的战略方向一致		
评审主持人：张总		评审时间：2016.12.28
评审项目		现状陈述、存在问题及改进建议（评审纪要）	评审结论（包括改进措施）
上次管理评审跟踪措施的完成情况		3 项纠正措施已按时验证完毕	公司自我完善能力较好
有无影响质量管理体系的变化环境		不存在影响质量管理体系的变化环境	不存在影响质量管理体系的变化环境
质量管理体系的绩效和有效性（包括其趋势）	顾客满意状况及其他相关方的反馈的事宜	1）12 月 15 号进行了顾客满意度调查，顾客满意度为 95% 2）2016 年 1 月份以来到现在，共收到顾客书面投诉××次，电话投诉×次，这些投诉均得到了及时解决	1）顾客满意度达到了公司设定的目标 2）能及时处理顾客投诉
	质量方针、质量目标实施情况	1）质量目标实现情况见附表 1（略） 2）建议将质量目标"成品入仓一次检验合格率"适当提高，提高到 95%	1）通过质量目标的分析，可以看出公司的质量方针、质量目标是适宜的。质量目标的实现有利于组织战略方向的实现 2）将质量目标"成品入仓一次检验合格率"提高到 95%
	过程绩效、产品与服务的符合性情况	1）过程绩效实现情况见附表 2（略） 2）2016 年产品检验统计分析表见附表 3（略） 3）2016 年顾客投诉及建议统计分析表见附表 4（略） 4）S3 型 DVD 投诉较多，主要反映该机易误操作。建议改进 S3 型 DVD 的按键设置	1）过程绩效呈稳步上升趋势 2）产品质量逐月提高 3）产品研发部对 S3 型 DVD 进行改进，2017 年 3 月 5 日拿出样机
	不合格和纠正措施的状况	2016 年 1 月份至今，共发出××份"纠正措施要求单"，已按时验证完毕	公司自我完善能力较好
	监视和测量结果。	公司对各项工作的检查包括职能部门的检查、公司级的工作检查、部门的自查，这些检查情况都反映在各部门的总结报告中。从中可以看出，公司的各项工作都在顺利有效地进行	从公司的各项检查结果中，可以判定公司的各项工作都在顺利有效地进行
	内、外部质量审核结果	1）第一次内审开出的×项不合格项报告，已于×月×日验证完毕 ……	对于运作过程中的问题，能迅速采取纠正措施
	外部供应商的绩效	外部供应商的绩效见附表 5（略）《供应商年度绩效统计分析表》	从《供应商年度绩效统计分析表》可知，供应商绩效在稳步上升，说明公司对供应商的管理是到位的

（续）

评审目的：确保质量管理体系的持续适宜性、充分性、有效性，并与组织的战略方向一致	
评审主持人：张总	评审时间：2016.12.28
评审项目	现状陈述、存在问题及改进建议（评审纪要）	评审结论（包括改进措施）
---	---	---
资源配置的充分性	公司现有资源，总体上能够满足实现公司的质量方针和达到公司的质量目标	资源配置充分、得当
应对风险和机遇措施的有效性	本公司2016年未出现风险失控现象	风险控制措施有效
部门报告中的改进建议	1) 质量部建议用颜色标识的方法对不同批次的来料进行标识，以保证先进先出 ……	1) 仓库从2017年1月5日开始对不同批次的来料进行颜色标识 ……
组织结构、管理职能	5月份，公司将物控部取消，在生产部设立计划科，并设立独立的采购部 从运作的效果来看，是合理的	组织结构、职能分配合理
质量手册、程序文件等体系文件	2016年5月修改了质量手册、10份程序文件。各部门反映良好	质量手册、程序文件有很强的可操作性

总结论：

（评审结论中必须有质量管理体系的适宜性、充分性、有效性、与组织战略方向的一致性的结论）

1) 公司的质量方针是适宜的。

2) 公司的质量管理体系是适宜的、充分的、有效的，并与组织的战略方向一致。

3) 就本次管理评审提出的改进措施××××（注：需详细说明哪些改进措施），望有关部门尽快拿出计划并实施。

4) 制定下一年度质量目标、过程绩效指标的建议：

……

评审参加人员：

评审人	部门	职位	评审人	部门	职位

编制/日期：	审核/日期：	批准/日期：

参 考 文 献

[1] 张智勇.ISO 9001：2008 内审员实战通用教程[M]. 北京：机械工业出版社，2009.

[2] 中国认证认可协会.质量管理体系审核员 2015 版标准转换培训教材[M]. 北京：中国质检出版社，2015.

[3] 全国质量管理和质量保证标准化技术委员会.2008 版质量管理体系国家标准理解与实施[M]. 北京：中国标准出版社，2008.

[4] 上海市质量协会.质量管理体系内审员培训教程[M]. 北京：中国质检出版社，2014.

[5] 徐平国.ISO 9000 族标准质量管理体系内审员实用教程[M]. 北京：北京大学出版社，2013.

[6] 李在卿.管理体系审核指南[M]. 北京：中国质检出版社，2014.

[7] 李在卿，吴君.持续成功的管理[M]. 北京：中国质检出版社，2011.

[8] 盛小平.知识管理：原理与实践[M]. 北京：北京大学出版社，2009.

[9] 李在卿，陈红.GB/T 19001-2008/ISO 9001：2008《质量管理体系 要求》理解应用与审核[M]. 北京：中国标准出版社，2009.

[10] 中国汽车技术研究中心，中国汽车工业协会.GB/T 18305—2003/ISO/TS16949：2002 理解与实施[M]. 北京：中国标准出版社，2004.

[11] 孙跃兰.ISO 9000 族质量管理标准理论与实务[M]. 北京：机械工业出版社，2011.

[12] 李亨，田武.质量管理体系内部审核及案例 300 例[M]. 北京：中国标准出版社，2002.

[13] 李素鹏.ISO 风险管理标准全解[M]. 北京：人民邮电出版社，2012.

[14] 张智勇.品管部工作指南[M]. 北京：机械工业出版社，2012.

[15] 张智勇.内审员与管理者代表速查手册[M]. 北京：机械工业出版社，2006.

[16] 《GJB 9001B—2009〈质量管理体系要求〉实施指南》编写组.GJB 9001B—2009《质量管理体系要求》实施指南[M]. 北京：国防工业出版社，2013.

[17] 国家注册审核员网.ISO 9000 质量管理体系国家注册审核员应用指南[M/OL]. 江苏：国家注册审核员网，2010[2016-04-01].http://xue.shenheyuan.net/.